中国外语非通用语教学研究 第二辑

中国非通用语教学研究会主办

山东大学韩国学院协办

◎ 钟智翔 牛林杰 主编

 中国出版集团
 世界图书出版公司

图书在版编目（CIP）数据

中国外语非通用语教学研究/钟智翔，牛林杰主编．
—广州：世界图书出版广东有限公司，2011.6
ISBN 978-7-5100-3619-4

Ⅰ．①中… Ⅱ．①钟… ②牛… Ⅲ．①外语教学—教学研究—中国—文集 Ⅳ．①H09-53

中国版本图书馆CIP数据核字（2011）第097819号

中国外语非通用语教学研究

策划编辑：刘正武
责任编辑：刘国栋
出版发行：世界图书出版广东有限公司
（广州市新港西路大江冲25号 邮编：510300）
电　　话：020-84451969　84459539
http：//www.gdst.com.cn　E-mail：pub@gdst.com.cn
经　　销：各地新华书店
印　　刷：虎彩印艺股份有限公司
版　　次：2011年6月第1版　2015年7月第2次印刷
开　　本：880mm×1230mm　1/32
字　　数：250千
印　　张：12
ISBN 978-7-5100-3619-4/G·0960
定　　价：35.00元

版权所有　侵权必究
咨询、投稿：020-84460251　gzlzw@126.com

《中国外语非通用语教学研究》编辑委员会

主　任：张光军（解放军外国语学院教授、博士生导师）
　　　　刘曙雄（北京大学教授、博士生导师）

副主任：钟智翔（解放军外国语学院教授、博士生导师）
　　　　牛林杰（山东大学教授）

委　员：姜景奎（北京大学教授、博士生导师）
　　　　丁　超（北京外国语大学教授）
　　　　林秀梅（广东外语外贸大学教授）
　　　　戈富平（解放军国际关系学院教授）
　　　　梁　远（广西民族大学教授）
　　　　杨光远（云南民族大学教授、博士生导师）
　　　　金基石（上海外国语大学教授、博士生导师）
　　　　徐永彬（对外经济贸易大学教授）
　　　　崔顺姬（北京语言大学教授）
　　　　金钟太（复旦大学教授）
　　　　赵　萍（西安外国语大学教授）

目 录

课程与课程教学设计

基于建构主义教学理论的柬埔寨语语音教学设计················ 2
"基础缅甸语"课的课程教学设计······························ 16
论非通用语的课堂教学设计
　　——以"蒙古语阅读"课为例······························ 29
非通用语教学中的教学反馈问题······························ 42
刍议"老挝语应用文写作"课的开设·························· 56
旅游缅语课程教学资源的开发与利用·························· 66

教学与教学法研究

启发式教学法在基础马来语课程教学中的应用·················· 74
交际法在基础阶段越南语视听教学中的运用···················· 85
印尼语视听说课"一二一"互动教学法初探···················· 96
写作练习在印尼语精读课教学中的作用······················· 107
本科阶段越南语笔译教学之管见····························· 118
泰语专业翻译教学中的问题及对策··························· 127
斯瓦希里语翻译教学的理论与实践··························· 135
迁移理论对斯瓦希里语语音教学的影响分析··················· 145
朝鲜语专业大学三年级听力教材的语篇处理··················· 153
基于实践的印地语新闻听力难点分析························· 165

高年级"柬埔寨概况"课教学的几点思考………………………… 178
韩国语惯用语教学方案初探………………………………… 186
越南语人才教育原则与基本教学方法………………………… 194
越南语教学中的文化渗透问题………………………………… 206
大学外语"越南语口语"课教学探析…………………………… 217

教育技术应用研究

朝鲜语精读课教学中的多媒体技术应用………………………… 226
阿尔巴尼亚语新闻听力网络平台的建设………………………… 239
多媒体技术在葡萄牙语教学中的应用…………………………… 248
互动式练习软件在丹麦语高年级词汇练习中的应用…………… 257
波斯语教学的网络利用尝试……………………………………… 264

人才培养与师资队伍建设

外语非通用语人才培养模式的实践探索………………………… 272
地方性越南语翻译人才培养模式探索…………………………… 284
非通用语人才培养模式问题的几点思考………………………… 295
从越南语教学看高校职能的实现………………………………… 306
略论非通用语专业师资队伍建设………………………………… 315

教材建设研究

论韩国语教材建设中存在的问题及其对策……………………… 326
以科学设计和多维合作促进基础老挝语教程的编写出版……… 332

非通用语论坛

波兰语的国际区域教学交流 ················· 344
马来语教学和科研的资源整合 ················· 350
尼泊尔语教学参考资源的获取及应用 ············· 356
韩国语教学中的文化导入问题 ················· 361
"经贸缅语"课教学改革问题 ················· 367
非通用语专业基础阶段视听说课程的几点思考 ········ 371

后　记 ······································ 377

课程与课程教学设计

基于建构主义教学理论的柬埔寨语语音教学设计

解放军外国语学院　郑军军

[摘　要] 建构主义教学理论是当代教育心理学领域一种新的突破性理论，它以一种独特的视角赋予知识、学习和教学以新的内涵，为传统的外语课堂教学提供了有益指导与启示。以柬埔寨语语音教学为例，建构主义学习环境下的柬埔寨语语音教学设计包括七大内容与步骤，即教学目标分析、情境创设、信息资源设计、自主学习设计、协作学习环境设计、学习效果评价设计、强化练习设计。

[关键词] 建构主义教学理论　柬埔寨语　语音教学法研究

建构主义起源于18世纪哲学家维柯的思想。20世纪90年代后，建构主义开始作为一种主流学派在美国逐渐兴盛起来，并被广泛应用于教学领域，建构主义教学理论由此应运而生。建构主义教学理论的诞生是教育思想领域的一次革命，是教学理论上的新突破。近年来，建构主义教学理论已逐渐成为国际教育改革的一种新的主流思想，它在认识论、学习观、教学观等方面均有独到的见解，提供了一种全新的教学理念和操作模式，在国内外教育教学领域产生了广泛的影响，有利于教育教学的发展，尤其是对于外语教育与教学具有积极的指导意义。

一、建构主义教学理论

分析总结目前国内关于建构主义教学理论的研究，总体而言，可以从知识观、学习观、教学观等方面来认识。

(一)建构主义知识观

行为主义和认知主义认为,知识是认识主体对客观世界的正确反映,具有客观性、确定性、普遍性、永恒性等特点。并认为知识独立于认识主体之外,且在本质上决定主体的认知活动。相比于行为主义和认知主义,建构主义注重知识的相对性、个人性、情境性及文化性等性质。建构主义认为,知识并非是对客观现实的准确表征,而是对客观世界的一种解释或假设。这种解释或假设不是确定的和绝对正确的,而是具有猜测性并可证伪的。建构主义强调,知识必须依赖于认识主体才能得以存在,而不能外在于具体的认知个体,离开了认知个体的知识仅仅是一系列命题。书本知识看似普遍,但由于认知个体以特定情境和个人经验背景为基础对其加以理解,所以他们的理解必然不尽一致。并且,建构主义还认为,知识不仅包括结构性知识,而且还包括非结构性知识和经验。结构性知识是指"规范的、拥有内在逻辑系统的、从多种情境中抽象出来的基本概念和原理";[①]非结构性知识和经验是指"在具体情境中形成、与具体情境直接关联的、不规范的、非正式的知识和经验"。[②]当今的建构主义者特别强调非结构性知识和经验的作用,将其看作建构的目标和基础。

(二)建构主义学习观

传统教学理论认为,学习就是知识的被动接受过程。它注重知识本身,但忽视了学习主体的能动性和创造性,使得学习成为同一性和统一性的集中表现,而未能体现学习者的个体差异。建构主义则认为,学习是学习者主动建构内部心理表征的过程,"学习者并不是把知识从外界搬到记忆中,而是以已有的经验为基础,通过与外

[①] 赵蒙成:《建构主义教学的条件》,载《高等教育研究》2002年第23卷,第3期。
[②] 张华:《课程与教学论》,上海教育出版社,2000年,第467页。

界的相互作用来建构新的理解"。①学习或建构的对象既包括结构性知识,还包括大量的非结构性知识和经验。学习过程同时包含两方面的建构,即一方面通过运用已有经验超越所提供的信息而建构成对新信息的理解,另一方面在对新信息进行意义建构的过程中又包含对原有经验的改造和重组。建构主义还认为,学习不仅是学习者个人的建构活动,而且也是学习共同体的合作建构过程。因为每个人都以自己的方式建构对于事物的理解,不存在唯一的标准的理解,但这并不意味着任何建构都是合理的,所以个体的建构活动要在一定的社会文化背景中与学习共同体的合作建构相结合,从而使个体的理解更为全面和丰富,逐步达到对事物的合理解释。

(三)建构主义教学观

　　传统教学观认为,教学过程就是由教育者对学习者进行知识传授的过程,其重点是"教"的问题。而建构主义教学观则认为,教学过程是学习者在教育者的帮助下,在社会历史文化背景、原有知识经验背景以及情感和动机等多方面因素的综合作用下主动进行意义建构的过程,其中心是"学"的问题。建构主义把学生看作发展的、能动的个体,强烈主张学生必须成为知识的主动建构者,在教学活动中应以学生为中心,从学生个体出发,真正把学生主体性的发挥放在教学活动的首位。而教师不再是现成知识的拥有者与传授者,而是学生建构知识的高级伙伴和引导者,其作用在于积极利用各种信息资源创设丰富的学习环境,激发、引导学生主体性的发挥,与学生共同建构知识。建构主义强调,在教学活动中,教师必须充分认识、了解和尊重学生自身独特的内部文化,包括知识结构、主观经验以及社会文化背景等;了解并激发学生的学习动机与意向、情绪感受、创新意识、科学态度和探索精神等,协助并促进学生学习。

---

① 张建伟、陈琦:《从认知主义到建构主义》,载《北京师范大学学报》(社会科学版)1996年第4期。

二、建构主义学习环境下的柬埔寨语语音教学设计

建构主义学习环境下的教学设计应遵循以下基本原则：强调以学生为中心，体现为发挥学生的首创精神、将知识外化和实现自我反馈；强调情境对意义建构的重要作用；强调协作学习对意义建构的关键作用；强调对学习环境（而非教学环境）的设计；强调利用各种信息资源来支持"学"（而非"教"）；强调学习过程的最终目的是完成意义建构（而非完成教学目标）。

语音教学是整个外语教学的起点和基石，是一种实践性极强的认知过程，它需要学习者将语音知识"内化"，并在大量实践的基础上逐步进行有效的输出，还要求学习者参照标准语音不断地进行对比，自觉修正错误。在整个语音教学阶段，重在使学生开展以下训练：听音、辨音、迅速拼读音标并模仿发音；将单词的音、形、义联系起来迅速反应；练习朗读文章和诗歌；把句子的读音和意义直接联系起来，通过有声言语进行初步交际。语音教学实践有利于创设情境、进行协作学习和会话交流，有利于发挥学生的主动性、积极性和首创精神。总之，建构主义教学理论在语音教学中是大有可为的。下面，我们将结合柬埔寨语语音教学实践来分析探讨如何在传统的外语课堂教学中贯彻建构主义教学原则。

以建构主义教学理论为指导的柬埔寨语语音教学设计包括七大内容与步骤。在此，我们将以柬埔寨语语音中的重叠辅音[①]为教学设计对象进行具体阐述：

（一）教学目标分析

在建构主义学习环境中，学生对知识的意义建构是整个教学过程的中心和最终目的，教学过程中的一切活动都要围绕"意义建构"

---

① **重叠辅音**：两个辅音上下重叠，上面的辅音称作上辅音，下面的辅音称作下辅音。上辅音读音短，下辅音读音长。

而展开，都要有利于学生实现对当前所学知识的意义建构。而进行意义建构的"当前所学知识"并非是当前所要学习的所有知识，它应是当前所学知识的主题或重点。若不加区分地对所有知识都进行意义建构，教学的时效性和经济性则无法得到保证。而通过教学目标分析则可以确定当前所学内容的主题。所以，建立在教学目标分析基础上的意义建构才是符合教学规律的、真正有意义的建构。

对于教学目标的分析，主要分为两个步骤进行：第一，明确当前所学知识的主题或基本内容，如基本概念、基本原理或基本方法等；第二，深入分析学习主题，挖掘其与此前所学语音知识间的联系，确定所学主题内在的逻辑关系和知识类型，以便设计不同的学习任务，并就不同类型的学习内容采取相应的建构主义教学方法。就柬语的重叠辅音而言，学生需要进行意义建构的内容包括：重叠辅音的发音规则和重叠拼音的类型。通过深入分析可知，上述建构对象与柬语辅、元音的相拼规则有着紧密联系，依照重叠辅音的基本内容的逻辑体系特征，可相应采取支架式教学、抛锚式教学和随机访问教学这三种建构主义的教学方法。

(二)情境创设

建构主义认为，学习应在真实的情境中进行，应设定真实性任务，迁移性地运用所学知识去解决真实情境中那些复杂的、结构不良的问题，从而有利于学生对所学内容进行意义建构。因此，教师应"创设与主题相关的、尽可能真实的情境"。[1]由于我们的课程是外语课，所以难以创设一个完全真实的学习情境，只能利用各种手段尽量创设一个仿真情境。

具体到重叠辅音的教学，可设计如下学习情境：

---

[1] 何克抗：《建构主义的教学模式、教学方法与教学设计》，载《北京师范大学学报》(社会科学版)1997年第5期(总第143期)。

1. 为学生准备相关的对话或叙述性材料

这些材料应满足的条件有：含有一定数量的、有代表性的重叠辅音单词；列有重叠辅音单词的中文释义；材料内容源自现实生活，且语言真实、地道；篇幅不长、语法简单，但情节完整；利用多媒体教学软件，将材料内容以文字、视频、声频三位一体的形式立体地呈现给学生，且视频和声频中的语音标准、口语纯正。

2. 为学生的会话练习或口头表达确定主题和提供相关的重叠辅音单词

该主题必须与学生的日常学习与生活密切相关，为学生所熟知，可较大限度地激发出学生记忆系统中原有的知识经验和认知策略。所提供的相关重叠辅音单词将被运用到学生的会话练习或口头表达中，它们不仅需要一定的数量，而且要在发音和外形等方面具有足够的代表性。

3. 为上述会话练习或口头表达创设逼真而又丰富的现场背景

利用多媒体教学软件，创建一个与主题相关的图、文、声、像并茂的立体背景，其中有三维动态的交际环境、有多级图形构建的变换的人物或事物形象等。此外，还可辅之以实物投影仪或实物道具等来努力创设接近真实场景的生动背景。

（三）信息资源设计

在建构主义学习环境中，信息资源不再是传统教学设计中辅助教师传授知识的手段和工具，而是用于支持学生的自主学习和协作探索。所以，对信息资源的设计便意味着确定学习某主题所需的各类信息资源以及获取这些资源的渠道和方式方法，确定这些资源对学习的不同作用，从而思考如何有效地利用这些资源。

与重叠辅音学习相关的各类信息资源有：

柬语学习网站。网站包含有柬语的语音、词汇、语法、口语、阅读等各方面学习内容。在语音部分，有针对重叠辅音学习的专门板块，其中既有对重叠辅音的文字讲解，又有关于重叠辅音书写的演示，还有单个重叠辅音例词的声频。

柬语教材。包括两种：一种是我国柬语教学工作者编写的柬语教材，另一种是柬埔寨本国的教科书。在这两类教材的语音教学部分，都含有重叠辅音的内容。

柬语语音学习软件。提供了32个一一对应的上、下辅音书写体及其声频，并提供有各类重叠辅音单词及其声频。

柬语磁带。这些磁带是我国柬语教学工作者编写的柬语教材的配套磁带，既包括大量的重叠辅音的拼音练习，又包括含有重叠辅音单词的短句、小对话和小课文朗读等。

至于从何处获取以及如何获取上述信息资源，对于处于柬语语音阶段的学生而言，必然感到有困难，老师应提供适当的指导与帮助。譬如，为学生提供有代表性的柬语学习网站的网址；提供常用的柬语网络词汇，教授学生现阶段所需的登陆柬语网站查找信息的技巧；提供柬埔寨本国的原版教科书，指明重叠辅音这部分内容在书中的位置；提供柬语语音专业术语，便于学生迅速捕捉到相关信息；等等。

上述信息资源在重叠辅音学习过程中作用各异：有的可使学生获得对重叠辅音外形的直观感受；有的可使学生清晰地感知各类重叠辅音单词的发音，并可进行重叠辅音的听音、辨音训练，分析语音差异，从而有利于学生把握重叠辅音的发音特点；有的可用于辅助学生开展关于重叠辅音的实战训练，将重叠辅音的学习置于生动、有趣的交际活动中，在情景和功能的背景下进一步操练重叠辅音；等等。对于这些资源作用的具体分析，有助于学生在学习重叠辅音时有效地利用这些资源。

在对资源有效利用的问题上,学生若遇到障碍,老师应给予必要的指导与帮助。结合重叠辅音的学习而言,老师可能提供的指导与帮助有:可将柬语学习网站和柬语原版教科书上关于重叠辅音的文字讲解中的重要内容译成中文提供给学生,便于其分析和思考;可为学生在重叠辅音学习的不同阶段利用何种信息资源给予适当的引导;可指导学生熟练操作柬语语音学习软件;等等。

(四)自主学习设计

建构主义学习理论认为,学习是学习者在已有经验体系上的建构过程,是每一个学习者在社会关系中发生的由内部世界来实现的建构和再构,即整个学习过程主要是学习者自主学习的过程。所以,对学生的自主学习进行设计便成为建构主义教学设计中不可或缺的一环。它应满足三个要素:"发挥学生的首创精神、将知识外化和实现自我反馈"。[①]

选择的建构主义教学方法不同,自主学习设计则不同:

若是支架式教学,则学生在被教师引入一定的问题情境后,沿着教师搭建的概念框架独自攀登,即借助概念框架进行独立探索。探索开始时,学生经老师启发引导后独自去分析问题;探索进程中,学生在老师的适时引导下,沿概念框架不断攀登。在整个探索过程中,老师的引导由多到少、直至消失,学生最终能独立解决问题。对于重叠辅音的发音规则,我们可采取支架式教学。例如,老师先让学生欣赏几篇含有重叠辅音单词的对话或叙述性材料,[②]并给定重叠辅音的概念和32个一一对应的上、下辅音的外形等。在学生开始独立探索重叠辅音的发音规则时,老师可先启发学生联想以前对辅、

---

① 何克抗:《建构主义的教学模式、教学方法与教学设计》,载《北京师范大学学报》(社会科学版)1997年第5期(总第143期)。
② 该材料所应满足的条件详见"情境创设"这部分内容中的1。

元音相拼规则的理解,在此基础上,学生再去总结重叠辅音的发音规则。在此过程中,老师可适时对学生进行指导,如指导学生注意作上辅音的不送气辅音不变为送气辅音的条件,引导学生了解浊辅音"b"作上、下辅音时的不同发音,等等。

若是抛锚式教学,则让学生在某一情境中独立解决与当前学习主题密切相关的真实事件或问题。在此过程中,学生要确定为解决给定问题所需的知识点,即确定需要进行意义建构的知识点;要明确获取相关信息和资料的来源与方式;要评价、利用有关信息和资料。老师不能直接告诉学生解决该问题的答案,只能向学生提供解决该问题的相关线索。例如,学生需要做一个会话练习或口头表达,其主题由老师事先确定好,与学生的日常生活密切相关,为学生所熟知。老师还提供了一定数量的、有代表性的、与主题相关的重叠辅音单词,要求出现在学生的会话练习或口头表达中。在进行会话练习或口头表达的过程中,学生要灵活运用重叠辅音的发音规则,以便在一个接近真实的交际情境中依旧能准确自如地发出相关重叠辅音单词的读音,从而保证交际活动的顺利进行。实际上,学生对重叠辅音发音规则的运用,是对重叠辅音发音规则在运用中的再次建构。通过这种建构,学生所形成的对重叠辅音发音规则的理解将更为丰富,且具有经验背景,使学生在面临新情境时,能够灵活地建构起用于指导重叠辅音发音活动的新图式。

若是随机访问教学,则学生随意进入老师所创设的表现学习主题不同侧面特性的多种情境中的任一种去自主学习。例如,老师可先提供给学生几篇含有重叠辅音单词的对话或叙述性材料。这些材料中的重叠辅音单词涵盖了所有类型的重叠拼音。学生可任意选择某一篇材料来阅读,对其中的重叠辅音单词所代表的重叠拼音类型进行独立探索。

(五)协作学习环境设计

建构主义学习理论强调学习的社会性,认为学习不仅是学习者个人的建构活动,同时也是学习共同体的合作建构过程。因为每个人以自己的方式建构对事物的理解,不同的人对同一事物意义建构的质量和侧重点等存在差异,所以需要进行协作学习,这样既能使学习者在共享集体思维成果的基础上获得更为丰富和全面的理解,又可以使知识达到必要的一致性,还可以使学习者的建构能力在不断反思中得到发展。协作学习的方式包括小组学习法、共同学习法、团体探究法、拼图法等。其中小组学习法在我国目前的教育实践中使用得最普遍。它的具体操作程序是,学习者在个人自主学习的基础上对与学习主题相关的重要问题开展小组讨论和协商,自己的观点受到他人的检验与评论,同时自己也对他人的观点进行思考并作出反映。老师则通过层层提问来引发讨论并将讨论逐步引向深入。若讨论陷入僵局,老师应给予适当提示和指导,保证讨论的顺利进行。

在重叠辅音的学习中,我们也可尝试以小组学习法开展协作学习。可按语音水平划分小组,保证高、中、低三种语音水平的学生在各小组内平均分布。以讨论重叠辅音的发音规则为例,老师可以以"重叠辅音与元音相拼的基本规则是什么"作为初始问题引发学生的第一轮讨论。达成一致结果后老师可再问"若下辅音为可变高的低辅音,则重叠辅音与元音相拼的规则有何变化",以此将学生引入第二轮讨论中。在这一轮讨论中,老师可继续问"若下辅音为可变高的低辅音,当其变读为相对应的高辅音时,其上辅音就只有高辅音这一种情况吗",由此将讨论引向深入。总的来说,前两轮讨论的内容与学生既有的语音知识有着紧密联系,所以学生讨论起来比较顺利。而即将开展的第三轮讨论,由于其内容是一个全新的知识点，所以学生操作起来会有一定难度，这就需要老师的提问技巧了。同样的内容，提问时的切入点不同，讨论的效果就截然不同。例如，针对第三轮讨论，老师可从两个不同角度提问，即"不送气辅音做上辅音时，通常读音会发生什么变化"与"不送气辅音做上辅音时，在何种情况下，其读音会发生变化"，两相比较，前者比后者更合理。因为后者将关注重点放在读音变化的条件上，而不是关注读音本身所发生的变化，这实际上是本末倒置，会使学生将大量的时间浪费在对无关紧要问题的讨论上，使协作学习的预期效果大打折扣。随着老师的逐步引导，学生将展开对下辅音"d"的读音的讨论。这一轮讨论难度最大，因为对于下辅音d究竟是浊辅音"d"还是清辅音"t"这个问题，仅凭学生个人之力是难以把握其规律的，学生在此问题上不易达成共识，讨论易出现混乱局面。所以老师的提示和指导在此时就显得尤为重要。

（六）学习效果评价设计

"对学习效果的评价包括学生个人的自我评价和学习小组对个人的学习评价，评价内容包括：自主学习能力，对小组协作学习所作出的贡献，是否完成对所学知识的意义建构。"[①]对重叠辅音学习效果的评价，我们拟采用形成性评价与终结性评价并重的评价方法。形成性评价是教学过程中的动态评价，是对学生在日常学习过程中的表现、所取得的成绩、存在的问题以及所反映出的情感、态度、策略等方面进行综合评价。例如，对获取和利用重叠辅音信息资源的情况进行评价，对参与小组讨论重叠辅音发音规则和重叠拼音类型时的表现进行评价，等等。至于终结性评价，它又称"事后评价"，是对某一段教学过程结束时所进行的评价，以了解这段教学过程的

---

① 何克抗：《建构主义的教学模式、教学方法与教学设计》，载《北京师范大学学报》（社会科学版）1997年第5期（总第143期）。

效果。例如,在重叠辅音的教学结束之时进行一次测试,测试分口试和笔试两种类型:口试是要求学生迅速、正确地拼读老师提供的重叠辅音单词,并流利朗读包含各类重叠辅音单词的短句和小短文;笔试是要求学生在指定时间内听写出老师所读的重叠辅音单词及其相关短句。通过口试和笔试,全面检测学生是否真正完成对重叠辅音基本内容的意义建构。

(七)强化练习设计

在对学习效果进行了评价后,我们需要为学生设计出针对评价结果,且可供不同层次学生选择的强化练习,并提供相应的辅导材料,以便纠正学生此前片面的甚至错误的理解,最终使其实现符合要求的意义建构。针对重叠辅音学习的评价结果,老师可从柬语学习网站上精选文字和声频相结合的重叠辅音材料,也可对现有教材[①]中的配套习题进行筛选和重组。所选材料不仅应有多样化的练习形式,更应包含学生发音错误率较高的各类重叠拼音,便于学生有针对性地开展自我强化训练。

三、结语

建构主义教学理论作为一种全新的、发展中的教学理论,试图克服传统教学理论中的种种弊端,以一种独特的视角赋予知识、学习和教学以新的内涵,在教学实践中有助于发挥学生的主动性,提高学生的学习能力以及培养学生的综合素质,为外语教育与教学改革提供了诸多有益指导与启示。但在具体教学实践过程中,我们要注意下列几个问题:首先,建构性教学特别需要学生具备批判性思维、系统性思维和发散性思维这三种基础性思维能力;需要学生具备应有的知识基础,即结合具体情境理解并掌握结构性知

---

① 现有教材包括我国柬语教学工作者编写的柬语教材和柬埔寨本国的教科书。

识,通过经常性反思获得有意义的经验和非结构性知识,并使其融为一个有机的知识网络;需要学生发展独立管理个人学习任务与过程的能力,以及与此相联系的较强的学习能力,特别是元认知能力;需要学生具备强烈的团队精神和必要的交流合作能力。其次,在建构主义教学中,教师的角色虽然由主导者转变为辅助者,但在某种程度上,辅助者的角色比主导者的角色更难扮演,尤其是在当前教师对辅助者角色还不太适应的时期。从这个意义上说,建构性教学对教师能力的要求不是降低了,而是更为苛刻了。它需要教师掌握并能运用适用于建构主义的教学策略;需要教师拥有深厚、宽广、结构合理的知识,并努力提高个人的元认知水平;需要教师具备较强的教学研究能力、设计能力、组织能力、观察能力、表达能力、交往能力以及运用现代化教学技术手段的能力。最后,相比其他学科的教学,外语教学有其特殊性。在外语教学实践中,建构主义教学理论并非是一剂包治百病的灵丹妙药,外语教学需要多种策略和手段的交互使用。传统教学理论历经多年的发展,已形成较为完整而严密的理论方法体系和具有很强可操作性的教学设计,在某些方面对外语教学是非常适用的,是建构主义所无法替代的。为此,我们应针对不同的学生和教学内容灵活使用各类教学方法和手段,不管是行为主义的、认知主义的,还是建构主义的,以期能发挥出最大的教学效果。

参考文献

[1]杰克·C·理查德.语言教学中的课程设计[M].北京:外语教学与研究出版社,2008.

[2]何克抗.建构主义的教学模式、教学方法与教学设计[J].北京师范大学学报(社会科学版),1997(5).

[3] 夏纪梅. 现代外语课程设计理论与实践[M]. 上海：上海外语教育出版社, 2003.

[4] 张华. 课程与教学论[M]. 上海：上海教育出版社, 2000.

[5] 张建伟, 陈琦. 从认知主义到建构主义[J]. 北京师范大学学报(社会科学版), 1996(4).

[6] 赵蒙成. 建构主义教学的条件[J]. 高等教育研究, 2002, 23(3).

"基础缅甸语"课的课程教学设计

解放军外国语学院　蔡向阳

[摘　要] "基础缅甸语"是缅甸语专业课程中开课时间最长、设课时间最多的课程。因此，需要根据不同的教学对象、课程教学的不同阶段进行课程教学设计，使该课程的教学具有较强的系统性、科学性和适用性，将教学对象、教学目标、教学内容、教学模式、教学评价等有机地统一起来，形成最佳的教学方案。

[关键词] "基础缅甸语"　教学策略　课程教学设计

一、"基础缅甸语"课程教学设计的必要性

"基础缅甸语"是缅甸语专业的专业基础必修课，是所有专业课程的基础和核心。解放军外国语学院缅甸语专业"基础缅甸语"课共开设四个学期，教学总时数为448学时，主要担负打牢学员的语言基本功、培养扎实缅语功底的重任。

"基础缅甸语"的教学是一项系统工程，有不同的教学环节组成，既要受语言规律、语言学习规律和语言教学规律的支配，又要受到各种主客观条件的制约，要使整个教学过程进入正规化、科学化、规范化的轨道，在进入具体的教学活动之前，必须做好以下三项工作：

（1）对跟教学有关的各种主客观条件进行全面的分析，包括教学对象、教学内容、教学设施和设备、教学资源条件等；

（2）对各种可能的教学措施进行综合考虑，包括班级的划分，教学目标、教学内容和教学原则的确定，教材的选择和编排，教师

的配备，教学设备的使用，考试制度、考试内容和考试方法等；

（3）对各种可能的教学方案进行最佳选择，上面所说的各种教学措施中的每一项都可以有多种选择，也就是说在同样条件下可以制定出不同的教学方案，这就需要全面分析各种主客观条件，综合考虑各种可能的教学措施的基础上选择最佳教学方案。选择最佳教学方案的过程实际上就是一种设计的过程，需要对教学对象、教学目标、教学内容、教学途径、教学原则以及对教师的要求作出明确规定，使各个教学环节成为一个互相衔接的统一的整体。

课程是多层面、多方面、多渠道的教和学的产物。课程设计必须具有完整性、系统性。课程设计要做到有的放矢，有根有据，必须首先了解情况和分析情况。一个敬业和称职的教师必定会认真仔细地思考自己在课堂教学中教什么人，教什么，怎么教，为什么这样教；会先了解学生以前学过什么，将来要做什么，现在应当学什么，然后再周密地计划如何组织教学，要设计哪些教学活动，选用哪些教学材料等等。这些除了凭以往的经验以外，还必须注意科学性，防止盲目性或主观随意性。

这种对不同学时、不同需求、不同对象的课程的设计，也是某种创作。如果我们把教学过程比作烹饪，那么课程教学设计就像厨师在烹饪之前需要根据营养学和烹调学的原理，依据食客的喜好，先设计菜谱，然后付诸实施，最后品尝效果。

二、"基础缅甸语"课程教学设计的任务

（一）选择最佳教学方案

"基础缅甸语"的教学过程受到语言规律、语言学习规律和语言教学规律的支配，又要受到各种主客观条件的制约，诸多因素交织在一起形成了教学中的各种矛盾，因此教学设计的过程也是不断分

析解决各种矛盾的过程。"基础缅甸语"的教学既有语言教学的共同特点，同时又有其特殊性，需确立其教学原则、教学途径和教学方法的针对性和适应性。要取得最佳教学效果，就要根据其特定的条件，在综合分析的基础上通过教学设计把教与学统一起来，把语言规律、语言学习规律和语言教学规律统一起来，把教学目标和各种主客观条件统一起来，从而取得最佳教学效果。

(二)衔接各教学环节

"基础缅甸语"教学设计中的教学目标、教学内容、教学模式、教学评价等的设计都是具有相对独立性的，但同时它们又是一个互相衔接的统一的整体，无论哪个方面都要针对一定的教学对象和教学目标，都要选择适合于教学对象和教学目标的教学内容和教学原则，因此需要根据不同的教学对象、课程教学的不同阶段进行教学设计，将教学对象、教学目标、教学内容、教学原则有机地统一起来。

(三)协调教学活动

"基础缅甸语"的教学时间跨度大，往往由多个教师共同承担，这样纵向的衔接、连贯和横向的协调、平衡就很重要，课程教学设计在确定教学对象、教学目标、教学内容、教学原则的基础上可以进一步使全体教学人员明确教学的全过程以及每一个人在教学活动中的地位和分工。

三、"基础缅甸语"课程教学设计思路

课程教学设计是教学的基本组成部分，课程设计是否具有科学性直接关系到教学质量的高低。课程设计包括制订计划、设定目标、选择和组织内容与方法、决定检测和评价的手段，是一环扣一环的程序设计，系统地解决教学对象、教学目标、教学内容、教学方法、

教学效果等问题。好的课程教学设计能够让教师充分发展各自的教学个性和创造性，在执行过程中做到纲举目张。

"基础缅甸语"作为一门基础性、连续性、系统性很强的课程，其特点是学用结合，重在培养学生实际应用语言的能力。我们以遵循学生能力培养的基本规律为宗旨，通过设计能够训练学生素质与能力的课程教学内容，明确课程与专业培养目标、课程与专业课程体系以及课程与学生的素质与能力之间的相互关系和内在逻辑，对整个课程进行了整体教学设计的探索，在教学中取得了一定的成效。

"基础缅甸语"课程的教学设计可分为宏观、中观、微观三个层面，宏观设计上确立了以学生为中心，以语言实践为核心的基本思路，将当代先进的外语学习理论应用于"基础缅甸语"课教学，打破以教师为中心和以传授知识为特征的接受型教学模式，强调发现、探究和自主发展的学习方式，把学习过程中的发现、探究等认识活动突显出来，减少教学的强制性，增强教学的开放性，从而为人才培养营造一个自由开放的空间。中观设计主要解决课程内容的序化问题，并确定教学模块和教学项目。微观设计则对听、说、读、写、译等主要技能进行具体细致的目标要求。从宏观到微观有效培养学生的缅甸语综合运用能力。教学目标、课程设置、教学方法以及评价模式基于基础阶段缅甸语学习的整体过程分析，通过构建完整的工作过程，重在训练学生的创造能力。

"基础缅甸语"的课程教学设计可分为教学对象分析、教学目标设计、教学内容设计、教学模式设计和教学评价设计五个主要组成部分。

（一）教学对象分析

对教学对象进行分析，首先我们需要明确教学是以学生为中心的，学生是信息加工的主体，是意义的主动建构者。在学习过程中，学生要从多方面发挥主体作用，用发现法、探索法去建构知识的意义。要学会联系与思考，学会自我协商和相互协商，强调学生对知识的主动探索、主动发现和对所学知识意义的主动建构。而教师则是学习主体意义建构的帮助者、促进者，是学生学习的辅导者、学习环境的设计者，学生学习过程的理解者和合作者，而不是知识的呈现者与灌输者，不是知识权威的象征，教师应重视学生对各种现象的理解并引导学生丰富或调整自己的解释。

对教学对象进行分析主要涉及三个方面的情况，有学生情况、教师情况和相关情况，其中学生情况包括：学生的年龄，教育背景，学习的动机、水平和期望，语言技能的强弱项，学习方法的偏好等等。教师情况包括：任课教师本人的专业基础，语言水平，教学经验，语言技能的强弱项，教学方法的偏好，对教学效果的期望等等。相关情况则包括：教学班的规模，课堂学时，教学条件和设备等等。

例如我们目前"基础缅甸语"的授课对象有2010级本科一年级学员和2008级本科三年级学员，这两个年级的情况就很不一样，需要加以认真分析，做好教学设计，以便在教学中对症下药、有的放矢。

2010级专业本科一年级学员分别来自云南、广西、湖南、湖北、四川，在语音学习阶段，部分学员的发音容易受到籍贯地区方言的语音、语调影响而造成发音不准确的问题，要特别注重对这些学员的正确引导，有针对性地督促学员进行克服方言影响的发音训练。2010级学员都是90后，他们思维活跃、好奇心强，善于接受新鲜事物，教学中应因势利导、因材施教，鼓励学员发挥特长，找出适合自己的学习方法，积极探索新知识。这些学员学习缅甸语是从零学起，以往没有任何的基础，对于缅甸语几乎一无所知，这就需要教师在教学过程中穿插介绍缅甸语和缅甸国家的基本情况，帮助学员了解自己的专业,建立专业学习的自豪感和自信心。从学习态度上看,学员刚刚接触缅甸语这门陌生的语言,对学习它充满期待。因此,学员的学习积极性较高,可塑性很强。教师应通过各种方法激发学员的学习兴趣,引导他们尽快适应缅甸语语音阶段的学习,为今后的学习打下一个良好的基础。但由于缅甸语本身难度较高,字母发音、书写以及单词的拼写及发音规则等都与汉语、英语有很大差异,一些学员在学习起步阶段可能会难以适应而感到信心不足,需要多加鼓励,正确引导,帮助其掌握正确的学习技巧和方法,激发他们的学习潜力,培养他们勇于克服困难、不断进取的精神。

而2008级学员则进入了"基础缅甸语"课程最后一个学期的学习,在进行了前三个学期"基础缅甸语"课程的学习之后,又进入了为高年级各专业课程的学习打基础的重要阶段。2008级学员全部来自云南省,有的学员家就在中缅边境,近年来中缅两国在政治、经济、文化各领域交往的不断加深,使得本届学员对缅甸语的学习有着极大的兴趣和热情,相近的生活地域使学员对缅甸的语言、国情、文化习俗有较多直观的感受,这个班还有傈僳族和白族的学员,他们从小就会说傈僳语和白语,这两种语言与缅甸语是亲属语言,语言类型相似,在学习缅甸语时会有语言上天然的亲近感,在缅甸语教学中可继续恰当地利用这些有利因素,克服语言学习进入高级阶段时会产生的瓶颈。2008级学员目前已进入大学三年级,他们接受能力比较强,有较强的分析问题和解决问题的能力,具备自主学习、自我发展的动力与兴趣。经过两年的磨合与交往,学员间关系融洽,整个班集体团结协作精神很强,为专业学习提供了有利的条件。

近年来我校投资两千多万元,加大了信息化建设力度,建立了数字语言教学平台、网络教学资源共享平台、无盘工作站网络教学系统,通过网络电视、VOD点播系统丰富教学资源,为非通用语专业学生创造了良好的语言学习环境。缅甸语专业建立了精品课程"基础缅甸语"的网络学习平台，师生通过共同完善已建立的精品课程"基础缅甸语"网络学习平台，可以进一步优化缅甸语学习环境，完善教学资源建设，促进"基础缅甸语"课程的教学。

但2008级学员现阶段在"基础缅甸语"课程的学习中也面临不少的问题：首先低年级阶段养成的一些学习方法随着学习程度的加深需要进行转变和改进。通过前期专业学习，学员在词汇、语法方面已有一定的基础，但学员学习中带有普遍性的问题有：在学习新的词汇、语法时只满足于死记硬背，不注重正确理解及灵活运用；不少学员仅满足于能够跟上课堂所讲内容，对要求掌握内容不系统不全面，举一反三、活学活用能力差；部分学员因词汇量较小而在课前预习时只注重查生词而忽略对课文内容和知识点总体把握；学员对篇章结构的总体把握存在不足；部分学员比较重视笔头能力的提高，而对口头表达能力有所忽视；还有部分学员只注重语言能力的提高，对如何提高信息获取整理能力重视不够；学员在"基础缅甸语"的学习中常常重语法结构而轻语言使用，"基础缅甸语"本身涵盖了听、说、读、写、译五大技能的全面锻炼，但学员往往在学习过程中更多的只注意"读"与"译"，对其他方面不够重视。以往学员所学不论体裁、内容还是语言较为单一，涉及面不广不深，导致对一些基本国情文化知识不了解，知识结构单一，语言表达不流利，不利于语言综合能力的提高。其次在教学过程中发现学员学习层次已经分开，并有拉大的趋势。今后需针对不同层次学员的特点对症下药、因材施教，使他们能够共同进步。一些落后的学员会因为语言学习难度的增加及基础阶段缅甸语学习中各种问题的积累而产生畏难情绪，需要加以引导，激发其学习热情并培养持之以恒的精神。

（二）教学目标设计

设计"基础缅甸语"课程的教学目标时需要根据学员在不同阶段的知识水平和能力特点，依据人才培养方案制定的目标和要求，在教学的不同阶段如语音阶段、基础阶段和提高阶段都应设计相应的知识和能力指标。语音阶段以讲授语音知识、发音方法以及培养拼读、书写能力为主。基础阶段包括基本句型、基础语法知识，语法与课文环环相扣，循序渐进，根据缅语有口语体和书面语体之分的特点，为避免基础阶段容易出现的口语体和书面语体使用混乱的局面，需加强对口语体和书面语体对比的练习，从而使学员能从口语体自然过渡到书面语体。提高阶段，要安排词汇语义辨析、运用和修辞专题，重点归纳课文中的语法现象，对于语用、语体等方面也要有所触及，全面提高语言表达能力，加深对缅语语言特点、中缅文化差异的体会，将感性认识向理性认识提升，培养出较高的运用缅语进行交际的能力。

在知识与能力方面，通过对"基础缅甸语"课程的学习，学员最终能够掌握缅甸语发音、书写以及基础词法、语法、词汇、句式、表达等语言基本知识；学习6000个左右的词汇（包括单纯词、复合词和外来语），熟练掌握其中4000个；了解语言文化背景，正确运用交际用语，提高语言实践运用能力；全面提升听、说、读、写、译各方面能力，能就所学内容组织会话，且能听懂相关题材、难易程度相当的日常会话和录音；能就一般生活话题进行交谈，表达准确、流畅、达意；能借助工具书阅读缅甸语简易读物和报刊文章；能就熟悉题材书写不少于300字的短文；能进行日常生活口译和常用题材内容笔译；逐步掌握缅甸语的语法和词汇规律，探明学习技巧，体会缅甸语基础知识的重要性；能以缅甸语为媒介，全面了解缅甸的国情、民情、民风民俗，提升缅语语言能力、交际能力和文化知识水平。

总之，我们的教学目标是通过"基础缅甸语"课程教学的实施，使学员能够形成良好的语言学习习惯，增强自主学习能力和学习兴趣，不怕吃苦、不怕出错、勇于开口、勤学苦练，积极主动地与教师和其他学员交流，获取学习的成就感和自信心。在掌握缅甸语独特的发音、书写方法的同时，熟悉缅甸语基础语法、词汇及常用表达方式，了解缅甸社会、国情、文化知识，提高综合文化素养，并具有较强的缅甸语综合应用能力，为高年级各门课程教学的顺利实施做好准备，为今后的学习和工作打下坚实的语言基础。

（三）**教学内容设计**

"基础缅甸语"课程的教学内容可分为三个体系层次：语言基础知识体系、能力体系和文化知识体系。语言基础知识体系包括语音、词汇、语法等方面的知识以及话语知识和常用语知识；能力体系包括听、说、读、写、译以及跨文化交际等方面的能力；文化知识体系即对象国家社会文化知识。缺乏这些知识，语言的理解和产出就会变得困难重重或错误百出。在教学上要对教学内容作出分阶段有计划的安排，每个阶段教什么、教多少，都要根据课程教学设计来安排。

针对每一项语言教学内容，可划分为陈述性知识、程序性知识、策略性知识三个知识模块。陈述性知识是关于"是什么"的知识，侧重于让学员熟悉语言规则，以能系统描述语言规则体系和特例现象为要旨。程序性知识是关于"知如何"的知识，侧重于让学员理解语言规则，以能将其准确地运用于语言分析和语言实践过程为要旨。策略性知识是关于"如何认知"的知识，侧重于让学员掌握认知、学习语言规则的策略和方法，以能将其熟练地运用于语言习得过程和自主学习过程为要旨。具体教学内容要紧紧围绕三类知识模板进行整体设计，教学过程真正将"授之以鱼"与"授之以渔"结合起来，通过合理的教学内容配置，变理论灌输为能力训练，引导、帮助学员将掌握的语言知识转变成语言技能，切实提高缅甸语语言素养和缅甸语实践能力。

课程教学内容要做到材料丰富、语言地道新颖、涵盖面广。重视教学内容优化组合，注重教学内容的基础性与先进性，体现科学性和系统性。为保证教学的针对性而遴选的各种题材的文章，要较好地兼顾思想性和对语言基本功的训练。

本课程的内容体系结构上要坚持题材与体裁的多样化，除传统的语言、文学类内容外，还要包括政治、经济、文化、科技等方面，课文的内容要能反映出时代的特色。课程内容体系结构要在循序渐进的基础上体现出应有的深度和广度。教学内容在设计安排上要科学合理，符合教学规律，使学员在知识结构、语言实践能力以及综合素质等方面符合培养规格的要求。

"基础缅甸语"课程整个教学时间跨度有四个学期，为此我们制定了全程教学规范，以精确控制教学进度，设计中规定好每册书、每单元的教学时间和内容，保证教学的有序进行。授课内容分为不同的单元，各单元各有侧重，既有词汇、语法、课文等的重点讲解，又有各种口头、笔头练习，检查、纠正、巩固该课内容，具体教学时数根据每个学期不同的情况进行安排。

（四）教学模式设计

教学模式设计旨在将当代先进的学习理论应用于"基础缅甸语"课教学，打破以教师为中心和以传授知识为特征的接受型教学模式，强调发现、探究和自主发展的学习方式，把学习过程中的发现、探究等认识活动突显出来，减少教学的强制性，增强教学的开放性，从而为人才培养营造一个自由开放的空间。"基础缅甸语"精品课程建设的主要目标为以实现个性化学习为原则,帮助学生进行探索性和自主性学习;利用网络教学平台进行多维信息输入,拓展学生知识体系,培养创新能力;为学生提供充分的个性发展空间,体现现代教育理念中的"双主"教学原则;通过各种交互性学习活动促进师生、生生之间的交流;给学生提供更大的选择性和自由度,学生可以根据自身情况确定或调整学习目标,从而与课堂同步完成本学期或本年度学习任务。在教学过程中,应该坚持"教为主导、学为主体"的原则,以启发式、导学式和研究式教学为主。学员应认真预习授课内容,并积极参与到教师的授课过程中;课后完成规定的口头和笔头练习。教师课前应认真备课,做好多媒体课件;课上充分发挥学员的主体作用,引导并帮助学员吸纳语言知识,为学员提供充分的口头和笔头练习机会,着重提高其分析、归纳、总结能力,培养其信息获取、判断、甄别及归纳整理能力;引导学员充分利用网络资源,进行自主性学习,养成良好的学习习惯,为终身学习奠定坚实的基础。

　　教学就是创设有助于意义建构的学习环境,提供适当的认知工具和丰富的资源,创设有助于交流协商、知识建构和知识协作的学习共同体,重视学习者的参与,利用情境原则,设计支持隐性知识学习的环境,让隐性知识随着实践经验增长。总之,教学过程是教师和学生对意义进行合作性建构的过程,而不是客观知识的传递过程,课堂教学是"基础缅甸语"教学的中心环节,教学设计以满足和适应课堂教学需要为宗旨,教学原则的制定、教学方法的选择、教学内容的安排都必须考虑在课堂上是否可行。课堂是外语专业学生接受外语输入和培养外语输出能力的最主要场所,因此教师要善于利用课堂这个交际平台,构建良好的学习情境,运用各项教学资源对相关知识点进行提示、升华、总结,并强化语言实践,以设置相应情境让学生以角色扮演、分组训练、师生互动、现场演示等方式进行练习,进一步激发学生继续学习的热情。通过运用灵活多变的教学方法和丰富多样的多媒体手段,结合真实的交际环境、面向学员的语言技能进行课堂教学,充分营造积极互动、踊跃争先的课堂气氛,真正调动学员努力学习缅甸语的热情。在授课时尽量贴近现实生活,每一个重要语言点争取都能有一个能够与之相针对的选题或背景,突出现实性、实用性,使学生接受起来更直观、更有兴趣。

我们建立了"基础缅甸语"课程网络教学平台,"基础缅甸语"网络课程设计以七个关键性的大模块为主:各单元教学重点、各单元难点、网络授课视频、各单元同步扩充阅读、相关教学资源、作业批改和网上交流答疑。本课程跨度为四个学期,每个模块分不同年级、不同单元组织,便于学生根据自己所在年级和个人实际水平自由选择。内容根据具体的知识要求采用文本、表格、声音、图片、动画、视频等多种表现形式。体现了自主型、探索型、情商智商并重、个性化发展以及协作型的学习策略,通过网络,构建一个支持和促进学习的场所,使学生、教师、课本和媒体之间构成一种相互补充、相互促进的立体关系。通过网络教学平台提出课前讨论的问题,与学生进行充分的交流,包括教学资料的交流、重点难点问题的讨论,激发学生进一步学习的兴趣,引导学生进入角色,认真思考能够在语言输入的同时,更注重语言的输出,做到学以致用。

(五)**教学评价设计**

如果把课程教学设计比作建筑蓝图的话,那么教学内容就是建筑材料,教学方法就是建筑施工,教学评价就是对建筑物的验收。教学评价设计需创建客观高效的考核评估模式,对学员的能力和教学质量的评估实行综合性和全方位性的形成性评估与终结性评估相结合的方式，在完整的形成性评估体系指标指导下，客观地评估"基础缅甸语"教学质量。

"基础缅甸语"课程考试采取教考分离的考核办法，试卷实行A、B卷。为客观、有效地检验教学效果，分析教学质量，对学员学业成绩采用形成性评估和终结性评估两者并重的评估手段，学员期末成绩（100分）=形成性评估成绩（40分）+终结性评估成绩（60分）。形成性评估是对学员日常学习过程中的表现、所取得的成绩和存在的问题以及所反映出的情感、态度、策略等方面进行综合评价。形成性评估成绩（40分）=课堂成绩（10分）+单元测试成绩（20分）+课外作业成绩（10分）。加大考查应用能力的比重，注重对学员综合素质的考评。

为保证考试组织工作规范、严密，我们还启动了试题库的建设。每次考试后，学校、系、教研室都要进行试卷质量和考试成绩分析，总结命题经验，准确掌握教学情况，全面评估教学效果和考试的效度、信度。

参考文献

[1] 刘润清，戴曼纯. 中国高校外语教学改革现状与发展策略研究[M]. 北京：外语教学与研究出版社，2003.

[2] 束定芳，庄智象. 现代外语教学——理论、实践与方法[M]. 上海：上海外语教育出版社，1996.

[3] 韦兰芝. 建构主义学习理论与综合英语精品课程设计[J]. 吉林省教育学院学报，2010(2).

[4] 钟志贤. 建构主义学习理论与教学设计[J]. 电化教育研究，2006(5).

论非通用语的课堂教学设计
——以"蒙古语阅读"课为例

解放军外国语学院　田艳秋

[摘　要] 以提高教学质量为目的的课堂教学设计是教学准备的中心环节。它既是教师教学能力的主要表现，又是教师体现自身教学特色和风格的重要途径，更是提高课堂教学效率的有效策略之一。本文以蒙古语专业"蒙古语阅读"课教学设计为例，对课堂教学设计进行细致的分析和探讨。以此为契入点，探讨在贯彻"教师为主导，学生为主体"的原则下如何进行课堂教学设计。

[关键词] 非通用语教学　阅读课教学　课堂教学设计

课堂教学设计是课前准备的重要环节，是教师实际教学内容的呈现方式，它既是教师教学能力的主要表现，又是教师体现自身教学特色和风格的重要途径，更是提高课堂教学效率的有效策略之一。在非通用语课堂教学中如何进行课堂教学设计，是关系到课堂教学质量和效率的重大课题。本文以"蒙古语阅读"课为例，探讨在教学实施过程中如何在"教师为主导，学生为主体"原则下进行课堂教学设计。

一、课堂教学设计的界定与范围

课堂教学设计是指为了达到预期的教学目标对教学活动进行系统规划、安排和决策的过程，是一种以认知学习理论为基础，以教育传播过程为对象，以系统方法论为指导的计划过程。也就是说，课堂教学设计是以分析教学需求为基础,以确立教学实施步骤为目的的一种规划过程和操作程序设计过程,同时以评价反馈检验设计实施的效果。课堂教学设计应体现出"教师为主导,学生为主体"原则。教学活动的主要目的是以学生的学习为本,为学生的学习服务,培养学生的创造性。所以教师在教学活动中要充分发挥学生主体性作用,教师的角色应该是引导者、组织者。在进行课堂教学设计时,教师应从学生的角度去设计教学过程,引导学生积极主动地参与到学习过程中并进行自主学习。

北京师范大学乌美娜教授认为:"教学设计作为一个系统计划的过程,是运用系统方法研究探索教学系统中各要素之间的关系,并通过一套具体的操作程序来协调配置,使各要素有机结合完成教学系统的功能。学习者、学习需求、教学策略、教学评价组成了课堂教学设计四要素。"[①]因此,教学设计宜从四要素出发,注重"五个设计":目标设计、内容设计、过程设计、策略设计、评价设计。

（一）**教学目标的设计**

课堂教学设计首先要设计教学目标,研究课程标准,明确教学要求。具体来说,包括本次课的教学目标设定,结合教学对象、教学内容确定具体的教学分目标。要从学生的综合发展的角度出发,既要有学生在认知领域应达成的项目,也要有从观察、学会、熟练应用等操作领域应达成的目标,还要有情感领域的目标。

（二）**教学内容的设计**

要根据教学目标的要求,结合学生的实际水平,对教材进行科学的再加工,对教材内容进行取舍、补充、简化,可重新选择有利于目标达成的材料。要做到内容适当,既不能信息量不足,课堂显

---

① 乌美娜:《教学设计》,北京:高等教育出版社,1994年版,第11页。

得松散,也不能信息量过大,整堂课都在赶时间。

(三)教学策略的设计

在教学方法的选择上应照顾每个学生,体现教学的多样性。具体操作时应把握:有利于学生自主学习,有利于学生探究式学习、合作式学习,有利于促进学生创新学习的原则。既面向全体学生,又要正视学生的个性差异,因材施教。在调动学生学习主动性的基础上,结合教学目标、内容、教学环境设备和学生实际情况等方面进行综合选择。

在根据教学设计选择教学方法时,应结合课型、授课内容及学生水平采用多样教学方法,如教师讲解、组织练习活动、课堂提问、学生讨论、小组活动、演示等多种方法开展教学。

(四)教学过程的设计

确定了目标,选择了教学方法后,接着要进行教学过程的设计,即教学环节和师生双向互动的设计。教学过程设计实质上就是选择适当的教学方式,并将它们合理地组合排列起来。根据具体教学目标、教学对象及教学内容恰当安排教学环节,具体设计课堂教学各环节的组织,如采取何种手段引起学生注意、采取何种方法、运用何种媒体呈现有关内容等等。过程设计力求教学各环节衔接自然,协调有序,从整体上形成最佳组合。

(五)教学信息反馈与矫正活动的设计

主要指设计信息反馈与矫正的内容、时机和方法。根据反馈信息及时调整教与学的行为,才能最终实现预期的教学目标。完整的教学设计应该包括教学信息反馈和矫正活动设计在内,尽管这种反馈和矫正更需要灵活的教学机智,但事前必要的设计也是很重要的。教师在进行教学评价设计时,要围绕教学目标,对问题、练习题、测试题进行精心设计,教学单元结束后,在课堂教学中,教师可以通过观察、提问、练习、测验等手段及时了解学生的学习情况，获得反馈信息。根据所获得的反馈信息及时调整教学活动。

以上五个设计是课堂教学的基础性设计，教师在具体设计时要从系统性的角度思考，坚持灵活性的原则，以达到最优化的目标。

二、课堂教学设计环节分析

在非通用语课程体系中，阅读课教学占有举足轻重的地位。阅读是非通用语学习的重要环节，是获得信息的主要手段，是掌握语言知识、打好语言基础、获取信息的重要渠道，阅读能力是学生今后工作所需的主要语言技能之一。从语言学习的规律来看，非通用语运用能力的提高是以大量的语言输入，尤其是大量的阅读为基础的。尽管如此，非通用语阅读却是非通用语教学的一个薄弱环节。

非通用语教师应更好地认识非通用语阅读的本质要求，帮助广大学生培养阅读技巧、提高阅读速度、丰富语言知识、增强外语语感、发展独立阅读和广泛阅读能力。学生只有具备了较强的阅读能力，才能运用外语作为交际手段去查阅资料，获取并交流信息。通过阅读课学习，学生能够掌握正确的阅读方法，养成良好的阅读习惯，增强认知语言、分析判断、综合归纳等逻辑思维能力，扩大词汇量，积累阅读技巧，增强语感。在提高阅读理解能力的同时，还可以扩充相关的语言和文化背景知识，打牢语言基本功，具备以非通用语为工具处理各种信息的能力。

课堂结构设计是对一堂课的谋篇布局，是用全局的眼光对一堂课的时间、环节、内容及呈现方式、师生互动进行整体策划。阅读课的教学设计总的原则是：教师在阅读课上只是组织者、辅导者，教师少讲，学生多读；注意培养学生的阅读能力、速度和技巧，但以理解内容为主，不过分强调阅读技巧的传授；提倡课外兴趣性阅读。下

面,以表格形式介绍《蒙古语阅读》第二册第二课的教学设计:

《蒙古语阅读》第二册的教学对象为蒙古语专业本科三年级学生,经过二年半基础蒙古语课程和一个学期蒙古语阅读课程的学习,学生掌握了蒙古语核心词汇和常用词汇,具备了一定的阅读技巧,能在课堂上很好地配合任课教师,在教师的带领下进行自主思考和延伸思考。在教学设计上,采用"六步走"原则,课程设计包括时间的分配、教学顺序的安排、教学方法的选择、授课的形式等。

第一步:以问题为牵引,指导学生有效预习

教学项目		指导课前阅读,整体感知。
教学目标		1. 训练学生快速阅读与获取信息的能力。 2. 训练学生把握文章主旨与层次结构的能力。 3. 识字(词)的能力,预测、推断能力,据上下文猜测词义的能力。
教学方法		指导课前阅读和设计思考问题。
教学活动	教师	1. 提供与文章内容紧密相关的思考题。 2. 介绍部分关键词汇,指导学生有效预习。
	学生	1. 搜集整理相关文化背景知识。 2. 完成任务型预习。 3. 提出疑问。
练习方式		将预习改为明确的、生动的、开放的合作式家庭作业,充分调动学生自身的积极因素。

第二步:多媒体课件进行课程导入

教学项目		导入课文,同时介绍与课文内容相关的背景知识。
教学目标		背景知识介绍,解决因文化背景而出现的误理解问题。
教学方法		多媒体课件演示。
教学活动	教师	教师演示多媒体课件。
	学生	学生根据所知进行补充和梳理。
练习方式		参与文化背景知识的介绍。

第三步：语言知识点的综合学习

教学项目		1. 在语境中词汇与短语的教学（意义、用法、固定搭配等）。 2. 句子教学（难句分析）。
教学目标		1. 学习、运用与掌握语言语法知识。 2. 在整体感知的前提下，从词汇、句子、段落三个层面对课文进行深入、细致地理解，做到融会贯通。
教学方法		学生互相解答，回答学生问题，课上讲解分析。
教学活动	教师	1. 对学生相互解答问题的过程给予关注和引导。 2. 教师讲解与分析。
	学生	1. 提出不理解的语言点。 2. 学生先行解决，理解教师所讲的词汇、短语、句子的用法与语法知识，做好笔记。
练习方式		翻译练习。

第四步：综合理解

教学项目		文章的深度综合理解，形成个人对相关问题的看法与见解。
教学目标		1. 培养学生深度综合理解能力，全面把握课文内容。 2. 培养学生的表达能力。 3. 学生通过阅读获取信息的能力和意识的培养。
教学方法		课堂提问、讨论与交流、归纳小结。
教学活动	教师	1. 以提问方式拉动师生间的有效互动。指导学生综合深入地理解课文。 2. 组织学生进行讨论与交流。
	学生	1. 回答教师各类问题。 2. 参与讨论，对课文进行综合深入的理解。 3. 批判地看待作者观点，形成个人看法。
练习方式		回答问题、讨论交流、归纳综合。

第五步：延伸阅读

教学项目		延伸阅读。
教学目标		1. 阅读相关文章，拓展知识面，扩大词汇量，提高阅读能力。 2. 用汉语对所学内容进行综述，培养学生归纳、提炼、分析能力。
教学方法		自主学习与互动交流。
教学活动	教师	1. 布置作业。 2. 提供阅读材料或相关资源。
	学生	1. 课文回看。 2. 完成课外作业。
练习方式		汉语综述、翻译练习、课外阅读。

第六步：板书设计

板书要反映课堂主要内容，与PPT要有分工，需认真处理板书、PPT、教案三者之间的关系。传统课堂通过板书把讲课的内容、素材等显性材料呈现给学生，多媒体教学课堂中，教学借助PPT手段时，板书成为PPT的一种必要补充。

三、如何进行课堂设计

当代著名教育学者叶澜认为："一个真正把人的发展放在关注中心的教学设计，会把师生教学过程创造性的发挥提供时空余地；会关注学生的个体差异（不仅是认知的）和为每个学生提供主动积极活动的保证；会促使课堂教学中多向、多种类型信息交流的产生。这样，教学设计就会脱去僵硬的外衣显露出生机。"[①]

（一）课堂教学设计前期准备

教学设计对教师在备课环节中提出了更高要求，也就是要解决

---

① 高伟：《叶澜教授认为一节好课必备的五个要求》，http://www.qqedu.net/DesktopDetail.aspx?mid=64&ItemID=2809.

"备课前期准备是什么"的问题。教师应全面掌握教学课程标准，对课程定位、教学要求了如指掌，精研教学内容，探讨教学方法，研究课程性质、地位、作用以及与前导和后续课程的关系。结合课程特点，从思想状况、认知基础、学习态度等方面分析教学对象的基本情况，了解学生前期学习的总体情况，分析学生学习新内容的有利条件和可能遇到的困难，制定应对计划。

（二）课堂教学设计环节之以思考题为牵引的预习环节

问题驱动能够让学生始终处于积极的思考状态，能够不断激活学生思维。在预习过程中，通过问题驱动，引导学生生疑、质疑、释疑，培养他们发现问题、分析问题、解决问题的能力。教学设计的关键是设疑，构建有效的问题，让问题成为预习的引导。要求学生预习课文，初步了解学习内容，找出学习重点和难点及可能有疑难和问题的地方，在培养学生自主学习能力的同时也使课堂学习更有针对性。

（三）课堂教学设计环节之简洁直观的导入

生动地导入形式，能为课堂教学有效预热。一节课的成功与否，新课的导入是否成功是关键。运用学生比较感兴趣，同时也是教师感兴趣或者了解的话题进行导入，能够引起学生和教师的共鸣，拉近学生和教师的距离，为创造活跃、和谐的课堂气氛打下基础。

课堂教学导入是课堂教学的起始环节。对非通用语教学而言，单调乏味的开场白往往提不起学生的学习兴趣，丰富多彩、信息量大、多媒体形式的导入能更有效地提高学生专注度。因此，教师在课堂教学中要敢于标新立异，创造多姿多彩的课堂教学导入形式，让学生尽快进入最佳的学习状态，为教学情景的展开做好铺垫。

（四）课堂教学设计环节之提问环节

课堂提问是教师在课堂上激发学生自主思维、调动学生积极参与课堂活动、了解教学效果行之有效的教学方法之一，更是开展阅读课教学师生互动、引导学生深刻理解的得力"武器"。提问的数量和质量直接影响到课堂教学的效果，进而最终影响到学生的学习效果。

教师应根据教学目标，联系学生实际和教材实际，精心设计课堂提问，难度要适中，所提问题要符合学生的知识水平和接受能力，问题提出后，不是让学生随口而出，而必须经过思考后才能回答。教师应利用课堂提问这一有效手段促进学生主动思维，设计富有启发性的问题，激发学生的学习兴趣，培养他们分析问题和解决问题的能力。问题形式应多种多样，既有面向全体的问题，又有针对个人的个性化问题；既有设问，又有疑问；既有对学生理解和知识点掌握程度的了解性问题，又有加深学生对教材的整体把握和深层理解的讨论式问题；既有教师对学生的提问，又有学生对教师的疑问；既有单向提问，又有双向互动。

提问不仅要做到具有启发性、科学性、针对性和面向全体性，而且还要做到适时、适度。课堂提问必须做到难易适度。课堂提问中，学生不作答与教师所问的难度密切相关。问题太难，学生望而生畏，问题太简单，又引不起学生的兴趣。难易适度的提问，即学生在教师的启发引导下，经过思考后能回答上来为宜。因此，对那些难度较大的问题，一定要精心设计，分解成一系列由浅入深，从易到难的小问题。同时，也要"力戒"简单提问。教师要紧扣教学目的和教材的重难点，根据学生的实际情况，把握好提问的时机。

（五）课堂教学设计环节之解疑环节

教师应该指导学生解决在学习中出现的问题和难点。可通过小组讨论，学生或小组之间的互相问答来解决课文中出现的疑问，由部分学生提出疑问，其他同学给予回答、解释，教师适时适度进行指导。这样既检测学生自我学习的效果，又同时解决了难点。而对于难度过大的问题，教师可以加以适当的引导或者给予方法的指导，引导学生共同探讨研究，解决问题，必要时进行课堂讲授。

（六）课堂教学设计环节之多媒体设计

随着社会的进步和现代化教学手段的普及，传统教学在媒体使用上发生了质的改变，多媒体教学越来越普遍。借助于多媒体教学，我们可以在学习相关知识时，穿插文化习惯、风俗传统、人物传记、历史资料、名胜古迹、文学原著等等。这种直观生动的教学手段在辅助教学之外，往往在潜移默化中激发学生的情感，陶冶他们的情操。

教师应围绕多媒体在教学中的作用，在内容上及时加入具有实效性并与授课内容密切相关的多媒体音频、视频材料，采用合适表现形式引入课堂。多媒体教学中的信息量大，可事先把重点、难点、课文要点、补充知识点等一并存入多媒体课件中，并可用其超链接功能，任意调用，反复重现。这大大节省了讲解和板书时间，避免了教师对重、难点繁琐的讲解，加快课堂节奏，为知识点的操练、巩固腾出了时间，加大了课堂训练的密度，提高了课堂效率。

（七）课堂教学设计环节之练习设计

在阅读教学中，恰当地应用翻译法设计课堂练习，教授学生理解和表达的技巧，这样既能激发学生的思维和学习兴趣，又能巩固所学的语言知识，真正提高阅读理解能力。在实际阅读教学中，教师可以从课文中挑选一些疑难句、长句、特殊结构的句子或句型，尤其是难于理解或难于表达的句子，让学生进行翻译练习。对翻译中出现的普遍问题进行剖析，使翻译理论与技能训练、语言教学密切结合起来。

四、讨论：课堂教学设计环节之注意事项

优秀的课堂教学设计在顺利完成教学任务的同时，能较好地开发学生的学习潜力，充分发挥学生的主动性、能动性和创造性，从而便于学生去认识教材的内在联系。当然，课堂教学设计活动也并不是越多越好，越细越好。在非通用语实践教学中还应注意以下几点：

（一）课堂设计要尊重学生的个体差异性

孔子提出育人要"深其深，浅其浅，益其益，尊其尊"，主张"因材施教，因人而异"。课堂设计必须能够在尊重学生个体差异的基础上让学生活跃、主动地获取知识，提高能力。承认学生差异，要充分尊重学生个性，进行有差别有层次的教学，使每个人都有所得，使每个人都有提高和发展。因此，课堂教学设计要求教师对教学对象进行科学分析，在充分分析学生学习状况、了解学生的兴趣爱好和学习能力的基础上，制定有层次的教学目标，选择恰当的教学方法和教学内容，安排好教学进度，确保每个学生都有所收获。同时对课堂提问、巩固练习、课后作业、课外辅导、考核评价等方面也相应地设计不同层次，确保真正地使不同层次的学生都能学有所得。

（二）有效互动，应避免滥用提问手段

课堂提问不是多多益善，不断地向学生抛出问题，既不能活跃课堂气氛，也不能充分调动学生学习的主动性，就更谈不上什么创新能力的培养了。应注意控制向全班发问，集体回答的问题个数，尽管这种提问方式能加快课堂节奏，有效避免因学生无法回答而冷场的情况出现，但这种方式完全忽略了教学对象在思维方式和表达方式等方面的个体差异，缺乏针对性，不利于课堂教学向深层次开展。

（三）教学设计量化与教师个性展示协调问题

教学设计是彰显教师个人特点的教学展示，目前，许多高校推出了教学设计量化法，设计了教学设计评分表。以图表为例：

设计教学设计评分表

评测要求	打分及情况分析
符合教学大纲,内容充实,反映学科前沿	
教学目标明确、思路清晰	
准确把握课程的重点和难点,针对性强	
教学过程组织合理,方法手段运用恰当有效	
文字表达准确、简洁,阐述清楚	

这一方面让人可喜地看到高校在外语教学中重视教学设计,另一方面,更应避免在教学设计方面过分强调共性,忽视教师的个性,产生千人一面的局面。

(四)教学设计中教师与学生参与度分配问题

教师作为学生与教材的沟通桥梁,学生的参与有助于教师发现教学设计中的不足。所以,在提高课堂效果和授课效率为目的的教学设计中,要科学控制教师与学生的参与度问题。

(五)教学设计中课型要求与教学设计匹配问题

非通用语教学课程体系包括提高学生听、说、读、写、译等基本技能课,提高非通用语交际能力课,提高非通用语国情政情的国情知识课,各种各样的必修和选修课型应有与该课型相匹配的教学设计。

五、结语

科学合理地进行教学设计包括两层意思:一是教学设计符合课程的课型特点;二是教学设计符合学生已有的认知结构和学习的一般规律。非通语教师组织课堂教学,不仅要从教材出发,更应该关注学生,因为课堂教学的最终归宿是学生的学习效果,如果学生没有有效的学习，那么整个教学过程都是无效的。目前，在我国的非通用语教学实践中，经过教师的不懈努力，课堂教学以教师为主导地位、学生缺乏积极性、主动性的情况有了较大的改变。提高50分钟教学效果，加快高素质非通用语人才培养的教育目标下，非通用语教师提高自身的课堂教学设计能力，显得尤为重要。

当代著名教育学者叶澜对于一堂好课要达到的基本要求很有参考意义，她认为：一堂好课应该是有意义的课、有效率的课、有生成性的课、常态下的课、有待完善的课。简而言之，一堂好课应该是扎实、充实、丰实、平实和真实的。教师和学生享受着教学作为一个创造过程的全部欢乐和一种智慧的体验。①我们以此标准为参考，对衡量非通用语教学者每一次课堂教学也是有重大现实意义的。

非通用语教学设计是一个系统计划的过程，是对教学实施的整体性思考。它针对不同的对象，在教学目标的拟定、教学内容的整合以及教学实施等方面的系统设计，使各要素之间相互协调配合。好的教学设计是一堂课成功的基础，直接影响非通用语课堂教学效果。因而如何针对不同课型进行课堂设计，将会是非通用语教师需要不断探索的课题。

参考文献

［1］乌美娜.教学设计［M］.北京：高等教育出版社，1994.

［2］闫文军，刘新荣.关于外语教师课堂提问的分析［J］.美中教育评论，2009（6）：39-44.

［3］高伟.叶澜教授认为一节好课必备的五个要求［J］.http：//www.qqedu.net/DesktopDetail.aspx?mid=64&ItemID=2809.

---

① 高伟.叶澜教授认为一节好课必备的五个要求［J］.http：//www.qqedu.net/DesktopDetail.aspx?mid=64&ItemID=2809.

非通用语教学中的教学反馈问题

解放军外国语学院　缪敏　金鑫

[摘　要] 在教学实践中，教师充分利用反馈原理，及时准确地进行教学反馈，对教学目标的达成具有重要意义。本文阐述了教学反馈的三种类型：语言反馈、书面反馈和肢体反馈，并就教师该如何进行教学反馈问题进行了讨论，提出了教学反馈要遵循的四个原则：反馈要根据具体情况，反馈要及时，反馈要具体，要恰当使用肢体反馈。

[关键词] 非通用语教学　教学反馈　反馈的原则

一、引言

美国心理学家桑代克（Edward Lee Thorndike，1874~1949）曾做过一个有趣的实验。实验要求被试者蒙上眼睛画4英尺长的线段，练习达3000次之多。A组被试者未能得到自己所画长度与目标4英尺之间的偏差的反馈，结果练习毫无进步。B组被试者每画一次都能得到及时、准确的反馈，结果进步迅速。实验表明，及时、准确的反馈对人的后续行为有直接影响。

在语言教学环境中，反馈是指为了改进、提高学生的学习而对其某一学习任务完成情况发回的信息。Walberb（1984）例举了26项影响学生学业成绩的教师指导因素，其中反馈位居第三。(李俊芬：43）因此，在教学实践中，教师充分利用反馈原理，及时准确进行教学反馈，对教学目标的达成具有重要意义。

目前中国的非通用语教学主要在大学里开展，通常学生经过三至四年来完成对一门非通用语的基础学习,这就要求教师在短短几年内完成对一门语言的听说读写译等各项技能的教学,目的就是要让学生正确掌握该语言。如何有效开展教学就成为摆在教师面前的主要问题,其中有效的教学反馈对外语教学具有重要意义。当代著名教育家布鲁纳(J. S. Bruner)在其著作中多次强调了教学反馈的重要性。布鲁纳认为教师授课,要仔细观察学生的不同反应,教学是在刺激反应和纠正反应中进行的。(巨瑛梅:42)对于学生的错误,不管是哪种类型,教师大部分都会予以纠正。然而,要如何纠正学生的语言错误,这是一门艺术。由于教学是一个双边互动的过程,反馈也可以分为教师教的反馈和学生学的反馈,本文主要讨论在非通用语教学中,教师应该如何进行教学反馈。

二、现行非通用语教学中存在的教学反馈问题

各大高校的非通用语教师不同于中小学校的外语教师,他们大多是高校毕业后直接留校或是其他非教育单位外聘教师,参加高校短期师资培训课程后上岗,几乎没有经过详细、系统、正规的教师资格和教师技能学习。此外,目前绝大多数非通用语专业基本维持在每一个专业2至4名教师的水平,2至4人要为学生开出1至4年的所有课型。任务之重,使他们很少有暇顾及教学法的研究。因此,在非通用语教学中教师的教学反馈往往会存在以下问题:

(一)缺乏反馈意识

大多数教师都会认为传授知识是最重要的,在教学实践中,有些教师常常会忽视学习内容的不同性质,忽视学生的情感因素、学生的心理承受能力,以及学生对知识的接受能力、理解能力,只顾按照自己的教案讲课。在课堂上,有些教师会比较偏爱喜欢提问的部分学生,而忽略了其他学生;有些教师甚至不重视或不及时处理

学生的反馈信息，有时明明看见有些学生注意力不集中，讲课效果不理想了，仍然听之任之。简而言之，许多教师都没有深入思考教学反馈问题，只是凭着感觉和经验去进行操作，没有意识到哪种反馈方式会比较有助于学生的理解，哪种反馈会受学生欢迎，哪种反馈会遭到学生排斥。

（二）反馈信息不明确

在课堂上，经常会听见教师说"再仔细点，认真点，注意语法、注意搭配、朗读得要有感情点"等含糊、抽象的反馈语。通常，学生在听完这些反馈语后仍然不知该如何更正。学生犯错大多是因为没有掌握好某一知识点，一部分是因为粗心。当学生因为粗心而犯错时可以稍加提醒，可是在实际教学中我们发现，有时学生会说是自己大意了，实际上却是似懂非懂，这时只用这些含糊的反馈语而没有具体指出原因，学生在下一次练习中还会犯同样或者类似的错误。

（三）反馈形式过于简单、单一

有些老师反馈形式比较单一，反馈内容不够充分，常常会千篇一律地采用课堂提问、翻译、测验等反馈方法，从而导致课堂气氛沉闷，慢慢地学生便失去了学习兴趣。有时甚至还会听到学生这样抱怨：下一节又是一堂睡觉课。由此可见，长期简单、单一的反馈形式不仅不会有良好的反馈效果，有时甚至会起到消极作用。

（四）反馈时机不当

这里所指的反馈时机不当主要分为两个方面：课堂上的反馈和课后反馈。在课堂上，当一个学生回答不出问题或答错时，由于课堂时间有限，通常教师会比较快地纠正学生的错误，或叫另一名学生来回答，导致学生没有足够的独立思考时间，同时也会伤害个别学生的自尊心。课后反馈主要指课后作业的批改和及时反馈。有些课程例如"普什图语写作"课，一周一次课，也就是说学生写完作业后要等待一周后才能听到讲评，而学生在等了一周之后，已经忘记当时写作的感受了。这样的延时反馈，对学生学习就不能起到很好的效果了。

（五）反馈不连续

在外语学习中，学生要掌握系统的知识不是一蹴而就的，要实现自我发展也不是朝夕可成的。在某一时间段内，学生会反复出现同一类错误，有时是某一同学反复出现，有时是几个学生在不同的时间反复出现这一错误。有些教师可能会认为这个问题都已经讲过了而不再去纠正，或者只是很简单的一带而过。有时教师偶尔一次的反馈可能达不到一定的教学目的，因此在教学过程中应该注重多次反馈，让学生在不断的反馈信息中调整自己的学习方法与学习态度。从另一个角度来讲，教师持续的反馈能够使学生感觉到教师对自己的重视，从而加深师生之间的交流和情感，能够调动学生学习的积极性和主动性，达到较好的学习效果。

三、教学反馈的类型

根据反馈方式划分，教师的教学反馈可以分为语言反馈、书面反馈和肢体反馈三种。

（一）语言反馈

语言反馈是指教师通过明确的语言直接让学生知道他们的行为表现情况及其学习的效果。这是一种最直接、最及时的反馈，一般都在课堂上运用。语言反馈又可以分为肯定性反馈和否定性反馈。肯定性反馈就是通过指出发言学生的优点并当众表扬，肯定其学习成果，从而达到降低学生学习的焦虑感，激发他们对学习的兴趣。

否定性反馈是指教师对学生的语言错误做出的一种反应，包括教师否定和直接更正学生的语言形式，或者学生自己改进其语言，或者由其他学生来修正，因此也称为纠正性反馈（corrective feedback）。否定反馈如果使用不当，容易对学生的语言学习产生负面影响。其中否定反馈是教学反馈研究中的重点。

根据加拿大著名学者Roy Lyster和Leila Ranta的研究，否定反馈可以分成以下六类：(Lyster，R & Ranta，L：46-48)

1. 直接更正（explicit correction）

直接更正是指教师明确指出错误并告诉学生正确的形式。这种反馈方式的缺陷是破坏了正常的交际，而且会对学生的自尊心产生较大威胁。例如，教师会说："这句话这样表达不对，应该这样表达……"

2. 元语言反馈（metalinguistic feedback）

元语言反馈是教师通过评论、提供信息或质疑学生的语言形式而不提供正确答案的反馈形式。教师提供的元语言信息常常会直指错误的本质，或者在一些词汇错误中提供该单词的定义，希望以此来引导学生更正。例如，教师会明确地说："你能找到句子里错误的地方吗？"或者，当学生错把一个阳性名词，当成是阴性的时，教师会说："这个单词是阴性的吗？"等等。

3. 重述（recast）

重述是所有反馈方式中最含蓄的，它不打断正常交际，也不指出学生的错误，只是用正确的语言重述学生表达有误的地方。在形式上，它就像肯定性语言的输入，为学生提供正确的语言模型，对学生的面子几乎不构成任何威胁。但是，这一反馈形式有一个缺陷，因为教师只是将错误的地方用正确的表达重述一遍，并没有指出错误，学生要是没有意识到自己的错误，那么重述反馈就失去了意义。

4. 诱导(elicitation)

诱导是指教师通过各种形式启发、诱导学生自己思考，然后给出正确答案的一种反馈方式。或者只讲一部分，然后暂停，让学生来完成其他部分。通常有三种形式：(1)教师通过提问的方式，直接诱导学生重新回答。如："这句话用普什图语怎么说?"(2)教师只讲一部分，然后停下来，类似"完形填空"，诱导学生接着讲。例如："نن هوا ..."(今天天气……由于句中主语是一个阴性名词，后面要接的形容词、系动词都要和主语一致起来，因此，形容词和系动词都要相应改变形式，正确答案是 نن هوا سره ده)。(3)教师通过询问，要求学生自己更正自己的表达。例如：当学生说了一句："پرون زه یو کتاب واخست."(昨天我买了一本书)。这时，老师就会说："普什图语过去时主语要用变格，你再说一遍。"于是学生会注意到自己错误的地方，并更正：.پرون زه یو کتاب واخست。

5. 重复(repetition)

重复是指教师通过改变语气或者重读的方式单独重复学生的言语中错误的句子，以此来引起学生的注意。例如，学生说："زه یو زده کوونکی یی" 教师会说："زه زده کوونکی یی؟" 通过改变语气和重读的方式将错误的地方凸显出来。

6. 要求澄清(clarification request)

要求澄清就是指当学生的表达没有被教师所理解，或者表达不当时，教师要求学生重复或者修正。只有在学生言语犯错后，这些行为才被定义为要求澄清。例如："请再说一遍好吗?"或者"你说的……是什么意思呢?"

以上六种就是Roy Lyster和Leila Ranta归纳的六种反馈形式，他们的研究结果表明，后面四种：重述、诱导、重复、要求澄清是形式协商(Negotiation of Form)，能够有效地引发学生的自我修正。在实际教学中,当学生犯了一个错误时,为激发学生的学习兴趣,引导他们进行自我修正,根据实际情况可以同时灵活地交叉使用好几种反馈方式。例如,当学生说:"تېر کال زه په پوهنځي کې شامل شو"教师就会问:"تېر کال زه په پوهنځي کې شامل شو؟"通过重复的方式来引起学生的注意;接着教师说:"تېر کال زه په پوهنځي کې......"通过诱导的方式来让学生自己修正;要是学生还没有注意到错误的话,教师就可以说:"زه...یم、زه،شوم."通过类比的方式用元语言反馈来帮助学生修正。

(二)书面反馈

书面反馈的形式多种多样,包括批改学生的作业、试卷,撰写学期评语,给个别学生写信或发电子邮件等。这是一种最具体直接、具有针对性、富有人性化而且具有个性化的反馈形式,它能使每一个学生都能准确了解自己的成绩与不足,同时也可以激发学生不断上进的动力。例如,教师在学生的作业本上写批语,如果能够做到真实、贴切,那对学生的鼓励是不可估量的。记得自己作为学生时,当看到老师鼓励评语时会心潮澎湃,暗暗下决心下回要写得更好,当看到老师指出错误的评语时,会看上好几遍,顺着老师的思路去订正,直到看到老师在下一次的作业批改中打上红勾,心里就会非常高兴,要是继续有鼓励的评语的话,学习动力便会变得更强。因此,可以看出,由于书面反馈是一对一的,对于正在处于努力阶段的学生来说,更能照顾到他们的自尊心,使学生从心理上接受教师的指导。

(三)肢体反馈

所谓肢体反馈,就是教师用身体动作去表达自己的思想。在课堂上,教师的举手投足都可以作为一种反馈信息,如亲切的语调、和善的微笑能够营造出一个轻松的课堂气氛;一个刻意的停顿可以把走神的学生拉回课堂；一个肯定的眼神可以给予学生鼓励，让他有勇气表达自己的看法……因此，教师的肢体动作有时可能胜过千言万语，学生通过观察和体会，及时了解教师的态度，进而自觉调整自己的学习行为。通过这种用肢体语言发出反馈信息，不打断教学过程，但同时也给予了学生自我纠正的机会，是教师在教学过程中不可忽略的一种反馈方式。

四、教师应如何进行教学反馈

综上所述，反馈的方式多种多样，反馈的效果各有千秋。例如，语言反馈方式最大的优点就是能及时与学生产生互动与交流，教师可以针对学生的反应采取相应的措施，但是教师应该注意反馈语言的选择，要努力讲究教学艺术，避免不良反馈对于学生的伤害。书面反馈可以做到准确、具体的一对一反馈，而且能够很好地保护学生的自尊心，但是存在反馈不够及时的缺点。肢体反馈能够达到"润物细无声"的境界，但是，倘若学生没有注意或者不予理会，那就达不到反馈的效果。那么，在具体教学实践中教师应该如何进行教学反馈呢？

（一）反馈要根据具体情况

我们认为，教师反馈要遵循以下四个原则：

1. 根据学生所处的学习阶段来制定不同的教学反馈

当学生处于语言学习的初级阶段，在帮助学生建立足够的学习信心和学习动力，降低学习焦虑感的同时，为给学生打下扎实、良好的基础，教师应注意语言准确度的培养，对于在这一阶段出现的语言错误，大部分要予以纠正。

在非通用语学习初级阶段出现的错误主要集中在语音和基础语法上，对于语音上的错误，较多的会采用重述的方式，因为有些语音是由于各个语言发音系统中的一些独特发音引起的，对于这种错误，只能是教师给学生作出正确示范，让学生模仿。对于语法错误，则可以采取诱导、重复、重述等方式给予订正，但订正后应分析错误原因。当学生处于语言学习的中高级阶段，如在交际运用的时候出现的错误，只要不影响交际目的就不宜当场纠正，以免打断学生的思路，影响他们的学习情绪，造成不必要的心理负担，扼杀他们的学习积极性。这时可以把一些比较明显的、常见的、重要的错误记下来，交际结束后借机帮助学生纠正。

2. 根据不同学生的不同学习层次给予不同的反馈

对于一个学习成绩较好的学生，如果他答错了，可以采用重述来提示，也可以采用诱导、重复等方式反问他，或者转问其他同学，引起生生互动，这样既可以让这名学生反思自己的答案，做到自我完善，又可以引起其他学生的思考。但是对于一个学习成绩较差但性格比较开朗的学生，首先要肯定其正确的地方，指出亮点，以激起其学习积极性，然后通过自我纠正和同伴纠正的方法，帮助其改正错误，但是更为重要的是要详细分析错误的地方以及出现这些错误的原因，以此来强化并帮助他建立正确的知识联系。对于学习成绩较差但性格比较内向的学生，鼓励是一种重要的手段，教师可以同时采用口头反馈和书面反馈相结合的方式。不仅要在课堂上给予正面的鼓励，使其能够勇敢地讲出自己的想法，而且可以通过书写作业评语、给他写电子邮件的方式来鼓励他，或提出他经常犯错的地方及原因，让他感觉自己并没有被教师所忽视，使他意识到自己也有学好这门外语的潜力。因此，学生会珍惜并认真对待教师的忠告，努力克服错误。通常学生会非常在意教师对自己的评价，教师的几行批语甚至一言一语都会对学生的学习兴趣和积极性产生较大的影响。

3. 根据不同类型的错误给予不同的反馈

Lyster 把学生的错误分成四个主要类型：语音错误（phonological errors）、语法错误（grammatical errors）、词汇错误（lexical errors）和母语不当使用（unsolicited uses）。(其中母语不当使用出现的频率相对较少)研究表明，教师对于语音错误和语法错误会倾向于采取重述的方式，但是其修正效果是有所区别的。语音错误基本上靠重述来反馈，而且修正效果也比较明显，但是对于语法错误、词汇错误，采用形式协商的诱导、重复等反馈方式会比重述和直接更正的修正效果更有效。(Lyster, R：184-196)当然更多的时候教师会根据实际情况，采取多种反馈方式相结合诱导学生进行错误修正。

4. 根据学生的接纳程度给予不同的反馈

南京师范大学的施光对于学生的接纳程度做过这样的研究：在很多情况下，教师的纠错反馈并不引起学生的接纳，因为在反馈之后紧接着的是教师或学生对于前面话题的继续。数据显示：重述这一最受教师欢迎的纠错方式所引起的接纳率最低（56%）；明确纠错（即直接更正）较高，接纳率为69%；形式协商（即诱导、元语言反馈、重复、要求澄清）最高，其接纳率高达99%。总的来说，各类纠错反馈的总接纳率为75%，其余25%则为"不接纳"。(施光：245)不难看出，形式协商反馈方式最受学生欢迎。因为采用形式协商纠错可以不中断交流并保持互动，教师把话语权交还给学生，这样不仅有助于保护学生的自尊和他们的学习兴趣，而且这种平等的交流还可以提高学生的自信心，锻炼他们的口头表达能力，使协商具备了双向性，让学生进行自我修正。此外，每个学生都有自己偏好的教师反馈方式，了解每一个学生，尽量提供他们喜欢的反馈方式，促进他们积极的学习情感，真正做到以人为本，因材施教。

（二）**反馈要及时**

及时反馈是教学反馈中非常重要的一个原则。美国著名心理学家罗斯和亨利曾做过一个著名的反馈心理实验:他们把一个班的学生分为三组,每天学习后就进行测验,测验后分别给予不同的反馈方式,第一组每天告知学习结果;第二组每周告知一次学习结果;第三组只测验不告知学习结果。八周后,心理学家将第一组和第三组的反馈方式对调,第二组反馈方式不变。此后,第三组的成绩有突出进步,而第一组的学习逐步下降,第二组成绩稳步上升。(陈新容:46-47)这则实验说明,反馈方式的不同对学习的促进作用也不同。及时知道自己的学习成绩对学习有重要的促进作用,而且及时反馈比过一段时间反馈的效果更好。学生对自己学习结果的及时了解,对学习积极性有强化作用,有助于提高学习效率。

在非通用语教学中经常会出现一周一次的课程,以"普什图语写作"课为例,周一上课,课后留下作业,学生周二完成并上交作业,通常要等到下周一教师才会对作业情况进行反馈,这样的反馈就不及时。反馈不及时,容易导致两个问题:第一,周一做作业时出现的错误有可能延续到下周一,如果学生在学习中出现错误,自己还没有意识到,而教师也没有在第一时间及时将正确信息反馈给学生,就会使学生形成错误的思维定式,这会对后面的学习产生"前摄干扰"(proactive interference)的作用,在以后的学习中容易一错再错,难以更正,这种状况,既不利于学生提高学习效率,也不利于培养学生积极的学习情绪;第二,过了很长时间才给学生提供反馈,学习行为和结果之间已失去了联系,学生已回想不起当时的学习情景,原来头脑中清晰的思路就会渐渐模糊,讲评的效果就会大打折扣,反馈后信息的调控和导向作用也就难以发挥出来。针对这个问题,可以通过网络来解决,在学校内部网站或者互联网上设置一个平台,在规定时间内,例如交完作业的第二天,教师针对学生的错误表达进行及时反馈,既可以对全部学生发布信息,罗列出比较重要、常见的问题，让学生来进行修正，并且设置权限，只有完成某些修正后才能点击查看参考答案和错误分析，又可以通过权限设置，针对个别同学的个别问题进行反馈。这样，学生不仅可以直观地看到自己的错误，有充分的时间思考，对错误进行自我修正，而且也可以看到其他同学的错误，这些错误可能是自己也会犯的，也有可能是已经理解了的，但是通过分析，学生理解得会更加透彻。

当代著名教育家布鲁纳曾提出了提供矫正信息的三个要求，其中第一个要求就是时间。他认为反馈要适时。过早，学习者则不能理解；过晚，对学习者下一步的假设或尝试选择不能起指导作用。（巨瑛梅：43）可见，及时反馈比延后反馈效果要好得多，反馈越早，越容易调整，反馈效率就会越高。对于那些需要多次重复形成技巧的学习活动来说，这种教学策略尤其有效。

作为知识的传授者——教师，更应该了解和掌握及时反馈的方式和作用。这既是对自己教学方法适宜与否的检验，也是了解学生对知识结构的掌握情况，然后对教学方式进行适当的改进，以达到最佳收效。

（三）反馈要具体

通常学生对于教师的反馈有一定的期望值。如果学生回答得好，教师总是比较简单机械地说"好"、"不错"，而没有具体指出好在什么地方，哪些地方比较出彩，哪些地方有创造性。久而久之，学生的学习热情就会降低；反之，说学生的表达有误，更需要具体指出错在哪儿，要让学生明白应该在哪些方面、哪些地方加以改进。反馈的明晰度越高，学生的纠错意识就越强，这样，才能促进学生语言能力的长期发展。此外，如果教师对学生的回答有其他什么方面的要求，也一定要向学生明确表达自己的期望。可见，反馈指导越具体越好。

(四)恰当使用肢体反馈

在课堂教学过程中,如果教师能够恰当运用表情、眼神、手势等肢体语言,往往会达到"此时无声胜有声"的特殊教学效果。例如,在学生表现好的时候,教师赞许的目光、满意的微笑、轻轻的点头,对学生来说都是肯定与赞赏。相反,当学生不专心听课、坐立不安时,教师严肃的表情、批评的眼神、刻意的停顿等都是一种提醒和暗示。

五、结语

教师重视教学反馈,恰当地实施反馈策略,不仅能提高学生的学习积极性、促进学生学习成绩的提高,而且也是一名教师良好教学能力的体现。人文主义的教育原理指出,目前课堂教育的模式正由以教师为中心向以学生为中心的课堂教学模式转移,而且事实上,教学本身就是一个师生双边互动的过程,教学反馈的本质是教师和学生相互交换信息的过程。因此,教师要充分发挥主导作用,积极而恰当地使用各种反馈策略向学生输送信息,同时又要意识到教师不是教学反馈的终点裁判,学生才是学习反馈的主人,要做到耐心反馈,以平等的态度对待学生,只有这样,才有助于保护学生的自尊、培养他们的自信、降低学习的焦虑感,建立良好的师生关系,这也有利于将教师的反馈输入真正转化为学生的知识摄入。

参考文献

[1] 陈新容. 教师要重视课堂教学反馈功能的发挥[J]. 上海教育, 2007, (02).

[2] 葛现茹, 高玉英. 关于师生对纠正性反馈的态度的调查[J]. 渝西学院学报(社会科学版), 2005, 4(4).

［3］黄香媛. 对课堂教学反馈策略的再认识［J］. 丽水师范专科学校学报，2001，23(4).

［4］巨瑛梅，刘旭东. 当代国外教学理论［M］. 北京：教育科学出版社，2001.

［5］李俊芬. 以情感态度为导向的教师反馈策略模式初探，教育理论与实践［J］. 教育理论与实践，2005，25(10).

［6］施光. 英语课堂中的教师纠错与学生接纳［J］. 外国语言文学，2005，(4).

［7］钟智翔，刘越莲，赵萍. 中国外语非通用语教学研究［C］. 北京：外语教学与研究出版社，2009.

［8］Lyster, R & Ranta, L. Corrective Feedback and Learner Uptake : Negotiation of Form in Communicative Classrooms［J］. SSLA, 1997, (19).

［9］Lyster, R. Negotiation of Form, Recasts, and Explicit Correction in Relation to Error Types and Learner Repair in Emmersion Classrooms［J］. Language Learning, 1998, (48).

刍议"老挝语应用文写作"课的开设

解放军外国语学院 黄勇

[摘　要] 应用文写作课程对于培养学生的语言综合运用能力及写作能力具有重要的作用。在课程开设之初，必须经历制定教学目标、拟制教学计划、编写教材、授课实践、总结回顾等一系列过程；在教学内容上，既要全面介绍，又要重点讲解；在教学方法上，对比教学法、文体特点总结法、案例教学法、直观教学法、强化记忆法、模拟训练法等方法对于应用文写作课而言是行之有效的；而在教材编写方面，则要大胆借鉴、力求创新，突出理论、注重实践。

[关键词] 非通用语　老挝语应用文写作　课程设置

一、引言

培养高素质、复合型的应用型外语人才一直是外语院校教学改革的重要目标，这一目标要求学生不仅要具备扎实的语言基础知识，更要具有较强的语言综合运用能力。根据这一教改目标，结合我校的专业人才培养方案，近些年老挝语专业在课程设置方面有了较大变动，其中增设了一系列旨在培养学生语言综合运用能力的课程，"老挝语应用文写作"就是其中之一。经过一届学生的实际授课，反响良好。该课程已被纳入我校老挝语专业本科生选修课（限选）之一，成为有公开出版教材的一门较为成熟的非通用语种课程。

二、开设依据

写作作为与口语并列的传递信息、交流感情的手段，愈来愈引起人们的普遍重视。培养语篇水平上的交际能力是外语教学中不可

忽视的一个部分。而作为写作当中运用最广泛的应用文写作,其重要地位应该得到更好的认识。(谭艳菊,2009:199)

(一)应用文写作的现实意义是开设该课程的强劲动力

应用文作为现代社会人们在日常生活、工作和学习中,处理各项公务或日常事务、交流通报情况、传递信息和沟通联系时使用的一种工具,对促进人与人之间的交流发挥着非常重要的作用,可以说应用文写作能力已成为现代人必备的能力之一。著名教育家叶圣陶先生说过:"大学毕业生不一定要能写小说诗歌,但是一定要能写工作和生活中实用的文章,而且非写得既通顺又扎实不可。"作为从事对外交流与合作的专门人才,在当今中国与国际社会的交往与合作日益频繁的形势下,掌握外文应用文写作技巧,能较为熟练地撰写常用的外文应用文,已成为外语人才的基本技能之一。因此,开设专门的应用文写作课程,已成为外语教学中不可缺少的重要一环。

(二)援老工作积累是开设该课程的催化剂

2000年以来,我校老挝语教师多次参与援老工作。在援老过程中,我们发现各项工作都对翻译人员的写作水平提出了非常高的要求。信件、邀请函、备忘录、协议、合同、致辞等应用文体是中、老双方工作交流的主要手段。因此,公文写作的格式是否正确,用词是否合乎语体要求,语言是否符合中、老文表达习惯就成为决定交流能否顺畅的关键因素。援老工作实践让我们深刻体会到应用文写作能力对于外语从业者的重要性。为了让学生掌握必备写作技能,更好、更快地适应今后实际工作的需要,我们决定在高年级增设写作课。写作课内容涉及多方面,但以实用的公文写作为主。教学素材则多为我们在援老工作中积累和收集的公文材料,这样能使学生得到有针对性的实战训练,在培养了他们写作能力的同时,也增强了他们对今后工作的适应能力。

（三）教学资料齐备是开设该课程的充分保证

"兵马未动，粮草先行"，充足的教学资料是搞好教学的关键。老挝语应用文写作课程覆盖面也极广，涉及到文学、经济学、法学等多种学科；同时它又是一门实践性非常强的课程，与现实生活联系十分紧密。因此在教学中只讲写作理论是行不通的，需要使用大量的例文及原文资料来辅助教学。援老过程中我们十分重视第一手资料的收集，如老方的邀请函、信件、公函等等，这些资料为我们顺利开设老挝语写作课提供了保障。

三、具体做法

（一）制订教学目标

教学目标是一门课程的纲领。根据我校的教学实际，我们给"老挝语应用文写作"课制定的总体目标是：使学生掌握常用老挝语应用文的实际用途和写作要领，培养学生的应用文写作能力和外语综合运用能力，提高写作水平，以满足对外交往的需求。

具体要求是：一、学生从理论上把握老挝语应用文体，包括其概念、分类、特点以及写作的基本模式等，对比其与中文应用文文体的异同；二、通过例文，学生深入把握各类老挝语应用文的特点和模式，掌握写作方法和写作技巧；三、进行有效的写作训练，将学生所学的写作知识转化为写作技能；四、注重写作模式与内容的统一，鼓励学生的个性发挥，使学生的应用文写作不仅仅停留在形式上，而是体现为深层次的、实用的。

（二）制定教学计划，编写教材

教学计划是教学组织和实施的依据。根据实用性原则，我们有针对性地选择常用的文类，将老挝应用文体分成16小类即16课进行讲授，包括：信件、招聘和求职、请示和申请、请柬和邀请函、公函，贺卡、贺词和礼仪用语，通知、通告，条令条例和规章制度，合同，备忘录，工作报告，经济可行性报告，计划、总结，广告和说明书，证明、证书和收据等，每课授课2学时。

接着进入编写教材环节。教材是课程的具体体现，没有教材，课程就要落空；因此，首先要解决教材"有无"的问题。在编写过程中，我们遵循既讲理论，又重实践的原则，体例上首先厘清该类应用文的概念、特点，然后给出范文，再列出词汇，并讲解写作方法、注意事项，最后布置练习，提供补充词汇。选材上则尽量选取我们在军事交流工作中实际用到的文章，这样既能提高学生的学习兴趣，又能增强教材的实用性和现实意义。

（三）初步体验

2007年3月，我们利用给外国留学生上"汉语—老挝语翻译"课的机会，有目的地选择了部分应用文体进行授课，这样做的好处，一是可以根据老挝留学生的反馈，在教学实践中检验、补充、完善、修改教学内容，使之更符合教学实际；二是可以将布置给老挝留学生的翻译作业（如将中文应用文翻译成老文）作为教学与编材的参考。一学期下来，我们不仅积累了更多的应用文素材，而且对中、老学生在应用文写作中的可能出现的失误做到了心中有数。这一阶段编材上我们采取的是边上课边补充，边使用边修改的方式，教材内容得到进一步完善、细化，为正式授课打下了一定的基础。

（四）再次实践

2008年3月，"老挝语应用文写作"课正式给本科生开设，当时是2004级学生第六个学期的专业课之一。有了之前的"初步体验"，这一次授课在教学的针对性、实用性方面都有很大提高，教材也已基本成形。经过一个学期的学习，学生普遍反映收获较大，学生的语言运用尤其是应用文写作能力得到了大幅提高。

（五）出版教材

因教材已初具雏形，且有了教学实践基础，加之该类课程在非通用语专业中开设较早，因此教材出版事宜得到了我校亚非语系教材委员会的大力支持，并很快便被提上日程。由于《老挝语写作》教材原为内部使用教材，体系和结构上离公开出版物存在较大差距，在参考大量资料的基础上，我们将老挝语应用文先分为行政文书、事务文书、经济文书、日常文书、礼仪文书等五大类，再将上述各类应用文体归入其中，并做适当补充（共二十二小类）。如行政文书包括通知、通告、公告、公函、报告；事务文书包括计划、总结、规章制度、备忘录；经济文书之下可收入招标书、投标书、经济可行性分析报告、经济合同、商品说明书、商业广告；日常文书包括私人书信、专用书信、商业书信、信封；请柬、致辞、贺卡和祝福语则可列入礼仪文书的范畴。虽不是面面俱到，但这样的结构已涵盖了老挝语应用文的主要类别。

在体例上，我们继续发扬之前既讲理论又重实践的做法。对于每一大类应用文体有概述，重在介绍其概念、作用、特点、格式；对于其下的每一小类应用文体，则从概念、特点、分类、写法、写作注意事项等方面做进一步阐述。此外，我们还增大了例文量（3-12篇不等），并增加了"例文简析"版块，对例文的情境、内容、结构、语言特点等进行评述。习题设置则兼顾理论考察，但重在检验并提高实际写作能力，题型包括填空、判断、问答、例文分析（改错）、填空写作、情境写作等。多样化的题型设置增加了教材的容量，并能及时帮助学生查漏补缺，有效弥补课时的有限性。为了方便使用，我们还在附录中制作了《老挝语应用文常用词汇表》，列出了各类应用文写作的常用词汇，提高了教材的实用性。

四、经验总结

（一）教学内容方面

在教学内容方面，我们力求全面介绍老挝语应用文体，在此基础上选取常用的文类和实际对外交往过程中常常碰到的例文进行重点讲解。教材编写重全面，课堂教学则抓重点，做到有的放矢，让学生能在较短时间内有效地掌握老挝语应用文写作的基本知识和技能。

（二）教学方法方面

通过一个学期的授课，我们认为以下教学法对于应用文写作课而言是行之有效的：

1. 对比教学法

对比教学法主要应用于相似或相邻文体之间的对比，即在内容、结构、格式、写作手法、习惯用语等方面对相似或相邻文体进行比较，同中求异、异中求同，加深学生对文种要求的理解，避免错用或混用。比如老挝语行政文书中的通知、通告、公告和公函是较易混用的文种，讲课时可以有意识地从文书的性质、发文单位、发布形式、发布范围、重要程度等方面进行比较，使学生分清不同文种之间的界限和区别。其他的文体，如调查报告和总结等也都可以运用比较教学法，让学生分清并掌握其具体使用范围和写作方法。

对于外语写作课而言，比较教学法还可应用于中外文同类文种之间的对比。通过与熟知的中文应用文内容、格式的比较，学生更容易把握外文应用文的特点，避免套用、滥用中文文体之误。例如，老挝语行政文书公函包含了中文应用文中的函和请示两种文体的功能，在教学中我们就可以通过对中老文体的实例对比，提醒学生注意老挝语公函与汉语行政文书中的函和请示的区别。

对比教学法还可运用于正反对比教学，让学生从错误的示例中加深对正确写法的印象，往往有着极好的效果。这一方法不仅可以体现在上述习题设置环节，还可体现在课堂教学环节中。比如我们在教授信封写法时，可先在黑板上写一个写法有错误的信封，然后让学生上去修改。再比如在课堂练习中，列举有错误的例文，让学生从写作格式、内容等方面进行修改等等。

2. 文体特点总结法

这一方法往往运用于讲解完某类文体的所有例文之后，此时学生对该类文体已经具备了一定的感性认识，如果能进一步精炼地将此类应用文体的特点再传授给学生，那么效果一定事半功倍。它不仅能提升课堂的理论性，更好地体现各种文体的特点，而且可以为学生提供具体的实践指导，使学生在下笔前掌握写作守则。比如申请，在教学中可对其主要特点进行详细介绍，如从其结构到用词都非常具有程式化等，然后针对每一具体内容，举例说明，并通过对比，加深学生的印象。

3. 案例教学法

案例教学法对于写作等实践课而言是行之有效的方法。这一方法要求从现实生活中搜集某类文体的不同范例，在课堂上进行讨论研究。它具有"密切联系实际、培养学生的分析问题和解决问题的能力，鼓励学生进行创新思维，培养学生的口头表达能力，提高学生在课堂学习中的注意力，增强教学效果等优点"（茅中飞，2001：44）。外语应用写作课的案例应来源于我们的对外交往的日常工作和生活，如中外文报纸杂志上贺电、广告，我们翻译过的一些企事业单位的合同、投标书、竞标书，往届学生的作业等。同时，案例应该是正反两方面的，既有写得较成功的范文，也要有写得有欠缺的例文，教师不要作过多的点评，而要由学生自己去判断和分析，从中归纳总结出正确的写作方法。

4. 直观教学法

直观教学法的特点是一目了然,还原写作的现场感。该方法可运用于图片、实物展示优于文字讲解的场合。比如讲到礼仪文书的请柬、贺卡时,我们可以直接将老挝人写的请柬、贺卡拿给学生看,对照实物或图片,教师只需对写作内容、格式等稍作解释和提点,学生便能很快把握其写作要领。这种方法既能让学生印象深刻,又增加了课堂的趣味性。

5. 强化记忆法(程式化语言及套语)

我们知道,应用文写作有很多程式化套语。熟记这些套语对于应用文的写作而言非常重要。而教授这些程式化语言唯一有效的方法就是督促学生多记多背,并通过不同的练习形式加以巩固。

6. 模拟训练法

模拟训练法即通过模拟套写让学生掌握应用文的写作规范和语言特点。具体做法为:先引导学生阅读范文,讲解该类文体的写作格式、结构、内容特点;再给出相似的情景(只做必要的替换),并提供一定量的词汇和句型,要求学生在范文的基础上进行模拟套写。比如讲解完邀请函、贺卡等文体后,就可以通过练习完形填空题等形式来进行模拟训练。

(三)**教材编写方面**

尽管我们的教材还很不成熟,但因在非通用语专业的同类教材中出版相对较早,也凝聚了我们的心血和教学心得,因此还是得到了来自同行的支持和鼓励。在编写过程中我们有以下两点体会:

1. 大胆借鉴,力求创新

开设课程和编写《老挝语应用文写作》教材之前,国内外还没有相关的介绍书籍,甚至应用文写作在老挝还没有完全得到规范。这就要求我们大胆借鉴其他语种的成果,并结合老挝语应用文的写作实际进行总结、创新。比如在老挝语应用文的分类上，老挝官方一直没有统一，老挝语教科书也没有介绍，这时我们就可以借鉴中文应用文的规范，进行分类，以方便教学，也有利于学生理解，接受。在体例安排上，我们在参考其他应用文写作教材的同时，创新性地设置了"例文简析"等板块，题型设置也尽可能多样化，以提高教材的可读性和实用性。

2. 突出理论，注重实践

一部教材只有在理论与实践两方面都给予读者以启迪和指导，并且将两者有机结合的教材，才能称得上是一部好教材。因此教材编写需要同时兼顾理论性和实践性，不可偏废其一。尽管应用文写作是一门技能性和应用性很强的课程，但没有科学概念、理论和方法的指导，写作实践只能是无源之水，无本之木；同样，再多的理论知识都要归结到写作实践上，写作教学的最终目标是让学生掌握写作技能，应对对外交往生活和工作中的各种文体写作，因此，写作教程不能只是理论的堆砌，而必须突出"写"的实践，注重"写"的训练。

《老挝语应用文写作》教程在重视介绍一个文体的概念、种类、特点、写法和注意事项之后，都安排了"同步训练"，里面精心设计了内容丰富、形式多样的案例题、例文分析题与写作训练题，供学生练习和写作训练，为学生"动手写"提供方便，创设情景。与同类教材相比，写作训练题众多，是本教材最显著、最突出的一个特点。这些题目占据了教材书中的不少页面，针对性、可操作性强，较好地呈现了"教学互动"的模式，体现了"学与练"的学生参与的要求，加强了实践性教学环节，有利于提高应用写作教学的质量，把学生的写作实践、写作训练真正落到实处。

五、结语

通过"老挝语应用文写作"课程的开设,我们意识到,课程开设需着眼现实需求,从实践中来,再回到实践中去检验,它是一个循序渐进的科学发展过程。对于非通用语种而言,一方面我们可以借鉴前人的经验,在教学、编材等方面少走弯路,另一方面,我们也要结合小语种的实际,摸着石头过河,充分发挥创新意识、求变意识,最终探索出适合小语种发展的科学之路,完善小语种课程建设体系和人才培养体系。

参考文献

[1]卞兆明主编.应用文写作理论与实践[M].南京:江苏文艺出版社,2006.

[2]茅中飞.案例教学法在管理教学中的运用[J].南京人口管理干部学院学报,2001(4):44.

[3]谭艳菊.英语应用文写作与需要层次理论的关联研究[J].西南民族大学学报(人文社科版),2009(11):199.

[4]王铭玉,贾梁豫.外语教学论[M].合肥:安徽人民出版社,1999.

[5]杨述.应用文写作教程[M].北京:中国人民公安大学出版社,2002.

旅游缅语课程教学资源的开发与利用

云南民族大学 刘利民

[摘 要] 因地制宜地开发利用各种教学资源，是深化教学改革、加强课程建设、提高教学质量的基础和保证。旅游缅语课程教学资源的开发和利用途径主要包括：加强对教师的培训，提高教师参与课程资源开发的积极性；以网络为平台扩展课程资源；到对象国学习考察，获取第一手资料；加强中缅两国在旅游方面的交流与合作，丰富相关的教学信息，满足学生的现实需求。

[关键词] 课程资源 旅游缅语 开发利用

课程教学资源，是实施课程建设的物质保证，能否拥有足够的课程资源是实现课程目标的基本前提。因此，因地制宜地开发利用各种教学资源，是加强课程建设、深化教学改革、提高教学质量的基础和保证。然而，在现实教学中，这一问题并没有得到足够的重视，教师关于教学资源的概念比较淡薄，开发利用教学资源的意识不强、能力不足；主管部门对教学资源的开发利用、合理配置等方面缺少统筹规划；资源紧缺和资源开发不合理的矛盾较为突出，难以适应教育的发展和改革的需要。因此，本文拟从实际出发对旅游缅语课程教学资源的开发和利用进行探讨。

一、课程资源内涵及其开发意义

课程资源有广义和狭义之分。广义的课程资源是指有利于实现课程目标的主要因素，狭义的课程资源仅指形成课程的直接因素来源。目前被广泛接受的课程资源是指形成课程的要素来源以及实施课程必要而直接的条件。它涵盖的范围十分广泛，包括一切为教育教学所使用的载体，大体包含两个方面，一是校内课程资源，如教科书、教学用具等；二是校外学习资源，如图书馆、报刊、网络、风土人情、社区、社会实践等。知识、技能、经验、活动方式、情感态度和价值观属于课程的要素来源，而直接实施课程的人力、物力、时间、场地、媒介、设施、环境及对课程的认识状况等因素，属于课程设施的条件。本文所论及的课程资源就是指形成课程的要素来源以及实施课程必要而直接的条件。过去对课程资源的理解主要从物的角度去考虑，认为课程资源就是教科书、参考书等，实际上，这是一种很片面的认识，因为从课程目标实现的角度看，凡是对课程实施有利的因素都应归属为课程资源，其中既包括教科书、参考书、教学场所等物质资源，又包括专家学者、教师、学生等人力资源，对课程的开发利用要全面而科学，使所有的这些因素都能为教学服务，这样才能促进课程目标的实现。

  旅游缅语课程资源，包括了所有能为旅游缅语这门课程所利用的要素来源以及实施课程必要而直接的条件，如缅语教材、缅语教师；介绍缅甸旅游景点的光碟、图片；各种旅游网、缅甸卫星电视；中缅两国丰富多彩的少数民族习俗、节日等，都可以作为旅游缅语课程的教学资源。

  在明确课程资源的内涵之后，有必要进一步了解开发课程资源的意义。首先，开发课程资源有利于促进教师教育观念的更新。课程资源的开发和利用对于转变课程功能和学习方式具有重要意义，可改变教师只教教材，学生死读课本的习惯。由于资源的开放性和信息共享的特征，使教学超越了狭窄的书本内容，师生的生活经验和丰富的课外资源一同进入教学过程，让学生由知识被动的接受者变为知识的共同建构者。其次，有利于教师专业水平的提高。课程资源的开发，要求教师具备丰富的学科知识，具备心理学、教育学方面的知识。外语教学以培养学生的综合语言运用能力为目标，以素质教育和学生的发展为宗旨，成为学生利用多种课程资源的引导者。通过课程资源开发的实践，能极大地促进教师知识结构的完善和教学能力的提高。此外，课程资源的开发有利于学生综合素质的提高。时代的发展带来了课程资源的多样性和广泛性，改变了传统的一本课本的固定的学习模式，学生有更多的机会从各个方面获取知识。课程资源的合理开发，有利于学生综合素质的提高。

二、旅游缅语课程资源利用现状

旅游缅语课程是一门实践性很强的课程。但是一直以来，我们只注重课堂上理论知识及旅游知识的讲解，基本上忽视了实践在这门课程中的重要作用，缺乏对这方面的研究。课程目标注重的是知识目标，学生主体地位没能充分体现，自主学习量偏小。如果在教学过程中，能够将学生所学的理论与实践有机地结合起来，影响和改变学生的认知结构，或能够促进学生认知结构发生变化，那就达到了有效利用课程资源，培养高素质人才的目的。另一方面，虽然该门课程开设有几年的时间了，但目前仍用的是自选教材，存在随意性较大、缺乏系统性、教学内容多杂、知识偏旧等问题。教师对课程教材资源开发的重要性认识不够，在旧有的被动接受的思维定势框架里，缺少进行课程资源开发的信心和勇气。

由于多方面的原因，我校的网络基础建设发展远远低于其他同类非通用语院校，基础教学设施简陋，学校尚不能提供较好的教学硬件环境，教师无办公地点，未配备电脑硬件设施，仅有的几间多媒体教室由于机器老化，在使用中经常出现这样那样的问题。加之网络管理能力、措施及维护机制不足，教师无法有效地利用网络课程资源实现最佳教学效果。这些问题客观上导致教师对课程资源开发缺乏积极性，课件制作滞后，目前仍是传统的一支粉笔，一本教案的授课模式。

三、旅游缅语课程资源开发的策略和途径

首先，加强对教师的培训，提高教师参与课程资源开发的积极性是根本。教师是人力资源的主体，是具体课程的实施者，更是课程资源的开发者，因此，加强对教师的理论培训，提高教师的课程资源意识，帮助他们清晰认识课程资源的内涵、性质、种类、特征及课程资源对于课程目标的实现和教师、学生发展的价值，促使教师角色的转变，使教师积极参与开发课程资源，努力提高教师的综合素质，充分挖掘他们的潜力，这是外语人力资源开发最重要的环节。此外，应充分利用各种机会，加强缅语界同仁的交流和沟通，通过互聘互访等渠道来弥补教师知识结构单一、师资不足的状况，使优势人才的潜力得到最大的发挥。

其次，以网络为平台，拓展课程资源是大势所趋。传统的图书馆、资料中心这些学习资源环境已不能适应信息时代知识日新月异的变化，网络技术的发展、因特网的出现，为人类提供了最为广泛的教学资源。当前，应充分利用多媒体，建设好学校非通用语数据库，最大限度地发挥各地的资源优势，并逐步实现与全国非通用语院校的网络资源共享。教师还可以利用网上下载的资源编写教案、补充教材、制作课件，引导学生上网浏览、查找和本课程学习相关的内容。缅甸政府网上有介绍缅甸旅游景点的内容，还有政府的旅游机构情况，有的东西课堂上老师可能未讲到，学生通过上网浏览，便可获取更多的知识，扩大自己的视野。这样能培养学生利用信息技术的能力，完善学习方法，增强创新意识，提高发现问题、解决

问题的能力。

第三，到对象国学习考察，进行国际体验，获取第一手资料是良机。教师和学生都是教学资源，要充分利用一切可以利用的资源，为学生创造一个更完善的环境。我校本科非通用语人才培养实施的是"3+1"人才培养模式，学生在三年级时到对象国学习一年。学生通过实地考察亲身体验缅甸的社会风俗和节日文化。在练习缅语的过程中，把课堂上教师讲过的基础理论知识运用到实践中，极大地促进了他们认知结构的飞跃。同时教师也可以充分利用送学生到国外学习的机会，大量收集拍摄有关缅甸社会生活、宗教活动等各种场景的图片和录像，购买现成的、适合学生观看的影视资料，有了这些良好的素材，对该课程的建设将会起到事半功倍的效果。

第四，以原有的教材为依托，重组课程资源是目的。长期以来，教材一直是教师和学生反复研读的唯一资料，在这种观念的影响下，教师忽视为教材添砖加瓦进行整合。教材是基本的课程资源，但不是唯一的课程资源。教材只是教师指导学生学习可资利用的一个材料，必须有教师的二次加工，必须结合学生的特点进行科学合理的开发利用。就"旅游缅语"这门课程而言，全国没有统一的教材，只是个别学校开设，自选教材缺乏系统性、随意性较大。因此，有必要在自选教材的基础上，进一步重组课程资源，增加教材的多样化，把固态的文字教材加入动态的影视、音乐、图片等多媒体资源，制作成课件。重组旅游缅语教材应遵循以下的原则：

（1）有利于学生的全面进步和长远发展。一名优秀的缅语翻译和导游，应具备广博的知识面，特别要熟悉本国和对象国的历史、地理和文化。所以，选材的内容应有针对性。

（2）在思想道德方面培养学生形成正确的人生观和价值观。缅甸是一个佛教国家，近90%的人信仰佛教，佛教思想渗透到老百姓日常生活的方方面面。通过重组教材，应引导学生正确吸收佛教思想中对我国现代化建设和个人发展有用的东西，培养学生积极向上、开拓进取的精神。

（3）有趣味性。生动有趣的东西能激发学生的学习兴趣和学习动机。把缅甸金碧辉煌的佛塔、美丽迷人的热带风光、底蕴深厚的佛教文化资源和众多民族的风俗习惯以动态的形式展现在学生面前，再辅之以文字解说，这样丰富多彩、动感十足的课件配合课堂教学，学生的学习兴趣和求知欲望会立刻被激发出来。

（4）根据情况灵活补充教材，在教学中灵活运用。如跟踪了解中缅两国在旅游方面的交流与合作，及时掌握其政策走向，从现状展示前景，为学生提供必要的信息，增强一部分对缅语专业及就业有悲观情绪的学生的信心。同时对之前积累的与旅游缅语相关的数据、图片、网站进行分析，把适合学生使用的资源整合归类，作为对课堂教材的补充。

课程资源的开发和利用是一种极富主动性、创造性的工作，在具体的教学过程中，只要从学生的实际需要出发，细心观察，用心思考，总会发现对教学有用的资源。在使用已获取资源的同时，也要不断发现并利用教学中存在的新的课程资源，这样才能使教学活动丰富多彩，才能满足学生多样化的学习需求，更好地为旅游缅语课程服务。

四、结语

教学资源的开发任重而道远，目前各校非通用语教学资源开发日新月异，我校也在努力不断改善教学硬件环境，为教师和学生提供一个实现课程目标的基本条件。我们只有经常提醒自己不断努力，利用各种机会提升自己的综合素质，增强责任感、使命感和紧迫感，培养创新意识，逐渐形成自觉开发课程资源的意识，在社会的发展变化中找准自己的位置，才能不辱使命，肩负起培养非通用语人才艰巨而光荣的任务。

参考文献

[1] 常学勤.课程资源开发与教师专业发展[J].人民教育，2008(18).

[2] 范兆雄.课程资源概论[M].北京：中国社会科学出版社，2002.

[3] 申家锋.课程资源的开发和利用探析[J].河南职业技术师范学院学报，2009(6).

教学与教学法研究

启发式教学法在基础马来语课程教学中的应用

解放军外国语学院　谈笑

[**摘　要**] 启发式教学法是大学外语教育中的一种重要教学方法，马来语作为非通用语的一种，在其基础阶段的教学如基础马来语课程的教学中，合理运用启发式教学法往往能够收到较好的教学效果。

[**关键词**] 基础马来语　教学法研究　非通用语教学

一、引言

在当今大学外语教学领域，启发式、互动式教学法是比较热门的话题。随着时代潮流的发展和教学改革的深入，以人为本、循循善诱的启发式教学法正日益受到学生们的青睐，以往那种"满堂灌"式的注入式教学法显然已经过时并被广大师生所摒弃。中共中央国务院《关于深化教育改革全面推进素质教育的决定》指出："积极实行启发式和讨论式教学，激发学生独立思考和创新意识，切实提高教学质量，要让学生感受、理解知识产生和发展的过程，培养学生的科学精神和创新思维习惯。"启发式教学模式是对传统的注入式教学模式在目标、内容、形式及手段上的根本否定和变革，但它并非是一种机械式的课堂教学模式，而是一种基本的教学思维模式。[①] 对于大学非通用语教学来说，启发式教学法无疑也是一种行之有效的教学方法。作为教授非通用语基础阶段课程的教师，如果能够掌握并运用好启发式教学法这一利器，往往就能在实际教学活动中收到

---

① 戴立黎：《启发式教学模式在大学英语课堂教学中的应用》，载《中国成人教育》2009年版第22期。

立竿见影、事半功倍的效果。笔者长期从事非通用语一线教学工作，曾经承担过多届本科学生的基础马来语课程教学任务。在此，特将自己在这方面的一些零碎的教学经验和感悟归纳整理如下，供各位同行参考。

二、启发式教学法的要义

启发式教学法的运用，可以追溯到我国古代的伟大教育家孔子。他在长期的教育实践中提出："不愤不启，不悱不发"。(《论语·述而》)那么，什么是"启发式教学法"呢？启发式教学的关键在于"启"和"发"二字，即启迪思维，激发内因。简而言之，就是一种创设问题情境、启发学生思维，培养能力的教学方法。其基本特征是：在讲读前精心设计足以启发学生思考的问题，让学生在生疑、质疑、释疑的过程中接受知识，得到能力、智力的培养训练。谈话法、讨论法、图示法、愉快教学法、情境教学法等各种具体的教学方法的有机融合，将使这种教学模式更加充实和丰满。实际上，在教学中启发式方法是多种多样的，如讲授启发、问答启发、演示启发、练习启发、实验启发、讨论启发、情景启发、比喻启发、对比启发、学导启发、探究启发、教学媒体启发等等。整个教学活动呈现出以学生的主体活动为主线，以教师主导为辅线的动态构成。教师在教学中依据学习过程的客观规律，充分调动学生学习的自觉性、主动性，引导学生积极思考，使学生融会贯通地掌握知识，并在这个过程中培养学生的独立思考能力和想象能力。此外，在课堂教学中要有效地运用好启发式教学，还必须明确"启发式教学不是某一个具体的教学方法，而是运用任何一种教学方法的指导思想"。换而言之，启发式教学既是一种教学方法，也是一种指导思想，更是一个教学原则。启发性教学原则是进行任何教学都应贯彻的。而启发式教学是运用任何教学方法都应坚持的。启发式教学是相对于注入式教学提出的，由于注入式无视学生在学习上的主观能动性，而启发式能启发学生的思维积极活动，能调动学生学习的积极性和主动性，因而在教学中大力提倡启发式教学，反对注入式教学。启发式教学法可以一扫过去课堂上那种沉闷、枯燥的气氛，让学生充分感受自身在教学活动中的主体地位，教师与学生、学生与学生之间在平等的讨论中进行多方向、多层次互动，让知识、技能和方法在和谐愉快的氛围中实现有机流动。

三、基础马来语课的特点

（一）学生的非通用语基础为零

依据我国现行的教育制度，从高中升入大学从事非通用语专业学习的学生，其非通用语的基础一般为零。这就决定了非通用语基础阶段的全部教学都只能从零开始。学生在这一领域完全是一张白纸，教师涂抹成什么颜色就是什么颜色。所谓"师傅领进门，修行在个人"。这里所说的"领"，其实就是教师对学生进行的启蒙和启发。从某种意义上来说，这一事实可以引申出两点意涵：

一是教师在非通用语基础阶段的教学对学生将来的整个非通用语学习具有决定性的作用，从培养对非通用语的学习兴趣到树立正确的专业思想，教师都扮演着极其重要的角色。因此，作为一名对事业负责、对学生负责的教师，对此决不可等闲视之，应付了事。

二是学生因"无知"而对非通用语专业学习产生强烈的好奇心和求知欲，这正是进行教学活动的最佳前提，也是实施启发式教学法的最适宜土壤。教育心理学认为，兴趣是学习最重要、最直接的内部动力，是发展智力最活跃的因素。学生有了这种内在的兴趣动机，可以表现出高度的学习积极性、自觉性，思维就会非常活跃。

（二）学生具有较好的外语基础

由于非通用语并非学生的母语，并且与其母语（汉语）以及其所学习过的通用外语（英语）等语种具有较大的差异，学生在进入大学时非通用语基础为零，这些因素使得从事非通用语基础阶段教学的教师，尤其是刚刚走上工作岗位的年轻教师往往会对非通用语基础课的教学效果产生一种忧虑和担心，担心学生的接受能力能否达到要求。笔者认为，其实这种担心完全是多余的，因为能够考上非通用语专业的学生，已经经过了从小学到中学十多年的通用外语（英语）的学习和锻炼，具有较好的外语学习基础，其外语学习能力毋庸置疑，并且往往已经形成了各自行之有效的一套外语学习方法。尽管所学的非通用语与英语等通用外语存在着较大的差异，但是在外语学习的方法上是相通的。只要非通用语任课教师方法得当，热情鼓励，多运用启发式教学法，通过触类旁通，举一反三，只需稍加点拨，学生们很快就可以进入非通用语的良性学习状态。

（三）课程重在非通用语的基本功训练

根据现行的课程标准，基础马来语课程的定位是："本课程是马来语本科教育的重要组成部分。此课程是一门综合马来语技能课，是以马来语语言知识与应用技能、学习策略和跨文化交际为主要内容，以外语教学理论为指导，并集多种教学模式和教学手段为一体的教学体系。开设此课程有助于学生逐步扩大词汇量、掌握马来语常用句型、了解马来语各种文体的表达方式和特点、提高马来语篇章阅读理解能力、具备基本的口头和笔头表达能力，为高年级阶段学习打下坚实的基础。"课程的总体目标是："通过基础马来语课程教学的实施，旨在帮助学生打下较扎实的语言基础，掌握良好的语言学习方法，增强自主学习能力，提高综合文化素养，使他们具有较强的马来语综合应用能力。"这就决定了本课程的重点在于语言基本功的训练，强调在学生已预习并完成一定练习的情况下，对语法、词汇、阅读与理解、翻译等语言基础技能的激活、提炼、扩充和升华，属于知识和能力并重的课程。

四、启发式教学法在基础马来语课中的应用实例

（一）启发式教学法在语音阶段的应用

在学生接触马来语语音的最初阶段，这门外语对于他们来说是一个全新的未知领域，其中许多与母语迥异的发音会让学生感觉比较陌生，甚至产生一定的畏难情绪，例如马来语中的颤音、闭音节和清浊辅音等等，这对于以汉语为母语的学生们来说掌握起来的确具有一定的难度。那么，任课教师此时就可以引入启发式教学法，在教授这些全新的发音时，将其与英语、中国地方方言、汉语普通话中某些类似的发音进行比较，从学生们所熟悉的一些类似发音入手，循循善诱，让学生在比较中寻找其异同，并加以正确的引导，以消除学生的陌生感和畏难情绪，让他们可以从自己熟悉的类似发音中找到感觉，从而在教师的引导下迅速进入马来语语音学习的良好状态。

例一：在马来语中有一些发音是汉语普通话中所没有的，例如辅音"ng(-a)"、"ny(-a)"等，但是，在中国南方的一些方言如湘方言、闽方言、粤方言中可以找到类似的发音。这样，在上课时，教师就可以引导那些来自以上地区的学生，回忆、寻找家乡方言中与马来语接近的发音，并且指出二者之间的异同，从而启发在场的全体学生一起来发音、朗读，从而共同努力来攻克语音关。

例二：马来语语音中颤音"r"的掌握，对于初学者是一个难点。在课堂教学当中，教师除了演示、领读让学生模仿、跟读之外，还可以运用启发式教学法，通过介绍一些具体可操作的方法来让学生

尽快掌握这一发音,如"含水漱口法"、"唱歌法"、"模仿摩托车声音法"等等,从侧面启发学生的潜能,帮助学生克服畏难情绪,在快乐中尽快掌握这一发音。

此外,教师还可以充分利用现代化多媒体教学设备,以录音、录像、PPT文稿演示等手段对学生进行媒体启发,化静为动,促使他们在较短的时间内掌握那些具有一定难度的发音,成功跨越语音学习的最初阶段。

(二)启发式教学法在词汇讲解中的应用

词汇学习是基础马来语课的重要组成部分,这些最初学会的词汇就如同一块块砖石,筑成了学生将来整个马来语学习的基础。基础能否打牢,关系到马来语学习全过程的成败,其重要性不言而喻。那么,在词汇讲解时如何引入启发式教学法呢?笔者认为,其根本就在于改"灌输式"为"互动式",将一个个孤立、枯燥的词汇,融入到活生生的短语及句子当中去。以生活化、画面感强的情境为例句,让学生反复运用、操练,对词汇学习实现从抗拒到喜爱的转变,使学生从单纯的"听而有得"的被动局面转移到"思而有得"的主动局面中来。外语教学是跨文化的教学,基础马来语课的讲授究其实质也是一种跨文化的教学,这就要求教师应该从单纯的语言教学向生活的教学、社会的教学、文化的教学转变,引导学生主动去探寻那些表面枯燥的词汇背后的文化内涵,从而激发学生对词汇学习的热情和积极性。这种转变可以让单纯的死记硬背变成生动有趣的探索和理解过程,学习效果与被动灌输自然不可同日而语。举例说明:在马来语的词汇教学当中,可以适当地引入一些比较简单易学、朗朗上口的马来成语(peribahasa)和马来诗歌"班顿"(pantun),作为词汇教学的一种延伸。这些成语和诗歌,具有浓厚的马来传统文化特色,可以在语言学习之初就为学生打开一扇了解马来文化的窗口,这对刚刚开始学习这门外语的大学本科生具有很大的吸引力,学生的学习兴趣可以得到极大的提高。

例一:在讲解"runtuh"(坠落)一词时,可以引入一个马来成语"durian runtuh"("榴莲落下",意思是"天上掉馅饼"),进而讲解在马来语这个成语中为什么天上掉下来的不是"馅饼"而是"榴莲",这是因为榴莲是一种在马来西亚广为种植并且深受当地人喜爱的一种水果,被称为"果中之王",所以在当地人的习语、谚语、成语当中榴莲就成为了一种经常被提到的对象。这样,自然而然地引入了对象国的一些基本常识,在轻松活泼当中实现了跨文化教学的目的。

例二:在讲解"merah"(红色)一词时,可以引入一首在马来西亚耳熟能详的班顿:

"Yang kurik kundi,有斑点的是昆迪豆,

Yang merah saga. 红色的是沙加豆。

Yang baik budi,美好的是德行,

Yang indah bahasa. 动人的是良言。"

教师可以顺势讲解在马来传统社会中人们对礼貌和品德的重视,这样,就可以实现从一个单纯的单词教学进入一种跨文化的介绍,既丰富了教学内容,又扩展了教学的文化内涵。当然,这就对教师自身的知识和学术水平提出了更高的要求,教师必须认真备课,深入钻研教材,细致了解学生,才能更好地运用启发式教学。

(三)启发式教学法在传授国情知识时的应用

虽然基础马来语课的重点在于语言的学习,但这并不妨碍教师在教学过程中对学生进行一定的对象国知识传授,前提是必须掌握好尺度和方法,不可喧宾夺主。其原则应该是小处设疑,维浅维实,在传授好语言知识的基础上适当提及与课文内容相关的国情知识。

在运用启发式教学传授国情知识时,可以采取提问设疑的方法,所提问题宜小不宜大,宜浅不宜深,宜实不宜虚。"小"可以使提问变得自然生动;"浅"可让学生运用已有的知识探寻新的领域;"实"是说问题要提得具体、明确。这样做,便能克服提问设疑中的盲目性,符合循序渐进的教学原则。

例一:在基础马来语教材第一册第九课中有一些与汽车有关的内容,在讲授这些内容时教师就可以顺势提出问题:"那么马来西亚的汽车工业到底是个什么状况呢?"以此问题来引发学生探索的欲望,进而利用图片、数据等资料对相关国情知识进行简单的介绍。

例二:在基础马来语教材第一册第七课中提到了"国民学校"(sekolah kebangsaan)和"国民型学校"(sekolah jenis kebangsaan)两个不同的概念,但是课文并没有对这两个概念进行深入的解释。教师此时可以引入相关的知识,对马来西亚当前的基础教育体系作一个简单的介绍,以本科学生已有的知识结构和水平,接受起来毫无难度。

这样做的好处是在教语言的同时也教了国情,并且对教材已有内容进行了适当的补充与更新,使其保持鲜活和吸引力。久而久之,学生便会逐渐形成主动探索的习惯,最终学会自主学习。

(四)通过网络教学平台实现启发式教学

当今各大高校一般都具备了比较先进、完善的校园网络,如何在网络教学平台上更好地运用启发式教学法成为了摆在各位教师面前的一个新课题,下面笔者就把近期在这方面做的一些尝试作一个简单的介绍。在网络教学平台中,可以实现随时与学生沟通交流,这就给启发式教学法提供了灵活而广泛的运用空间。在充分研究了网络教学平台各大板块的不同功能之后,笔者发现,启发式教学在

网络上的运用可以分为主动式和被动式两种:

1. 主动式

这一方式主要是通过网络教学平台中的"讨论交流"板块来实现。教师可以在板块当中实时发布一些与教学内容相关的、学生普遍比较感兴趣的话题,例如"在马来语语音学习当中你有什么独特有效的方法?"、"对中马关系的发展你有什么见解?"等等,引导、启发学生跟帖进行讨论,对于回答比较精彩的帖子还可以采用"加精"、"高亮"、"置顶"等方式,这与学生平时比较感兴趣并且熟练使用的网络论坛交流方式完全一致,任何人都可以畅所欲言,发表自己的见解,教师则可以在跟帖中实时加以精到的点评。与此同时,学生也可以将自己感兴趣的话题发布在这个板块中,从而引发大家的关注和讨论,共同研究并解决一些学习过程当中碰到的难题。

2. 被动式

这一方式主要是通过网络教学平台中的"答疑"板块来实现。学生可以随时在这个板块中就学习中遇到的各类问题向教师提问,教师则及时予以解答。这个功能能够弥补课堂教学在时间和空间上的不足,而且极具有针对性。在这个过程当中,教师可以鼓励学生多多提问,从"敢于提问"向"善于提问"过渡,通过与教师的探讨来提升自身学习的质量。学生们说,很多在课堂上来不及或者不好意思提出的疑难问题,都在这个板块中得到了及时的答复和解决,学习的积极性和自主性因而大增。

通过对2009-2010学年第一学期这一时间段内网络教学平台两大板块的数据统计我们可以得知,"讨论交流"板块共发布主题30个,其中20个主题为教师发起,10个主题为学生发起,跟帖达215

条。"答疑"板块共回答问题31个。两大板块的点击量高达1150人次。学生普遍反映,网络教学平台界面亲切,使用灵活,贴近他们的话语方式,及时地解决了他们在学习当中遇到的"疑难杂症",对课堂教学实现了很好的补充和扩展。而教师在这一新型教学平台上对启发式教学法的灵活运用,则起到了锦上添花的作用,使得网络教学的效果得到进一步强化。

五、结语

综上所述,启发式教学法在基础马来语课的教学中是大有用武之地的。现在非通用语教学都是实行小班制,在课堂上教师和学生都拥有相对比较充裕的时间和空间,而且有先进的多媒体电子教学设备作为硬件支持,课后还可以通过网络教学平台的支撑来实现网络化教学,在时间和空间上更加灵活,这就更加有利于启发式、互动式、讨论式教学的开展。教师的角色要从单纯的"知识传授者"向"方法启迪者"转变,在这一转变过程中,教师本身的素质必须提高,因为启发式教学的基础是教师自身的学术研究水平,是对教师的知识结构、教学方法、个人修养和人格魅力等各方面素质的综合考验。"教学有法、教无定法、教有多法、贵在得法"。只有根据课程教学实际情况优化组合运用启发式教学法,才能取得理想的教学效果,从而促进"知识与技能、过程与方法、情感态度与价值观"三维整合教学目标的实现。启发式教学的最终目的是引导学生走上自学之路,让学生感受到他们所学到的东西不是作为被动的听课者而获得,而是通过自身的智力活动而获得,那么,启发式教学法才能真正算取得成功。

参考文献

[1] 赵湖,郭振旺. 谈启发式教学[J]. 语文学刊,1997(1).

[2] 陈国培. 浅谈启发式教学法在英语教学中的应用[J]. 宁波教育学院学报,2002(4).

[3] 戚世隽. 关于互动式、启发式教学的一些思考[J]. 中山大学学报论丛,2003(8).

[4] 戴立黎. 启发式教学模式在大学英语课堂教学中的应用[J]. 中国成人教育,2009(22).

交际法在基础阶段越南语视听教学中的运用

上海外国语大学 卢珏璇

[摘 要]听力教学是外语教学的基础。传统越南语视听教学存在不少局限性,主要体现为教学模式单一、学生参与环节较少。新教学法要求在教学过程中将交际法与越南语听力教学相结合,遵循课堂设计原则,并对教材、语言环境及教师素质提出了新的要求。

[关键词]越南语教学 交际法 视听课教学

听力是外语学习的基本技能之一,也是一种沟通获取信息的重要手段。听力教学是外语教学的基础,研究结果显示,人们在语言交际中的75%是通过听说来完成的,其中听占40%-50%,说占25%-30%,读占据11%-16%,写约占9%。对于基础阶段越南语视听课而言,合理运用交际法教学,在课堂上创设交际情景,可以让学生更多地参与到越南语各种交际活动中,充分发挥学生的主体作用。将交际法运用于基础阶段越南语视听课,对教学能力的提高和教学模式的创新提出了一些具体的要求。

一、传统越南语视听教学的局限性

《高等学校越南语专业基础阶段教学大纲》对基础阶段教学的要求是应突出和强化听、说技能训练,使学生具备一定的听、说能力。对于一年级学生的要求是能听懂一般课堂用语和日常生活用语;能在20分钟内听写根据所学知识编写的250字的材料,听三遍后写出全部内容,错误率不超过10%。二年级的学生能听懂教师用越南语授课,能听懂以日常生活和熟悉的社会生活为题材,生词量不超过

3%，语速为150字/分钟的听力材料或录音材料；能在20分钟内听写一般难度的400字的短文，听三遍后写出全部内容，错误率不超过10%；有条件的可组织学生收听中国国际广播电台越南语新闻节目，要求能听懂主要内容，理解准确率达70%。可见对于高等学校越南语专业本科基础阶段的学生而言，由于他们入学时越南语基本上都是零起点，要在三年级出国留学前达到这样的水平必须要加强听力训练。目前，传统越南语视听教学的局限性主要集中在以下两点：

（一）教学模式单一

传统的越南语视听课通常采取教师主动输出，学生被动接受的模式进行授课。这种单一的教学模式即：讲解重点生词→分析短文相关背景→听短文→回答相关问题→讲解答案。学生围绕问题去听短文，很难做到积极有效地获取更多有用的信息。学生精神高度集中，加上被动地接受容易引起大脑疲劳，缺乏新鲜感和兴奋点。大量的信息输入导致课堂上学生发言时间占的比例很小。在听力内容难度大的情况下，学生容易产生受挫感，从而进一步导致不敢发言和回答问题。教师对待错误往往采取无法容忍的态度，有错必纠，容易使学生产生不良情绪，降低学习的积极性。

（二）学生参与环节较少

由于听力教材资源有限，传统视听教程都是以磁带为主，极少有生动的视频材料。学生的积极参与是以内容的趣味性和吸引性为前提。目前的越南语视听教材内容陈旧，没有根据学生的需求、兴趣进行选择，这直接影响到学生通过听力练习来提高越南语交际能力。学生参与环节较少导致无法强化学生在课堂上的主体性，缺乏相应的语言实践练习，不利于学生体验外语环境，以及学习标准的语音、语调。

二、交际法在视听教学中的运用

交际法又称"意念法"、"功能法"或"意念-功能法"。它是以语言功能项目为纲,培养在特定的社会语境中运用语言进行交际能力的一种教学法体系。交际法产生于20世纪70年代初期欧洲经济共同体国家,由英国语言学家威尔金斯(D. A. Wilkins)等人提出的。交际法的语言理论基础主要有两个:一个是韩礼德(M. A. K. Halliday)的交际功能理论,一个是海姆斯(H. D. Hymes)的功能语言理论。他们认为,语言教学的目的是培养实践交际能力,一个人语言掌握的好坏,不仅仅在于他能否造出形式正确的句子,还包括他能否恰当地使用语言。因此,人的语言能力应该是他的交际能力。交际能力并不表现在一个人对语言形式掌握得有多好,而在于运用语言参加社会活动的能力有多强。通过交际法能够使语言教学过程交际化,更接近生活实际。笔者经过不断摸索和总结,将交际法应用到基础阶段越南语视听教学实践中,并取得了一些成效。课堂设计主要通过参照以下原则来进行:

第一,以功能意念为纲,根据学习者的实际需求,选取真实自然的语言材料。初学者对听力理解感到十分困难,如果直接使用录制外台的资料,难免其中会掺杂许多电台的噪音,这就加大了学生理解的难度。基础阶段的学习主要以培养和提高学习兴趣为主,可以播放贴近生活的对话、故事和带有解说词的越南旅游视频,等等。由浅入深,循序渐进,通过选取趣味性较强的语言材料,慢慢过渡到新闻时事类的题材。帮助学生树立学习信心,祛除对听力的恐惧心理,真正做到从学习者的实际需求出发,更利于师生、教学的良性互动。

第二,采用多种教学手段,丰富教学内容。通过多媒体教学手段进行教学,从视觉、听觉等多种感官进行训练,有利于调动学生的观察力，使得课堂变得生动形象。不拘泥于教科书，把辅导读物、画册、电影、纪录片等作为有益的补充。在选择辅助性音频和视频材料时，从内容时效性、知识性、科学性、趣味性等出发，将最新发生的时事穿插其中。美国教育心理学家布鲁纳在《教育过程》一书中明确指出："学习的最好刺激乃是对所学材料的兴趣。"这表明在教学中对学生发生影响的最重要的东西，莫过于教学内容本身。教学内容的选择满足了学生求新、求异的心理特点，可以激发学习热情。

第三，及时沟通，维持学生的注意力。在教学过程中不能仅仅注意授课和操作多媒体器材，还要多观察学生的反应，做到及时沟通。比如，遇到噪音、难度大的音频资料时，学生很容易产生烦躁、抵触的情绪。这时必须在适当的时候向他们解释：大多数情况下，作为一名翻译工作者，周围的环境不一定都是安静的，必须要学会排除其他嘈杂的因素，静心抓住主要内容才能出色完成工作。对学生多加鼓励，稳定其情绪。

学生的注意力在课堂上总会存在一定的变化。注意是心理活动对一定对象的指向和集中。大学生的注意力主要有注意的范围扩大、注意的稳定性增强、注意的转移更具有主动性、注意的分配趋于熟练等特点。据调查研究，成年人正常的注意力集中时间为30分钟左右，一堂课的时间为90分钟。要知道如何遵从和利用好注意力维持的时间才能取得良好的教学效果。笔者曾经为了维持学生注意力，扩充知识广度和深度，在增加课外知识的同时，不停地布置他们进行高强度的练习，比如听写、依次回答问题等。事实证明，这样虽然维持了学生的注意力，却忽视了尊重注意力不能持续过长的这一心理特点，引起精神过于紧张反而达不到良好的学习效果。一般可以通过缓和（讲解单词和背景知识）→紧张（完成教材视听练习）→

趋缓（讲解）→放松（情景练习）→趋缓（相关视频学习欣赏）。通过一张一弛，合理分配，既能维持学生的注意力，又可保证新的语言材料能被正确的接受和理解。

第四，不必每错必纠。交际法主张对学习者在学习过程中出现的语言错误有一定的容忍度，不影响交际的错误能不纠就不纠，尽量鼓励学习者发挥言语交际活动的主动性和积极性。大学生具有独立感、自由感、自尊心强，不太愿意听从家长、教师的管教，要求独立自主，喜欢独立思考，不愿轻易接受现成的结论，过分相信自己的自我意识特点。传统的语法翻译法强调教师通过不断地纠正学生的语法错误来达到提高学生语言能力的目的。但交际法认为，传达信息是语言的首要任务，在保证交际的相对可理解性和顺利进行的基础上，不应时时纠正错误，以免打击学生自信心。在学生回答问题过程中，如果突然打断进行纠正，这会挫伤学生的自尊心，反而达不到学习语言的目的。如果遇到影响交际的句法、词法搭配错误，可以先记录下来，待学生发言结束后再进行点评。通过了解大学生的自我意识和交际法对待错误的容忍态度的特点，在视听课堂上应多鼓励学生敢讲不怕出错，多肯定他们的进步，让他们大胆地发言和表达观点，努力营造轻松愉悦的课堂氛围。

第五，以培养交际功能为宗旨，教学过程交际化。交际既是学习的目的，也是学习的手段，在教学中创造接近真实交际的情景并多采用小组活动的形式，借视听课促进口语水平的提高。由于各方面原因，学生缺乏与越南留学生进行学习交流的机会，这样从某种程度上影响了他们的口语水平。在视听课上可以兼顾到这一点，强调听、说并重，创造条件让学生进行真实交际的情景练习。可以根据课堂内容开展以下活动，寓教于乐：（1）情景模拟，角色扮演。以自愿组合的方式将学生分为几个小组，组织他们根据课堂上听到的对话、故事等内容,用角色扮演的方式模拟情景练习。甚至可以让学生当一次老师,给予他们权利,由学生自己安排和分配角色进行模拟,发挥主动性。(2)填歌词游戏。选择难度适中,发音清晰的歌曲,把关键词去掉,一边听歌曲一边让学生做填歌词游戏。(3)概括总结和评述。听完材料后,概括全文,不必拘泥于材料中的措辞,可以用自己的语句来进行总结;评述材料,对新闻事件进行评点,阐述自己的观点和看法。(4)补充故事。发挥想象力,对故事的结尾进行改变或者续写。(5)电影配音。截取电影片段,反复多听几次,分配角色,让学生模拟原声,看谁模仿得最原汁原味。

三、交际法在越南语视听教学中的实践

将交际法实践于越南语视听教学,具体突出了交流和互动性。教师作为导演,以学生为中心,通过提问和循序渐进的诱导,在多种教学手段的运用下使课堂教学过程处于一个良性的互动状态中。交际法视听教学由三个阶段组成:听前阶段、听中阶段和听后阶段。以下以中国国际广播电台关于"2010年上海世博会越南展馆介绍"为主题的视听课教学为例。

(一)听前阶段

此阶段是指开始听之前的准备阶段。教师通过多媒体展示上海世博会越南展馆的图片,从外景到内景的布局、构造以及越南本次参展的主题等背景知识,重点讲解视听内容中会出现的生词及其含义。以便解决学生在视听过程中产生的知识或是语言方面的问题,有利于学生在情景中学习语言,相关图片的铺垫给他们留下了深刻的印象。可见,在准备阶段把学生的主观能动性调动起来,才能更好地进行视听练习和交际活动。

（二）听中阶段

这一阶段主要按照听力材料回答相应的问题。在该主题的听力音频背景掺有越南国家艺术团为上海世博会准备的越南传统音乐演奏片段，还有三名从越南来到上海参展工作人员的讲话，这在一定程度上影响了学生对关键内容的理解。听过三至四遍后，对相关问题进行提问。在与学生交流过程中，教师多给予学生鼓励性的语言和表情。为了避免课堂气氛过于紧张，教师在讲评过程中还可以将主题适当扩展和延伸，以听力材料中出现的音乐为例，介绍越南的诸如独弦琴、石琴等民间古乐器，有着八百多年历史的"水上木偶"表演等相关文化内容。借助视频展示真实的表演现场，使得学生身临其境般地去体会和接触越南民间文化，并在良好的情境中完成练习。

（三）听后阶段

设计两组情境，一组是让学生扮演越南展馆的工作人员和游客，工作人员向游客进行展馆介绍和讲解，游客可以围绕主题提相关问题。另外一组是谈谈自己参观游览2010年世博会的感受和见闻。短暂的准备后，引导学生进入角色，让他们上台进行表演。学生们丰富的想象力和对课堂所学知识的运用能力逐渐体现出来，机智幽默的回答让课堂掀起另一个高潮，提高了学生学习的兴致。教师在每一组同学模拟完毕后进行点评，同时也可以邀请学生互相纠正错误。这样有利于加深学生对课程的印象，提高语言运用的准确性。

通过越南语教学实践的例子可以总结出交际法在教学实践中的优势：

第一，交际法体现出以学生为中心的特点，顺应了当前素质教育的要求。在交际化的教学过程中，学生不但积极地接受和分析输入的外界信息，而且成为了一切语言操练活动的主体。让学生拥有更多的主动性，更能激发出他们对学习的积极性。根据课程内容的模拟场景，学生可以将自身融入语言背景当中，通过自己的主观意志、情感和语言水平能力对语言形式进行选择和发挥。学生们在学习过程中可以自由地表达自己的意见和看法，这正是培养学生提出问题、分析和解决问题能力的有效途径，体现出素质教育的要求。

第二，交际法教学提高了学生交际能力水平。交际是人类自然语言最根本的功能，社会语言学认为，语言是一种交际工具，其社会功能是为各项交际活动服务。由于我国多年来"填鸭式"教育极为普遍的原因，教学氛围往往容易陷入沉闷的状态，学生大部分时间都是在被动地接受知识，最终造成对外语会听但讲不出来的"哑巴"现象。在人们的日常交往和工作学习过程中，更多考虑的是说什么，很少去注意自己言语中的语言结构（如语法、词汇等），交际的目的就是将思想表达清楚，事物叙述明白，能够和对方进行正常的交流和沟通。通过交际法这种开放式的教学手段，在学习和掌握好扎实的语言知识前提下，鼓励学生积极思考问题，并正确地表达自己的看法，进而从本质上提高学生交际能力。

第三，交际法教学有助于形成融洽的师生关系。在交际语言教学中，教师不再是单纯的输出者，而是一个在语言交际课堂上的多重角色扮演者。交际法充分体现了人文主义的教学理念，把语言学习放在具体语境和社会文化的大背景下，以学生为中心，教师不仅仅是教学活动的组织设计者，而且还作为参与者的身份去调动、协调和激发学生对视听课的学习热情和主观能动性。这种新型的师生关系有利于创造和谐的语言交际环境，促进教学的良性互动，增进师生感情。

四、交际法教学的新要求

（一）对教材的新要求

目前国内大学越南语视听专业教材屈指可数，大多数还是磁带录制的材料，学习起来很不方便，音质也得不到保障。越南网站上可供下载的视频、音频资料虽然具有较高的时效性，但是体裁相对比较单一，质量参差不齐，无法满足交际法对教材模式多样化的要求。在教学过程中，笔者发现，学生对诸如环境保护、友情和爱情、健康和财富、美与丑等贴近生活的话题比较感兴趣，他们讨论起来就会比较积极，想法也较多。如果遇到类似于时事政治、介绍风景名胜的话题，学生反响一般。其中也不排除话题难度较大，不好展开讨论等因素。

为了能够更好地达到交际法教学的要求，我们需要多和学生交流，在每一届学生中做调查问卷，了解他们在关注些什么，想学些什么。只有学生对学习内容感兴趣，才会积极参与到课堂的交际实践中去。这就要靠平时工作中注意多搜集资料，长时间积累，逐渐完善和规范。根据反馈信息来编写相应的教材，以达到事半功倍的效果。

（二）对语言环境的新要求

交际法要求学习者直接运用目标语言进行交流，在语言实践中学习语言技能和规则。在我国部分开设有越南语专业的院校，缺乏学生直接使用目标语交际的语言环境和动机。具体体现在学校里面没有越南留学生，或与越南人交流的机会有限。所以除去上课的时间，学生就再没有使用越南语进行交际的环境、条件和动机。所以在运用交际法教学时，教师除了在课堂上努力为学生营造出尽可能真实的模拟交际语言环境之外，还要努力为学生提供多渠道练习机会。如组织越语角、越南语演讲、越南语歌曲比赛、越南语故事会、越南语沙龙以及和有越南语留学生较多的高校进行联谊等课外活动也能提供很好的语言环境。

（三）对教师素质的新要求

随着时代的发展，教师本身也应与时俱进。尤其在探索新的教学理论和方法上，要不断学习以取得进步。教师要积极引导学生，鼓励学生发言和提出质疑，不能习惯于通过教师的讲解来学习。除了培养学生的实际使用语言能力外，还要帮助学生转变学习理念，树立积极的学习态度。尤其针对于视听课而言，教师在平时教学过程中要常更新已有的教学内容，贴近时事动态，结合实际，选择各种题材的视听材料，不断积累和完善，尽可能地为他们将来所从事的工作做准备，为他们走向社会提供更多的实践机会。这要求教师不仅要具备丰富的越南语言知识和运用语言的能力，还要熟悉先进的多媒体设备和视频截取等软件的运用。

五、结语

交际法视听教学形式活泼，课堂气氛活跃，学生兴趣浓厚。坚持以学生为中心，教学过程交际化，提高了学生交际能力水平。基础阶段的越南语视听教学应努力发挥交际法教学的优势，仍需在实践过程中不断调整，吸取学生反馈意见，使得交际法在越南语视听教学中的运用取得进一步发展和完善。同时，我们还应积极探索视听教学的新方法，也期待着更多、更好的方法为外语教学服务。

参考文献

［1］刘曙雄，张玉安，张光军.军队外语非通用语教学研究［C］.北京：军事谊文出版社，2008.

［2］卢家楣.情感教学心理学［M］.上海：上海教育出版社，

2004.

［3］孙绍荣.高等教育方法概论［M］.上海：华东师范大学出版社，2002.

［4］闻达仁.英语交际法与英语听说教学［J］.福建广播电视大学学报，2006(3).

［5］杨德广.高等教育学概论［M］.上海：华东师范大学出版社，2002.

［6］钟智翔.中国外语非通用语教学研究［C］.北京：外语教学与研究出版社，2009.

［7］[加拿大]Larry Vandergrift.第二语言听力理解中的学习策略培训［J］.方申萍，译.国外外语教学，2001(4).

印尼语视听说课"一二一"互动教学法初探

解放军外国语学院　张燕

[**摘　要**]将互动教学法运用于外语教学是全新有效的教学尝试。本文通过个案研究，结合教学主体与客体的相互关系，阐述互动教学的理论和现实意义，并对视听说课互动教学策略的运用进行了探讨和总结，指出在外语视听说课运用"一二一"互动教学法进行教学能够实现良好的授课效果，达到预设的授课目的。

[**关键词**]印尼语视听说课　互动教学法　非通用语教学

视听说课程是为外语专业本科学生在专业学习基础阶段开设的专业教育课程，是外语专业基础教育的重要组成部分。该课程融外语视听和读说为一体，有助于学生打牢外语听力和口语基础，并为高级阶段开设的语言学习奠定良好的基础。视听说课作为外语实用人才培养的重要组成部分，通过使学生接受全面严格的听、说、读、写、译等基本技能的综合训练，帮助学生克服听说障碍，全面提升学生的外语实际运用能力，达到能以语言为工具获取、分析、提炼交际信息的目的。所以，视听说课在外语教学中占有非常重要的地位，这门课程采取的教学方法直接影响到其教学目的的实现。

外语视听说能力的培养一直是我国外语教学中的薄弱环节，结合平时教学工作和学生的反馈情况分析，笔者发现在视听说教学中存在"以教师为主、学生为辅"的问题，让学生跟随教师的教学思路和教学设计被动学习，忽略其自主学习能力和主动学习兴趣，无法充分调动和发挥学生的学习积极性。这样做导致的后果是学生感觉课堂授课枯燥无味,课后没有使用外语交流练习的兴趣,无法有效地开展语言实践活动,无法流利地用外语进行交流,最终导致授课目标失败。在教学活动中经过笔者不断思考、实践和总结,认为在印尼语视听说课堂乃至所有外语视听说课堂上引入"一二一"互动教学法是解决问题的有效途径之一,值得不断探索和完善。

一、互动教学法概述

"互动"是多个个体相互交流思想、传递信息并对双方都产生影响的过程。互动教学模式的直接理论依据是"交际教学法"。交际法是由英国语言学家威尔金斯(D. A. Wilkins)于20世纪70年代初提出的,主张语言学习应该从功能到表达。交际法融合了社会语言学和心理语言学概念,逐步发展成为交际教学法这一全新理念。交际教学法的目标是培养学生的交际能力,即在实际生活中灵活运用外语的能力。这一目标在外语教学中的具体体现为重视语言的使用,打破传统教学中对语法知识传授的局限性。而这种教学模式的核心就在于交际能力的培养必须强调"互动"环节,通过"互动"实现个体间信息的有效传递。

想要成功实现教学过程中的互动,前提是要求双方具备交流的兴趣,能够将注意力集中于即将接收或表达的信息上,关键是提高学生主体参与的程度。所以互动式外语教学就是在外语教学活动中,师生之间通过真诚和谐地沟通交流相互推动,形成师生互动、生生互动、学习个体与教学中介互动的教学局面,推动教学进程,提高教学效果的一种教学方法。这种教学方法以人为本,赋予学生课堂组织的主体地位。教师的角色发生了变化,从传统的"传道,授业,解惑"转变为课堂信息提供者、教学活动指导者、互动进程管理者、思维灵感启发者和反馈信息检测者等多重角色。教师的责任就是给学生提供交际情景、场合，帮助学生创造性地、自由地表达交流自己的意念和思想。课堂教学要"动"起来，在思维、意识与行为的交互激活状态中进行学习过程。

二、印尼语视听说课互动教学的实施方案

有效的师生互动能够带来优质的课堂教学，但是如何提高互动质量，真正实施有效互动，却是一门博大精深的学问。根据教学实践，笔者总结出"一个中心、两种机制、一种手段"（简称"一二一"）的方法用以实施视听说课互动教学，并取得了比较好的教学效果。

（一）**一个中心：时刻关注并牵引学生学习过程中的心理体验**

人们常说：兴趣是最好的老师。这里所说的"兴趣"就是指积极的心理活动和令人愉悦的心理体验。拥有这种心理情感的人有强烈的自主学习欲望，能够自主开展学习和研究。在课堂教学中，学生的个人心理情感其实是非常关键的，能够决定学生是否积极跟随授课步伐前进还是漠然置身课外。良好的心理环境直接影响到教师教与学生学的积极性，影响教学效果。所以在实施互动教学时首先必须时刻关注学生的心理体验，通过努力营造良好的学习气氛而牵引学生的积极学习态度。为此，一方面教师要注意建立平等和谐的师生关系，尊重理解学生，与学生成为朋友，彼此之间心理放松、心情愉悦。另一方面教师在课堂上要合理运用激励机制，既激发学生的学习兴趣又能帮助学生克服视听说课普遍存在的焦虑和紧张情绪，消除心理阴影和畏难情绪，建立自信心。这两方面心理构建和疏导能够使学生保持旺盛的学习热情，积极参与到课堂互动中来，达到良好的教学效果。

（二）**两种机制：积极引入合作与竞争机制，设计多元互动任务**

通过教学实践笔者认为在视听说课中如果要顺利实施互动教

学，适时引入合作与竞争机制是非常有效的。合作一般表现为小组活动，大量使用小组活动是设计良好互动模式的有效途径之一。小组是指一定数量的学生组成一个小组，合作完成视听说课教学的具体任务，小组合作的成果可以是结论、意见、决定、展示等内容。小组活动是区别于个人活动的一项有效安排，如果在学生个性比较内向，不太敢于独立表达思想时使用小组活动，能够帮助他们逐渐地克服胆怯心理，更加自然地融入课堂之中。竞争就是在完成互动任务时设置的互相竞赛、进行评比的环节，可以是单人竞争或多人小组竞争。在互动环节中，教师要积极成为参与学生小组活动的一员，为学生提供适时的帮助，并时刻引导小组活动的方向，同时设置并参与学生竞赛环节。此外教师又是课堂进程的组织者和指导者，引导学生按照一定思路和设计不断推进授课进程。竞争与合作几乎可以用于视听说课的任何时候、任何方法中，不仅能够避免冷场，还能够提高学生信心，进而提高全班学习的质量。

根据合作与竞争机制相互配合的原理，笔者通过课前精心考虑和安排，在印尼语视听说课堂上设计尽可能丰富恰当的互动模式。需要特别指出的是，教师首先需要了解每个学生性格、爱好，设计的互动模式必须尽量为每个学生提供参与的兴趣和机会。如果可能，尽量为学生量身打造一些特殊的互动题材，使学生感觉受到重视，增加信心，产生良好的心理体验，有效提升学习热情，提高学习效率，促进课堂学习。以下一些互动教学模式取材于课堂教学实践：

1. 下课前安排学生课下了解下次课中涉及的背景知识，比如在即将学习视听材料 Mau ke Flores（想去佛罗勒斯岛）之前安排学生课外了解印尼佛罗勒斯岛和巴厘岛的地理位置、旅游特色和文化习俗，本课讲解开始前进行当堂发言。发言时不必拘泥于个人进行，可以相互纠正，相互补充，并可配以相应的图片进行展示。发言结束后由教师进行总结发言，归纳并补充要点。这样的方法避免了单纯教师介绍背景知识的单调和乏味，有利于知识的记忆。

2. 课前安排本周印尼时事新闻的搜集整理。请学生担任新闻主持人，在全班面前进行五分钟印尼甚至全球一周要闻的回顾和播报。该环节教师需要提前进行新闻准备，以便配合学生能够使用印尼语比较准确地表达意思。高年级引入新闻听抄项目后可以借此契机播放一条新闻节选的视频请学生泛听或精听，不仅锻炼了信息搜集能力，还锻炼了听力和口语表达能力，避免生硬地开始新闻视听练习，无法调动学生的学习热情和兴趣。比如近期印尼锡纳朋火山（gunung api Sinabung）爆发引起了全球的关注，学生在课前利用几分钟时间播报后教师进行总结和延伸，并适当补充一些重点词汇，此后再播放相应的新闻视频节选，请学生进行泛听并适当提问。这样的好处在于视听材料与日常生活联系紧密，能够使学生产生旺盛的学习热情。如果再进行扩展，可以让学生泛听几遍新闻后自行组织文字，并模仿印尼人的语音语调熟读，然后关闭声音播放视频，请学生为新闻画面配以解说，充当新闻主持人，并评选语音语调最为地道的学生。这样的互动更能兼顾语音语调的训练，并充满挑战性。

3. 将听前预测设计为竞猜环节。以往视听说课在听前缺乏必要的预测和综合判断环节。听前预测是在所给的标题、文字材料和答案选项等线索中发现信息，力求尽快融入话题的技巧，是视听训练的一项重要技巧。忽视听前预测的学生不懂筛选放弃一些次要的、具有迷惑性的信息，从而遗漏关键信息，在听的过程中显得比较被动。有效的听前预测能够使学生尽快融入课堂，进入视听学习状态。比如一次视听说课内容标题是 Nama Orang Bali（巴厘人的名字），看似简单的标题实际上蕴含了重要的信息。学习该课时，首先要求学生根据标题对内容进行外语竞猜,有人认为是介绍巴厘习俗,有人认为是介绍巴厘名人,说的人振振有词,驳的人据理力争,一时间众说纷纭,气氛热烈。随后播放视听材料时才发现内容完全是对话形式,总共提到四个人名,并以问答的形式介绍了这些人的工作,并没有任何涉及巴厘人名的介绍,为什么会用这样的标题呢?在这里学生会进行反思,并激发起强烈的好奇心和求知欲。此时进行讲解,说明巴厘人的名字往往会按照出生顺序命名,如:伯(孟):Gede,Wayan,Putu,Iluh(女);仲:Made,Kadek;叔:Nyoman,Komang;季:Ketut。接下来的孩子又重新按照上述的顺序命名,循环往复。此时学生恍然大悟,视听材料中出现的人物排序问题迎刃而解,并同时对巴厘人的命名规则记忆深刻。

4. 针对某些学生语言基本功不够扎实、单词积累量不够、辨音能力不强的情况,设计单词风暴的互动环节,即基于新课所涉及的生词进行发散练习,并引入竞赛元素,调动学生的积极性。如在 Masak untuknya(为他做菜)中出现 "soto ayam(鸡汤)"等关于食物的词汇,学生发散思维出不少相关词汇,如 soto daging(肉汤)、soto mi(汤面)、sate kambing(羊肉串)、bir(啤酒)、bir hitam(黑啤酒)、es jeruk(冰橙汁)、kentang jari goreng(炸薯条)、sambal(辣椒酱)、saus kacang(花生酱)、saus tomat(番茄酱)等等,发言形式自由,课堂气氛热烈。此外还可以设计单词竞猜环节,即在 PPT 上展示实物图片,请学生猜测词汇,效果也不错。又如一次课 Benar-benar mengerikan(真是触目惊心),在播放视听材料之前先播放了一段小动画,共三张图片:第一张是一个有红绿灯的十字路口;第二张是一辆爆炸的油罐车;第三张是一辆救护车。学生观看这个小动画后进行猜想时必然要回忆或查找关于"十字路口"、"油罐车"、"爆炸"、"救护车"等内容的印尼语词汇,进而要求学生用这些词汇编成合理有序的段落或短文，在课堂上发言并进行评比。这种互动模式不仅使学生对词汇的记忆更加深刻，还锻炼了想象能力和写作能力，更营造了热烈的课堂氛围，收到良好的教学效果。

5. 在课堂教学中安排适当的角色扮演活动。这样的互动模式着眼于训练学生团队合作能力和情景设计能力，角色扮演能使学生理解不同场景的社交意义，并通过扮演不同的角色实地运用语言，达到提高语言交际能力的目的。角色的选取以教材为基础，但需要包含一定的拓展和发挥。例如在上 Bukan masalah(不是问题)一课时出现了一位旅店招待和一位顾客。在学习了该单元后请学生进行角色扮演。分组准备开始表演后几乎每组学生都对情景进行了拓展和延伸。有的拿了书包当作行李，有的设计了询问价格的对话，有的还设计了住店目的等等。还如 Di Warung Surabaya(在泗水小吃店)一课，学生表演时有的将印尼菜换成了中国菜，有的加入了讨价还价的对话，有的还设计了询问做菜方法的对话。在进行角色扮演时学生们的表现都很积极，同时充分发挥了自己的想象力和相应的口语表达能力。此外还可以采取看图说话的方式。在讲 Ganti semuanya(全部换掉)时出现了一张图片，画的是一辆汽车停在路上，司机探头出来向下张望，副驾驶一脸错愕的表情，该车后面还堵着很多车。此时让学生根据图片分组准备，分别扮演司机和副驾驶进行对话。有的小组设计的是汽车撞死了猫所以停了下来，有的小组设计的是汽车抛锚所以停下等等，总之，学生的设计妙趣横生，教师起到引导、提示词汇及修改重大语法错误的作用，课堂气氛也十分活跃。

6. 在课堂上适时引入辩论环节。辩论是磨练思维和口才的良好途径之一，在印尼语视听说课上适时展开辩论也是有益的尝试。比如在 Hari Natal(圣诞节)一课中设计一个辩论环节，辩题是"Apakah Orang China patut merayakan Hari Natal(中国人过圣诞节是否合适)"。

这样的辩题不仅与课文联系紧密，还与现实生活联系紧密，容易引发学生的探究兴趣，促使他们自己查找与圣诞节相关的印尼语词汇和表达方法，并在课堂上进行相应的表达，辩论各方的每位学生都有机会发表意见，充分锻炼了全班所有学生的思维能力和口语组织能力。

  7. 播放优秀印尼语电影或电视剧选段，首先请学生观看并争取理解大意，理解上出现困难的地方置于小组讨论中加以解决，教师充当组织者和指导者，随时为学生提供咨询与帮助。语言困难解决后快速记录下对话或语言中的关键字词，然后分角色配音，尽力模仿视频中人物的语音语调和语气，不求语言精准，只要能够表达出正确的含义即可。比如在观看印尼影片Laskar Pelangi（彩虹战队）时节选了其中一段经典对话让学生配音，力求表现影片中一位伊斯兰学馆老教师的无私和坚定以及他的老朋友为他的健康担心的场景，学生的配音虽然比影片原声简单，但也尽可能模仿演员的语音语调，表现出影片的精髓。这种方法不仅锻炼了学生的口语能力和表演能力，还锻炼了学生的速记和组织语言的能力，值得经常尝试。

  8. 课堂上穿插一些优美动听的印尼文歌曲，在欣赏之余要求学生听懂并听抄下歌词，在课堂上朗读歌词，进行中文翻译并进行评比。因为歌词往往是优美精炼的语言，所以对歌词进行翻译练习也可以加深学生对印尼语的理解，加强学生的印尼语表达能力。例如一次在课堂上播放印尼国歌Indonesia Raya，请学生在欣赏其雄壮旋律的同时听抄下其精炼的歌词，并学习歌曲，收到了良好的授课效果。又如在课堂上曾欣赏过印尼著名摇滚乐队"彼得潘"的歌曲Kisah Cinta（爱情故事），介绍相关背景知识后请学生通过自行精听抄下歌词，将歌词翻译成优美的中文并课堂展示。该环节可以个人进行，也可以小组共同进行，不仅投学生所好，了解了印尼流行乐坛动态，还学习了精炼的印尼语表达方法，更锻炼了中文表达能力，可谓一举多得。

9. 课堂上可以充分发挥学生的主观能动性，请他们自己设计授课内容。在这种情况下，教师首先要在课前通过讨论等方式请学生自己确定兴趣点，并安排学生分组在课下围绕兴趣点自主寻找学习的文字、图片和音视频材料，进行授课设计并在课堂上安排时间展示。比如在2009年印尼总统选举中苏西洛又一次高票当选，这一新闻让学生们很感兴趣。课前安排他们分组搜集相关材料后课堂上用30分钟的时间请学生自己组织微缩课堂，分组展示并讲解本组的授课材料，互通有无，互相促进。实际效果显示，学生们能够尽可能将各种可用资料融入授课环节中，内容涉及苏西洛生平、从政经历、政绩等内容，并能够配合相应的PPT课件进行展示。小组之间安排挑错、找茬的任务，促使每个学生不仅需要精心设计本组内容，还要在课堂上专心听取别人的讲授，做到人人参与、个个有份。同时，教师也要在课前进行充分的准备，对所讲内容了熟于心，能够充当思路指导者、授课引导者和疑难解答者的角色，并能够与学生一起讨论、辩论甚至挑错，充分融入学生之中，营造良好的课堂氛围，收到优质的授课效果。

（三）一种手段：大胆引进多媒体和网络辅助教学

在视听说课上开展丰富多样、形象有趣的互动活动离不开多媒体辅助教学。熟练利用多媒体，教师能够在课堂上展示文字、图片、视频、音频等材料，推进互动教学有声有色地开展。课后教师继续运用网络多媒体教学手段对课外时间的学习互动进行引导和补充。具体方法是建立一个外语视听说课网络教学平台，在网络教学平台上设置教学提示、答疑、讨论交流、作业、考试、资源库等模块，教师存储补充材料、音视频材料、背景扩展材料、练习题目等内容，供学生进行针对性预习和诊断性复习用,并能够利用网络教学平台跟帖、提问、讨论、交作业及考试。学生可以根据本人的具体情况自主确定学习目标,自由选择相应的学习材料,积极主动地完成课程学习。完成练习后实时得到反馈,并能够随时比对学习成果,充分调动学生的学习自主性和能动性。

三、对印尼语视听说课互动教学法的反思

采用"一二一"互动教学法较传统教学手段显示出很强的优势,对视听说课产生了积极的影响。首先,关注学生情感、以学生为本的互动教学通过交流拉近了教师与学生、学生之间的距离,能够有效改善传统授课方式中枯燥的课堂气氛,并能够促使学生之间互相带动,共同进步。其次,有效引入合作与竞争的互动教学能够照顾学生上视听说课面临的听不懂、说不出的焦虑情绪,将个人心理压力有效分散,逐步使学生树立自信心。再次,大胆运用多媒体和网络辅助教学手段的互动教学能够真实有效地模拟外语环境,在外语环境中培养学生的综合交际能力,学习如何征求意见、如何磋商、如何表达异同以及如何礼貌拒绝等交际技巧。更重要的是,互动模式能够激活学生学习外语的兴趣。只有当自身意识到学习外语的价值并能够体会施展外语能力的成就感时,学生才能真正对外语学习产生热情、兴趣和动力。

当然,除本文所列的视听说课互动模式外还有许多模式值得学习和探索,因为互动教学法本身就是一门需要不断探索和实践的学问。同时,由于课时限制和视听说课自身的特点,我们不能把视听说水平的提高完全寄希望于课堂完成。视听说能力是语言习得的综合能力,视听说课程是一门培养语言技能的综合性课程,需要大量的课外积累和扎实的基础课程学习。所以在视听说课堂上,教师更

多充当引导者,引导学生逐步掌握提高视听说能力的有效方法和技巧,让学生体会到外语学习的乐趣,在授课结束后仍然保持学习的旺盛兴趣,并通过不断的课外练习实现外语综合能力全面发展的目标。

参考文献

[1]张正东.外语教育学[M].重庆:重庆出版社,1987.

[2]张宏丽.外语听力活动教学的类型与策略[J].教育探索,2009(6):48-49.

[3]郭爽.如何在英语课堂上应用互动教学法[J].吉林省教育学院学报,2009(5):128-129.

[4]张季萌.互动教学对学生二语听力的影响[J].辽宁行政学院学报,2009(4):108-109.

[5]向娟.加强师生互动的教学模式探讨[J].中州大学学报,2009(26):103-104.

写作练习在印尼语精读课教学中的作用

解放军外国语学院　唐慧

[摘　要]写作练习在印尼语精读课教学中具有重要的作用。对教师而言,它是把握学生学习状态简单而直观的检验样本;对学生而言,它是相对快速提高语言运用能力的有效手段。在目前中国学生学习非通用语缺乏理想语言环境的情况下,通过加强精读课教学中的写作练习来提高学生的语言运用能力,不失为一种值得实践和探索的方法。

[关键词]写作练习　印尼语精读课　教学质量与效益

从语言发展的内在规律来看,听、说、读、写、译几项语言基本技能是紧密联系的。听和读的过程实际上就是学习者自外而内获取语言知识的过程,即输入过程;而说、写和译则是学习者将所学知识自内而外的再现过程,即输出过程。毋庸置疑,输入是输出的先决条件,因此教师把大量的时间和精力都放在知识的输入——讲课上是无可厚非的,但结果却有可能出现这样的情况:学生记住了大量的生词短语,语法背得滚瓜烂熟,却不一定写得出漂亮的句子、说得出地道的外语。究其原因,这与重输入而轻输出的教学方式有很大的直接联系。英国著名语言学家威尔金斯曾经说过,"外语学习成功的标准不应该是学生能背多少教过的句子,知道多少语法规则,而是他们能够用所学的知识创造性地表达多少"。因此,在外语教学中必须注重输入、吸收、输出几个环节的平衡。尤其是对非通用语教学而言,在缺乏理想语言学习环境的情况下,重视语言输出、强化输出练习更具有特别重要的意义。笔者在印尼语教学实践中体会到，精读课教学中的写作练习就是一种很好的输出训练，能有效地锻炼学生的语言运用能力，增强他们对印尼语的敏感性，使精读课程的整体效益得到最大化。

一、写作练习在印尼语精读课教学中的应用

目前国内大多数非通用语教师仍采用以语法教学为主要内容、以教师讲解为课堂中心、以获取语言知识为学习目的的传统教学方法，对语言输出在外语学习过程中的重要性认识不足，对学生进行语言输出训练的方式也局限于口语和翻译。笔者在近几年的精读课教学实践中体会到，除了口语和翻译之外，"写"其实也具有很重要的作用。尤其是在目前中国学生学习非通用语缺乏理想语言环境的情况下，在精读课教学中贯穿写作练习可以成为学生相对快速提高语言运用能力的有效手段。毕竟，精读课是非通用语专业课程设置中比重最大的课程，也是教师和学生花费精力和时间最多的课程。因此，以精读课为突破口，通过写作练习来提高学生的语言运用能力，不失为一种切实可行的办法。然而，一提到"写作"一词，往往让人联想到高年级阶段的"作文"和"写文章"。在此需要说明的是，本文所指的"写作练习"更准确地说是"写话练习"，或是一种"笔头表达能力"的训练，它与写作课中的"写作练习"不能划等号。从教学目标来看，精读课教学中的写作练习目的不是以考查学生的思维能力为主，而是首先要锻炼他们灵活运用所学语言的能力。在近两年的教学实践中，笔者就如何设计和安排精读课中的写作练习进行了一些探索和尝试，具体做法主要包括：

（一）听写作文

从语音阶段开始，许多教师就喜欢而且经常采用听写这种方式来考查学生的外语学习情况，但大多数教师可能只停留在听写单词、

句子和短文的层面上，笔者采取了听写作文这种方式。在语音阶段结束后，教材中就陆续出现了Saya Mahasiswa Baru(我是大学新生)、Asrama Mahasiswa(大学生宿舍)、Kegiatan Mahasiswa Sehari-hari(大学生的日常活动)、Universitas Kami(我们的大学)、Kegemaran Mahasiswa(大学生的爱好)等与学生的大学生活密切相关的课文和会话。在每篇课文学习内容结束后，可以准备好一小段内容与所学课文相近或相关、少有生词、结构简单的文章。把文章读三遍后，要求学生把刚刚听到的段落写下来。学生可根据记忆逐字逐句地把原文默写下来，也可根据内容用自己的话写。写完后，同桌间交换批改，指出不正确的地方。最后教师从中抽出几篇作为示范进行点评。此项练习在训练听力的基础上又加强了笔头表达能力的训练。因为它给学生提供了使用所听到的语言并产出语言的机会，产出语言的过程可以激发学生的注意，促使学生更好地内化所学到的语言知识和语言规则，最终达到促进学习的效果。当学生不能准确地复述所听到的内容时，他们就必须用所能掌握并积极运用的结构或词汇来表达，慢慢地语言运用能力就会有很大的提高。这种练习可从低年级就开始设计，持之以恒方能见成效。

（二）句型写作训练

这种练习方式是低年级常用的基础的笔头表达训练，其作用在于不仅可以用来检查学生书写外语字母的情况，巩固学过的词汇和语法知识，还可以让学生感受书面语的表达方式和特点，例如标点符号的使用，起段空格和换行的要求等基本行文格式。它对训练学生书面语使用的准确性，减少句法错误很有好处。在印尼语精读课教学中，经常会用新学的词或短语让学生造句，这也是一种写作练习形式。通过练习，学生不仅学会单词的拼写和释义，还能熟练掌握把所学单词运用到句子中的技能。其形式可以多样化，既可以以最常见的汉译印尼的形式，也可以用简洁明了的几句话概括一个词的多种用法或词义，还可以让学生用尽可能多的新学单词或短语连成一个很有意思、逻辑性强的句子。学生在练习中既巩固了所学知识，也丰富了想象力和语言组织能力。在练习过程中可以采用比赛的方法，以调动学生的积极性和参与意识，活跃课堂气氛。

（三）引导性写作

根据课文所学内容，要求学生结合自己的认知和感受进行写作练习，鼓励学生在内容和形式上有所发挥，尽量把所学过的词汇、句型用进去。比如，《基础印度尼西亚语》第二册中出现了 Belanja（购物）、Tamasya yang Menyenangkan（愉快的旅行）、Surat（写信）、Olahraga（体育）、Kesehatan（健康）、Telepon sebagai Alat Komunikasi（作为交际工具的电话）、Cara Belajar（学习方法）等等学生比较熟悉而且感兴趣的课文。在所学课文结束时，可以要求学生就相同的主题写一篇小短文，注意要灵活运用精读课文中所学过的词汇或句子，提高举一反三的语言应用能力。有时教师也可以将课文的内容加以发挥引申，或者要学生自己发挥想象力来写短文。比如，第三册教材中学习了 Kesenian Indonesia（印尼艺术）、Perkawinan di Indonesia（印尼的婚俗）、Mengapa Harus Mudik Lebaran（为什么开斋节前要返乡探亲？）、Pencemaran Lingkungan（环境污染）等课文后，可以要求学生结合中国的实际情况进行写作练习。由于精读课文提供了写作的大致内容和背景，学生练习写作时可专心于语言方面的训练，避免了自己找内容的麻烦或负担。同时，课文的语言现象也可作为学生写作时学习模仿的蓝本。比如，在 Mengapa Harus Mudik Lebaran 这篇课文中提到，"开斋节返乡探亲是一种探寻生命之源的'精神之旅'，是一种寻回真实自我的努力，它象征性地体现在返回家乡、跪拜父母、祭奠祖先以及拜访亲朋好友等一系列活动中。"其实，对于中国人的春节返乡探亲而言，又何尝不是如此呢？因此，学生在进行写作练习时既立足于教材，又结合了自己的独到思考，收到了很好的效果。

（四）对文本的加工型写作

在精读课教学中，可根据所学课文内容，要求学生以不改变文本体裁和主题为前提，对课文内容做出增补或引申；也可让学生用自己的语言对课文内容进行整合和重组，包括对所读课文的主题、叙述风格、人称甚至结果等进行重构。对文本的加工型写作强调的是创造性，是一种积极的、主动的创作活动，要求学生经过认真的思考，将别人的材料进行重组，重组时要用新的眼光、新的视觉去发掘，要"改"出新意。因此，这样的写作练习能使学生获益匪浅，久而久之，驾驭语言的功夫自然日见其高。在《基础印度尼西亚语》第三册中，Istana dalam Lautan（海底宫殿）、Domba-domba Revolusi（革命的羔羊）、Jakarta（雅加达）三篇课文的体裁是小说或剧本。针对这样的课文，我要求学生进行这样的写作练习：把课文改写成小故事，注意利用原文材料，抓住时间、地点、人物、事件等几大要素，尽量用自己的语言来描述。因为写作目的很具体，又有现成的素材，避免了学生在低年级阶段想写而苦于"无话可写"的现象，使其语言表达能力在有形的材料中得到了无形的提高，既加深了对课文的理解和整体把握，所学语言知识点也得到了巩固。

经过一段时间的训练，我们发现在精读教学中加强写作练习确实收到了良好的效果：学生对课文的理解更深入全面，课文中所学的生词、句型、语法等知识掌握得更牢固，对文章的整体把握能力也大大提高了。更重要的是，学生用印尼语进行表达时更加准确、清晰、规范，逻辑性更强。而教师通过对写作练习的批阅，可以及时掌握学生的学习情况，查找教学薄弱环节，把握好教与学的动态过程，并根据学生不同发展阶段的情况和特点，适时调整教学内容（重点、难点）和进度，完善教学方法和手段等。

二、写作练习在印尼语精读课教学中的作用

（一）写作练习可提高精读课的整体效益

精读课是印尼语专业本科教育基础阶段的主干课程，也是一门综合技能课，通过学习这门课程，学生能系统掌握印尼语语音、词汇、语法、基本句型、篇章结构等语言知识，在全面提高听、说、读、写、译等基本语言运用技能的同时初步熟悉语言对象国的社会、文化等方面的国情知识。因此，可以说精读课程是把语言基本功作为不可忽视的重要方面进行专门训练的。为了夯实学生的基本功，精读课的每篇课文之后都有多种多样的练习题，其中既包括口头练习，也包括笔头练习，而笔头练习最常见的是连线、填空、选择、解释、改错、翻译等，涉及写作方面的训练往往较少，主要是造句这种形式。笔者在教学实践中体会到，精读课教学中设计写作练习，可以显著提高精读课的整体效益。一方面，通过写作练习，学生不仅可以进一步验证自己对所学精读课内容的理解程度和对关键词、句、语法规则的运用情况，深化对所学语言点的掌握，并使之逐渐消化、吸收，提高语言运用的准确性，还可以提高语篇意识，而良好的语篇意识必然会促进学生口头和笔头表达的逻辑性、连贯性。另一方面，同口语表达相比，由于没有"现时"的交际环境和交际对象，学生得到的自由空间更多，有助于激活他们语言输出的潜能和对自身语言知识缺陷的及时发现，调动其对语言输入的主动需求，最大限度地发挥精读课教学在培养学生语言综合运用能力方面的作用。因此，写作练习不仅可以加深学生对精读课所学知识的理解，而且有利于激发学生的学习兴趣，培养他们对语言的敏感性，使精读学习

变得更有意义。

（二）写作练习是提高学生语言输出能力的重要方式

大量的语言输入对语言学习来说是重要的，也是必要的，输入是输出的先决条件。在克拉申（S. Krashen）提出"输入假说"①之后，Swain对其进行补充，提出了"输出假说"，认为学习者必须经过大量的语言实践活动才能内化输入的语言，最后达到习得语言的目的。还有学者指出，仅有输入不足以培养学生的交际能力，学生必须通过各种活动反复操练所输入的语言知识才能使之消化、吸收并进入长期记忆系统，进入已有的知识结构之中，形成自己的语言生成系统。"如果学习者只是一味地获得语言知识而不注意运用，那么他们所掌握的只是大量彼此毫无联系的、孤立的语言形式或外壳，当需要使用语言时，他们会因为不知道如何选择恰当的词语、如何正确地运用语法规则而感到束手无策"（徐锦芬，2003）。因此，在外语教学中既要注重有效的输入，使学生在其基础上进行内化，又要进一步强调其语言能力的输出，从而促进学生的语言学习成效。

我们在教学中也经常发现，一个学生词汇量的丰富和语法掌握情况的良好并不一定代表他能精确、连贯和恰当地产出语言，甚至还有可能出现无法开口、无法下笔的现象。所以，学习任何外语不是为了学关于它的知识和它的规则，而是要通过语言实践来学会使用它的本领。而精读课教学中的写作练习是一种提取知识、运用知识，同时又存储知识的反复过程。一方面，学生在练习过程中可以花较多的时间来考虑字、词、句的筛选和语法的正误，这样就可以

---

① 输入假说是克拉申语言习得理论的核心部分。克拉申指出，理想的输入应具备四个特点：第一，可理解性；第二，既有趣又有关联；第三，非语法程序的安排；第四，要有足够的输入量，要习得新的语言结构。根据克拉申的观点，输入假说要求输入必须含有i+1才有利于语言获得。其中i代表学习者现有的水平，1代表略高于学习者现有水平的语言知识。如果学习者在习得过程中大量接触i+1的语言材料，学习者便会在理解信息的同时，自然而然、不知不觉地习得新的语言知识。

帮助学生操练所学词汇、句子结构、语法规则等,也可以检查学生是否掌握了已学过的语言知识。另一方面,这种有意识的练习,需要很多认知努力,它要求学生拼写正确、词汇理解透彻、语法符合规范、具备一定的组织材料的能力,同时需要学生加强对语言规则的注意,并使这些规则在多次有意识的操练中形成合理的知识结构变成长期记忆,从而加速印尼语学习的进程。可以说,写作练习的过程,就是学生在轻松自然的环境中完成从"输入(学习课文)"到"内化(吸收)"到"输出(写)"的过程。

(三)写作练习有助于提高学生的印尼语思维能力

写作练习是一种综合表达,学生从各个渠道吸收的知识,都汇合、融化在写作练习之中。同时,写作练习离不开思维活动,印尼人和中国人不同的思维方式必然影响着印尼语和汉语不同的表达方式。因此,在写作练习中,必须按照印尼民族思维方式的特点,调整语言结构以符合印尼语的表达方式。然而,这一点也正是学生在印尼语学习过程中遇到的最大障碍。尤其是在低年级阶段,不管是听力、阅读还是口语,很大程度上都依赖于母语的翻译和转译。在写作练习时也同样离不开把母语思维的意思转译成印尼语字母才能进行书面表达。但相比听力和口语练习,写作练习更能提高学生使用印尼语思维的能力。首先,写作给予学生的时间比较充分,他们有较多的或足够的时间来思索或进行两种语言的转译,自觉地认识和对比两种不同语言的各自特点和规律,不像听力,其语言刺激稍纵即逝,根本来不及思索;也不像口语会话要求当场对答,不允许有较大的空隙和停顿。其次,写作本身思维和表达的容量大,也有时间让学生推敲和选择适合的、确切的,乃至生动的词语和句子来表述。这些词语和句子经过写作练习被刺激、调动而活跃起来,有时可熟练到毋须翻译就能"应手而出",甚至能促进听力和口语,使学生对这类语句能够"应耳而解"或"脱口而出"。如果这种熟练的语句积累得越来越多，那么学生用印尼语思维和表达的能力也会相应地得以大大提高。此外，写作练习还是渗透着文化背景知识的一种书面表达能力的训练活动。在写作过程中必然涉及印尼文化的价值观念、民俗习性和思维定式等等，有时还涉及称呼、地位、关系、口气和语气、敬谦、套语等习惯文化。写作练习要求学生扩大和充实此类文化背景知识，这样才能写出合适、得体和有效的印尼语，而这些文化知识同样有助于提高学生的印尼语思维能力。

（四）写作练习可缓解中国学生缺乏外语学习环境这一困境

尽管目前中国非通用语种专业的发展呈现出欣欣向荣的良好势头，但由于历史因素以及客观条件的限制，大多数语种的发展还不够平衡，发展水平还比较低，普遍面临教学资源匮乏、对外交流不够充分等问题，由此导致了学生学习语言的理想环境还比较欠缺。因此，具有很强可操作性的"写"变得尤为重要。另一方面，相对于"听"和"说"，中国学生似乎更习惯"读"、"写"的方式学习。究其原因，除了中国独特的教育体制外，也与汉语的特点不无关系。因为语言决定思维，学习母语的思维方式同时也决定了成年以后学习外语的思维方式。中国学生从小通过口语学口语，但在书面语的学习中更多地依赖阅读和写作。（戴炜栋，2007：9）作为教师，最主要的职责是尽量为学生提供良好的语言环境，培养他们原生态的语言感觉。然而，一个不可否认的事实是：就大多数非通用语学习环境而言，无论教师多么努力，学生多么用心，"弥补"只是相对的，而"缺失"是绝对的。因此，在保证以"听说"能力的培养为首要目的的前提下，发扬中国学生善于"以读学写、以写助说"的先天优势，有针对性地辅导学生进行写作练习，以此带动"说"和"译"等能力的发展，不失为环境缺失情况下的一种办法。总之，写作练习在印尼语精读课教学中是十分重要的辅助手段。"听说"训练的是实战能力，需要临场随机应变，针锋相对；"写作"练习虽然少了时间上的紧张，可以慢慢精雕细琢，却需要具备全方位的语言功底。

三、结 语

在非通用语教学过程中，大量的语言输入固然重要，但是如果学生只是一味追求获得语言知识而忽视运用，那么他们掌握的仅仅是大量彼此毫无联系的、孤立的语言形式，当真正使用语言时，仍会感到束手无策。因此，学生必须经过大量的语言实践活动才能内化输入的语言，最后达到掌握语言的目的。精读课教学中的写作练习就是一项不容忽视的语言实践活动，也是一种行之有效的输出练习，在培养学生语言运用能力的过程中，能起到承上启下的作用。设计成功的写作练习还是一项复杂的创造性劳动，它是贯彻以学生为中心的教学理念的体现，是围绕学生实际情况的因材施教，它能使精读课教学的效益获得最大化。鉴于我国目前的非通用语教学还存在不少有待进一步提高的地方，期待更多的同仁在教学过程中进行大胆探索和尝试，使我们的教学手段更丰富、教学方法更科学、教学效果更显著，真正培养出高素质高水平的非通用语人才。

参考文献

[1]徐锦芬.精读教学中的综合技能集成法[J].外语教学与研究，2002(6).

[2]何星.从阅读到写作——交互式阅读模式对英语语篇连贯写作方法的启示[J].外语研究，2004(6).

[3]谢薇娜.谈阅读与写作的交融性[J].外语教学，1994(4).

［4］赵培.大学英语教学中"输入"与"输出"角色的重新评估［J］.山东外语教学，2004（4）.

［5］李绍山.听写——有效的外语教学与评估手段［J］.解放军外国语学院学报，2001（4）.

［6］戴炜栋.高校外语专业青年教师论文选（第二辑）［C］.上海：上海外语教育出版社，2007.

本科阶段越南语笔译教学之管见

广东外语外贸大学　陈继华

[**摘　要**]作为外语专业的一门主干基础课程,越南语笔译课程的教学既有着显著的自身特点,也可以适当借鉴通用语种的教学理念和教学经验。结合越南语专业的特点,探讨如何端正学生对笔译课程的认识、加强应用文体翻译教学、开展培养创新意识的笔译实践、提高课堂教学的交互性等问题,对当前越南语笔译教学及其改革具有一定的启发意义。

[**关键词**]越南语笔译教学　教学要素　能力培养

笔译是检验外语学习者的母语水平、外语习得水平、翻译技巧、思维能力等各种语言文化素质的最直接、最综合的手段。外语专业毕业生的外语水平"主要体现在口笔译能力上,听、说、读、写几种能力最终都要从翻译能力上体现出来,因此,可以说,翻译能力是学生外语语言和知识各方面能力的综合体现"。[①]笔译课程重点培养学生的笔译实践能力,要求学生夯实基本功、拓宽知识面,熟练掌握笔译的方法与技巧,为学生的就业和工作打下扎实的专业基础。越南语教学既符合外语教学的一般规律,又有着自身的特点。为了实现培养"双外语—复合型"非通用语人才的目标,本科阶段的越南语笔译课程改革具有重要的意义。

教学活动是教师与学生共同参与的双边活动,是一种在特定条件下师生互动的思维过程。有学者指出,"教师、学生、教学内容和

---

① 穆雷:《中国翻译教学研究》,上海:上海外语教育出版社,1999年版,第87页。

教学手段，构成了教学过程不可缺少的基本因素"①。余胜泉和马宁认为，应当建立学教并重的教学结构，协调教师、学生、教学内容与教学媒体四要素之间的六种关系。②针对我国非通用语翻译教学的现状，祁广谋认为在实践中解决以下五个矛盾：培养目标与实践教学的矛盾，理论传授与技巧分析的矛盾，母语与对象国语言转换的矛盾，传统教学方法与现代化手段运用的矛盾，课堂讲授与课外练习的矛盾。从教学诸要素及其相互之间的关系出发，结合广东外语外贸大学越南语专业的实际情况，本文拟针对越南语笔译教学中学生的主观认识、笔译实践、教材内容、教学方式等问题进行反思与检讨，并提出改进的方法。

一、端正学生对笔译课程的认识

正确认识笔译课程的意义及其在整个专业课程体系中的地位和作用，是学生树立正确的学习态度、摸索正确的学习方法的前提。对于面临就业压力的高年级学生来说，笔译能力可在社会实践中产生直接效益，在求职面试的外语能力考察部分中更是决定性因素，所以在大三第二学期和大四出现的笔译、口译课成为深受学生重视的"显学"，学习态度普遍比较积极。然而，笔译终究只是一门综合技能课，并非"投资少、见效快"、能够迅速提高就业竞争力的手段。

学好笔译离不开三个先决条件。第一是扎实、宽泛的外语专业基础知识。没有相应的语言、文化和国情知识，提高笔译水平只能是空中楼阁。第二是深厚的汉语功底。第三是大量的笔译实践。笔译课程的实践性非常强，学生必须积极、主动地开展笔译实践。不论是专业基础不牢，期望通过笔译课程获得迅速提高，还是过分依赖教材和课堂，不重视翻译实践，都会导致事倍功半，甚至使学生

---

① 南京师范大学教育系编：《教育学》，北京：人民教育出版社，1984年版，第376页。
② 余胜泉、马宁：《论教学结构——答邱崇光先生》，载《电化教育研究》2003年第3期，第7页。

灰心丧气，对专业、对自己的能力乃至就业前景产生怀疑。

目前，主要是由笔译任课教师引导学生端正对笔译课程的认识。事实上，仅靠笔译教师的引导和笔译课程学习远远不够，而且非常被动、滞后，很可能待到学生模糊认清后，笔译课程已经过半甚至几近结束。

解决该问题的方法之一，是加强笔译活动在相关主干课程之间的衔接。作为一种重要的外语教学方法，翻译法在精读、语法、文学等主干课程中得到广泛的应用，词汇、句子、段落翻译练习起到了辅助外语教学的作用。从越南语人才培养的一盘棋出发，有关主干课程的任课教师应及时加以引导，通过示例使学生初步体会笔译中信、达、雅的不同层次，使学生明白会外语不等于会翻译，纯粹作为外语教学手段的翻译练习不等于作为外语专业课的翻译学习。这样既可以使学生认清当前各门主干课程对将来学好笔译课程的重要性，甘心扎扎实实打好基础，又可以使学生及时树立起学好笔译、提高专业综合水平的目标。概而言之，就是教学翻译为翻译教学做好适当铺垫，帮助端正学生对笔译课程的主观认识。

二、加强应用文体的笔译教学

随着我国的经济发展和社会进步，宽口径、应用性、复合型的人才培养模式已经成为国内外语专业的共识，应用文体翻译在外语笔译教学中的重要性日益突出。在现行的非通用语笔译教材中，文学翻译一直是重中之重。在承认文学翻译对提高学生语言能力的巨大作用的同时，也必须正视我国非通用语笔译教材中文学作品例句分量过大的现实。以越南语笔译教材为例，赵玉兰的《越汉翻译教程》和丛国胜的《越汉翻译教程》的实践部分均以词法、句法为主干，后者还简介了文体与翻译。梁远的《实用汉越互译技巧》则以"帮助广大越南语爱好者在短期内有效地提高翻译水平"为目标，把实践部分分为经贸、旅游—生活、文化、友谊等章节。然而，三本教材的多数例句均来自文学作品，甚至不少章节的所有例句全部取自文学作品。即便是在鲜明主张实用性的《实用汉越互译技巧》中，诗歌、回忆录、散文等典型文学题材也占了不少的分量。

众所周知，外语毕业生从事的绝大多数翻译活动为应用文体翻译，用人单位考察外语专业毕业生的专业水平时，注重学生是否具备实用翻译技能，能否进行科技、法律、商贸、金融等领域的翻译，而不是能否从事文学翻译。所以，必须在翻译教学思想、教材、方法、评估等多方面进行改革，摆脱"以文学翻译为中心"的老传统，加强应用文体翻译的教学力度。教材例句的选择直接影响到课堂教学的内容和方法，所以教材改革是重点工作之一。

笔者认为，这里有三个问题值得注意。一是文学文体翻译与应用文体翻译的关系问题。文学是语言应用的最高形式，文学作品翻译对外语教学的意义重大，本文不再赘述。诚然，应用文体的相当一部分词汇就是来自于文学文体的基础词汇，应用文体的基本语言结构都可以用文学文体的结构解释。但从相反的角度来看，不少文学文体的结构同样可以在应用文体中得到解释。通过应用文体翻译来学习语言知识，还能起到拓宽知识面、优化知识结构的作用，有助于培养复合型非通用语人才。再者，文学的意境并非只体现在文学文体中，文体的概念只是相对的。最后，应用文体翻译的评价标准同样是"信、达、雅"，应用文体的审美手段不是修辞，而是自身的语言特点。二是科技、法律等专业术语在笔译教学中的必要性。专业应用文体的理解和翻译最大难点在于术语，一些教师据此认为应用文体翻译，尤其是科技翻译教学意义不大。笔者却以为，在科技信息时代，术语的理解、翻译，甚至网络资源的获取、电子翻译工具的使用等都应该在笔译教学中得到体现。轻视应用文体的术语翻译，无异于认为学完文学翻译后，再抱一本相应领域的专业词典即可完成科技、法律翻译，或者干脆交给机器来翻译。但试问，再专业的词典又怎么可能包括所有的术语？三是非通用语翻译活动特殊性。通过与大语种专业的对比，加强越南语笔译教学中的应用文体翻译、提高学生实践翻译技能的重要性和紧迫性更加凸显。不论是为了满足时代的需要，培养应用性、复合型外语人才，还是提高越南语专业毕业生的求职竞争力，笔者都主张加大应用文体翻译的教学力度，逐步克服"学生真正想学的内容与课堂能够传授的相脱节，学生所学的内容与社会的需求相脱节"的现象。具体地讲，就是要加强以语篇为单位的应用文体翻译教学，降低翻译教材中文学例句的分量，而诗歌、散文等纯粹文学作品的翻译则应作为本科阶段笔译教学的鉴赏内容，这样要比企图去教、去学文学作品翻译要实事求是得多。

三、强化培养创新能力的笔译实践

目前，本科生参加笔译实践的途径主要是课程作业、社会兼职。就笔者的观察，这两种途径都存在相当的弊端。作业由于形式单一、内容枯燥而被不少学生视为负担，没有积极性，不认真对待，更不用说总结提高。假期或课余的社会兼职一般是市场行为，注重速度，忽视质量，而且由于越南语翻译市场的分工远不如英语等通用语种明确，涉及的领域众多，每次兼职的内容都可能不同，再加上基本没有质量反馈，无法获得教师的及时指导，所以这种笔译实践的可持续性差，对真正提高学生的笔译能力帮助不大。按传统的思路来加强笔译实践，就只能加强被动式实践（加大翻译作业量）或粗放式实践（内容杂乱，没有质量反馈）。为了提高笔译实践的质量，非常有必要摸索一条能够把学生的自觉性、积极性与笔译作业、课外实践的质量结合起来的新路子。

借鉴国内兄弟院校在本科生毕业论文改革方面的经验,即组织学生收集、整理、翻译、编写可用于教学、研究的实用性强的各种资料,并用所学外文撰写2000字左右的文章进行说明。结合非通用语专业学生的就业特点,我们认为笔译实践的改革应以培养学生的创新能力为重要方向。所谓强化培养创新能力的笔译实践,就是要把翻译技能训练与国情学习、国情研究结合起来,使学生在持续一定时间、达到一定规模、形成一定系列的笔译实践中锻炼找出问题、分析问题、解决问题的能力。为此,就要在翻译专题教学的基础上指导学生有计划地开展笔译实践,比如以学期或学年为单位,集体翻译一部法律、一本国情资料或者一系列新闻等。目前广东正在筹建东南亚信息库。根据我们的设想,可以引导部分对国情感兴趣、具备一定笔译能力的高年级学生在专业教师的指导下收集、整理、翻译、整编对象国信息,把东南亚信息库建设发展成为一个新的"实习基地"。信息库里面的资料为中外文对照,既可作为学生自习的资料,也可在此基础上开发出能够直接服务社会的信息。通过上述协作型、研究型、创新型学习,不仅有利于锻炼学生的笔译能力,培养学生的创新意识和创新能力,激发学生对对象国语言、文化、国情的兴趣,提高学生的信息整编和文字处理能力,还可以增强学生的自信心、责任感和成就感。在培养创新能力的笔译实践中,教学媒体的作用发生了巨大的变化,它"不再是帮助教师传授知识的手段,而是用来创设情境、进行协作学习、讨论交流即作为学生自主学习和协作式探索的认知工具与情感激励工具"。[①]

在实际操作层面,通过笔译实践培养学生的创新意识、创新能力必须充分考虑学生的切身利益,需要学校和院系的政策支持。第

---

① 余胜泉、马宁:《论教学结构——答邱崇光先生》,载《电化教育研究》2003年版第6期,第6页。

一，建立相应的评价机制，保证创新笔译实践的公平、公正、透明。第二，尝试将创新笔译实践与毕业论文挂钩，指导部分学生在创新笔译实践中完成毕业论文的选题、构思与写作。第三，将创新翻译实践与学生的综合测评挂钩，在创新笔译实践活动中表现突出、取得一定成绩的，应予以奖励和宣传。第四，加强专业教师对创新笔译实践的过程指导，检查学生的笔译实践成果，定期组织学生讨论和交流。

四、注重笔译课堂教学的交互性

由于课程性质、内容的不同，语音、会话、口译等课程的课堂教学交互性较强，而笔译则相对枯燥不少。传统的"纠错法教学"更是重视知识讲解而忽视技能训练，学生普遍感觉像是词汇、语法、精读的后续课程，兴趣不浓，导致笔译教学效果大打折扣。因此，必须以学生为中心，加大学生在课堂教学中的参与力度，通过提高笔译课堂的交互性来提升教学效果。

我们认为可行的方法是让学生对课堂教材和笔译作业做更充分的准备，不仅要完成翻译过程，还要对翻译过程进行适当的总结和回顾。在这方面，英语专业的教学实践为我们提供了值得参考的方法。李长栓要求学生做"翻译笔记"，把自己查阅了什么资料，得到什么启发，是如何确定某个词、短语、句子的翻译方法的，在调查中有什么有趣的发现等全部记录下来。李德凤要求学生每做一篇翻译练习，都要写"反思日志"，包括查资料、思考、翻译、修改定稿的过程，翻译时遇到的语言、文化、句子结构或语篇连贯方面的困难，克服上述困难所采用的翻译技巧，自己在翻译过程中的创造性等等。

在笔译实践的教学中，学生会提前拿到教学材料，理论上有足够的时间对材料进行准备。但如果只是初步翻译，甚至口头翻译，而没有认真思考翻译的过程，那么这种课前准备是无法达到教学要求的，无法与课堂教学形成衔接。通过对课堂教材和笔译作业的总结与回顾，学生在课堂讨论中不再是人云亦云或简单地感性陈述，而是理性分析，还能与教师进行一定程度的辩论，大大加深了对原文、译文、翻译过程的理解。

在作业讲评方面，也要注重提高学生的参与度。传统的作业讲评，是在作业批改的基础上，挑出学生错误频率较高的问题进行讲解。为了实现笔译课堂教学的交互性，我们对一份越译汉作业的讲评流程进行了如下尝试：

第一步是合理分组，把全班分为四个总体翻译水平相当的小组。第二步是译文评价，即在PPT上演示从学生作业中挑出的中文译句，各小组为译句打分。第三步是对照原文，在PPT上同时演示汉语译文和越语原文，各小组对比后再次为中文译句打分。最后一步是集体修改，各小组展开讨论，并根据越南语原文修改译句或重新翻译。

这样做有以下优点：第一，当代大学生的中文表达普遍存在问题，广东学生还存在使用"粤式汉语"的现象。先让学生评价中文译句，可以帮助学生以"读者"的身份检查译文的质量，而这恰恰是多数学生忽略的视角。第二，PPT上的范例均取自学生作业，范例的语境基本已经为学生所掌握，这些真实的错误更能触动学生，引起学生的高度重视，从而努力避免类似错误的发生。第三，全班集体打分评价的结果比较公正，能够营造浓厚的集体学习氛围，而且不会给译错的同学造成直接心理压力。第四，一些优秀的译句也得以展示，可以增强学生的自信心。第五，集中展示翻译作业的质量差别，而不像以前那样，正确与否都只盯着自己的作业本，非常被动、消极，容易产生侥幸心理和审美疲劳。

总之,通过富于互动的教学讲解和作业讲评,学生既知其然又知其所以然,加深了对翻译过程的认识,在提高语言运用能力的同时还有效锻炼了翻译技能。

五、结语

中国与东盟的战略伙伴关系不断加强,这对我国越南语等东南亚非通用语人才培养提出了新的要求,因此进行有关教学改革、重新认识教学诸要素的作用都成为必然之举,其中就包括笔译教学改革。不论是笔译教材,笔译教学的主体——学生与老师,还是笔译教学的过程与方法,都是需要进行反思的对象。

参考文献

[1]李长栓.以正当程序保证翻译质量和翻译教学效果[J].中国翻译,2006(3).

[2]叶苗.翻译教学的交互性模式研究[J].外语界,2007(3).

[3]张光军.亚非语专业的本科生毕业论文改革[A].姜景奎主编.外语非通用语种教学与研究论(2)[C].北京:世界图书出版公司,2008.

[4]李德凤,胡牧.翻译教学研究:回顾与展望(1980-2006)(下)[J].中国科技翻译,2009(3).

[5]祁广谋.非通用语教学翻译亟需解决的若干矛盾[A].钟智翔主编.外语非通用语种教学与研究[C].北京:外语教学与研究出版社,2009.

泰语专业翻译教学中的问题及对策

广西民族大学 游辉彩 杨万洁

[摘 要]翻译课程是外语学习中的重要内容之一。泰语专业的翻译教学有别于英语专业或"翻译专业"的翻译教学。本文基于教学实践,提出制定合理的课程设计、选择有"特色"的教学内容、编写实用的教材、改进"以学生为中心"的教学方法等策略,希望以此解决翻译教学中的许多问题。

[关键词]泰语专业 翻译教学 教学法研究

对于一门外语教学,尤其是非通用语教学,听、说、读、写、译这五方面的知识与能力的培养是最基本的要求。其中,翻译教学无论在英语专业或非通用语专业教学中均受到重视,因为学生的翻译水平往往能体现出其外语运用能力与综合知识水平。但是,非通用语毕竟有别于英语,学生在零基础上通过四年的外语学习,能达到"听、说、读、写"这四个基本能力已经不易,要达到更高层次的"译"更是艰难。因为翻译决不仅仅是字面层次上的语言转换,更是思想的转渡和文化的移植。非通用语专业的翻译教学有很多特殊性,不能与英语专业的翻译教学相提并论。笔者以广西民族大学泰语专业为实例,拟从近年来的翻译教学实践中,总结与分析其在课程设计、教学内容、教材编写、教学方法出现的若干问题,提出相应的教学策略,借以抛砖引玉,与同行兄弟院校的泰语专业及其他非通用语专业教师共同探讨,以促进非通用语教学的发展。

一、关于课程设计与教学内容

(一)课程设计

笔者认为,翻译教学在进行课程设计时,应充分考虑几点:一是所开设课型可以灵活多样,不应仅局限于笔译课,应该笔译与口译兼重。同时,不应只重视泰—汉翻译,应同时重视汉—泰翻译,因为翻译工作的任务是双重的,既要向国内引进、介绍国外的政治、文化、科技和经济信息,又要向国外输出和介绍我国的历史、文化、政治和经济发展信息。随着国家改革开放步伐的不断加快,对外交流日益频繁,对外宣传的工作量比以前成倍增加,"因此今后的翻译教学应加大汉译外人才的培养力度。"[①] 二是每门课程的开设时间最好开设两到三学期,总课时216节以上,即周节数4—6节比较合适。这样,教师可以把理论知识与翻译方法技巧都充分讲解,并可以让学生在课堂上进行循序渐进地练习与讨论。三是进行课程设置时,要考虑开设翻译课程的前期基础课,如汉语与泰语的基础应用课、写作课、公开演讲课等。这些课程既是外语学习的基础课,也可作为翻译课程的必备内容。事实证明,学生如果没有扎实的语言基本功,教师水平再高深也难以培养出优秀人才。另外,泰语专业翻译教学不同于英语专业翻译教学,在开设课型上应考虑学生的基础水平与能力,不能盲从开设。如口译课若按翻译专业可为交传、视译、同传等课型。但对泰语专业本科阶段而言,口译课能达到基本交传即可,不必开设到视译与同传等课程。

(二)教学内容

教学内容是教学活动的中心环节,教学内容围绕着教学目标与课程设计而展开。2000年之前,我校泰语专业的培养目标主要是倾向于培养外事、教育、旅游等方面的人才。因此在教学内容上,比

---

① 吴启金:《翻译教学与研究前瞻》,载《中国科技翻译》1999年版第2期。

较侧重于政治会谈、旅游及传统的文学翻译等。2000年之后，随着中国改革开放的扩大与深入，中泰友好关系的推进与双方合作领域的扩大，每年的中国—东盟博览会、中国—东盟商务与投资峰会、中国泛北部湾经贸论坛等大大小小的国际会议的开展，越来越需要精通中泰"经贸"方面的翻译人才。我校泰语专业的培养目标也顺应形势要求倾向于培养经贸、商务、旅游等方面的人才，但在教学内容上却仍然沿袭传统的内容，没有多大改变，使教学内容凸显"局限性"与"不适应性"。面对这种形势，如何突破传统，改革教学内容，与时俱进，成为我校泰语专业翻译教学面临的问题。

我们认为，既然培养目标改变，教学内容就得随之改变。如广西民族大学泰语专业既然立足于本学校的优势即地缘优势与时局优势，以培养精通外语的"经贸"人才为目标，那么，在教学内容上就应当做适当调整，即对相关"经贸"的知识给予大量补充，如：经济学、经济管理、国际贸易、国际金融、会计、银行、市场营销、商务法律等等。这一点是与中国当今"科技翻译"时代的要求相吻合的。但是，值得注意的是，改革教学内容或补充教学内容，不是意味着补充所有知识，让学生精通当今的科技、法律、军事、医学、外事、民族语文等所有行业的知识。这对非通用语专业的翻译教学来讲，是不可能的，事实上连教师也难以做到这一点。所以，各院校的非通用语专业的翻译教学只能立足于自身优势，确定自身"特色"培养目标，补充"特色"教学内容，培养"特色"人才，这样才会在人才培养上不相互"冲撞"，才会共同满足社会需求。

二、关于教材建设

我国的《大学英语教学大纲》(1999)指出"教材是实现教学大纲确定的教学目标的重要保证……教材应为课堂教学提供最佳的语

言样本和有系统性、有针对性的语言实践活动的材料"。可以说，好的教材让教师节省时间与精力，专心致力于教学，让学生有章可循、循序渐进地学习、理解与操练。

对于泰语专业的翻译教材而言，当前国内正式出版的教材可谓是凤毛麟角，仅有三本，即：《泰汉翻译教程》（潘远洋）、《泰汉翻译理论与实践》（梁源灵）、《实用泰汉翻译教程》（高彦德等）。这三本仅限于笔译教学中的泰译汉，口译教学方面的教材一片空白。通过笔者近几年来对现有教材的参考与借鉴，辅以自身的教学实践，发现当前的教材尚存诸多问题。即：第一，内容不完善，许多重要的内容缺失。如有关中泰互译的历史，只有梁源灵编著的教材略提中国的翻译历史，其他教材对中国与泰国翻译的历史与中泰翻译活动的历史只字不提；又如有关中泰语言比较方面，潘远洋与梁源灵均对中泰语言做比较，但内容粗浅，不完整深入；再如篇章翻译方面，所有教材均未提及。第二，教材内容陈旧，所举实例出现许多与当今时代不相符合。尤其是梁源灵编著的《泰汉翻译理论与实践》，出现了大量的有关阶级斗争内容的例子。这些例子不仅内容陈旧，而且多为文学例子，显然已不符合当今科技翻译时代对"非文学"例句的需求。第三，重要的内容环节出现重复与提法不当。如潘远洋在总结分析泰汉的翻译方法与技巧时提出了"分句法"、"合句法"、"前置法"、"后置法"、"顺序法"、"逆序法"等方法，这些方法多用于分析泰语中的从句或复杂句，但同一个句子，可以套用不同的方法来解释，这显得有些重复。如第35页上的"**การปฏิวัติรัฐประหารอันเป็นเอกลักษณ์เอย่างหนึ่ง ซึ่งคงจะต้องมีต่อไปนั้นก็อาจเปลืองเลือดเปลืองเนื้อกว่าที่แล้วๆ มา** "（译文：作为泰国一大特征的政变——将来大概还会发生，就可能会比过去流更多的血）。这个例子若按教材的分析可以说采用了"分句法"、"后置法"、"顺序法"这三种方法；

又如梁源灵提出的"翻译中的重复法"中，所列举的实例如第117页的"โลกนี้เป็นของพวกเธอ อนาคตของประเทศจีน เป็นของ พวกเธอ"（译文：世界是属于你们的，中国的前途是属于你们的），"เกี่ยวกับเรื่องนี้เขาคิดแล้วคิดอีก ยังตกลงไม่ได้"（译文：关于这件事他想了又想还是定不下来）等却未体现出"重复法"来。

以上问题的提出，笔者不是有意指责上述教材的错失，而是想说明，如何编写一本符合泰语专业学生使用的好的翻译教材并非易事，是同行院校泰语教师共同面对的事情。对于编写翻译教材，笔者有以下几点提议：

第一，内容尽可能完整。内容完整并不是说要补充五花八门题材的翻译例子，如文学、医学、科技、农业、环境、电讯等等。而是补足有关基础理论知识，其中包括翻译基本理论、汉泰翻译活动的历史、汉泰语言文化的比较等等。只有让学生充分了解基础理论与知识，才能让学生更快更好进行实践练习。

第二，教材的编写应针对一些重要内容进行统一与规范，如人名、地名、国家重要机关名称、职务称谓等。

第三，教材的编写方法与技巧可以参考比较成熟的一些外语翻译教材，如英汉互译教材、汉法翻译教材等。同时可以考虑与其他通用语种如英语、法语等有编写翻译教材经验的教师一起合作编写。

第四，各校泰语教师可以根据自己的培养目标定位，编写教材时注入"特色内容"，如广西民族大学可以补充"商贸"方面的翻译，其他院校可以根据各自的培养目标和特色增加相应的内容，以有针对性地指导教学。

第五，各校泰语教师可以携手合作编写教材，在统一基本内容的基础上，加入各自特色内容，使教材更趋于完善，各校师生共同受益。最后应该考虑编写汉译泰方面的教材。

三、关于教学方法

教学方法也是围绕教师如何教学,学生如何学习的问题。不可否认,前几年我校的翻译教学不管口译还是笔译均基本上遵循传统的教学方法,即"老师为中心"法——以老师教授为主,学生练习为辅的教学模式。近年来,随着时代的发展以及网络与多媒体等手段在教学中的推广,我校泰语专业的翻译课程也顺应时代要求,采用多媒体教室上课,特别是口译课。同时,学校还加强了对任课教师的师资培养,多次分批派送教师到国内外进行培训学习,以提高教师的基础理论知识与教学水平。但笔者发现,尽管教师教学思想意识有所改进、自身水平有所提高,但学生的翻译水平与能力却未见长进。经分析,问题主要出在教学方法上,也就是教师虽然尽心尽责去传授,然而学生却机械接受,为完成作业而做作业,缺乏兴趣与求知欲。问题的所在总结为一句话:学生没有兴趣。因此,如何提高学生的学习兴趣,也就是改进教学方法的途径。

要提高学生的学习兴趣,就要转化传统的教学方法,因为"传统的翻译教学方式一直以教师为中心,将改错作为教学手段,将参考译文作为翻译课的终极目标,其最大的缺点就是将学生置于一种被动的接受者的地位"。[1] 因此必须把"以教师为中心"转化为"以学生为中心",吴国初也认为"重视学生的主体地位,改善翻译教学体现在激发学生的参与意识,发挥学生的主观能动性方面"。[2] 其实,"教学应该以人为本,以学生为中心的理念得到越来越多人的认同,以学生为主体,充分调动学生的主观能动性已成为教育发展的必然趋势。"[3]

翻译教学如何以学生为中心,笔者认为可以通过以下途径:首

---

[1] 陈凌:《时代呼唤翻译教学新模式——谈大学本科翻译教学中的几个问题》,载《江苏教育学院学报(社会科学版)》2003年第6期。

[2] 吴国初:《大学英语教学翻译教学的探讨》,载《江西教育学院学报》2009年10月。

[3] 黄琼:《试论外语课程设计中的学生需求分析》,载《高等教育与学术研究》2007年第3期。

先，通过转换角色，激发学生的积极性与表现欲。笔者在上课时发现，对于某一方面的内容比如中泰的翻译历史、翻译的基本理论、汉泰语言的对比等等问题，让学生分组自己去查询资料，收集与整理资料，然后制作成PPT文档，在上课时讲解给老师与同学们听，让同学们提出问题或质疑，然后老师点评与总结。通过这种"学生讲解为主，教师总结为辅"的方式，学生不仅自主性、积极性高，愿意"炫耀"自己的能力，展示自己资料的可靠性、丰富性以及PPT制作的技术水平；同时还可以取长补短，充分了解课程内容的很多知识，比教师单人传授的知识要丰富得多。这一方法学生比较乐于接受。其次，通过译文赏析，培养学生的理解能力、分析能力与评判能力。笔者在讲授了泰汉互译的一些方法与技巧后，并没有急着给学生做相应的练习，而是拿一些译文（包括文学译作、科技文献译作等）给学生分析，让学生总结分析译作中所采用的方法与技巧，对译作的"优点"与"缺点"进行评判。结果发现，学生不仅能运用所学的知识来分析译作中采用的翻译方法，还能补充总结出一些教师也未发现的翻译方法。难能可贵的是一些同学还能对名人翻译的译作提出许多客观评判，挖掘出不少缺漏与问题。通过这种方法，学生的学习兴趣大大提高，学习自信心大大增强。再次，通过学生自主练习与小组讨论方式，提高学生的翻译水平与能力。不少专家学者认为，小组练习可以培养学生的集体创作精神与互助精神。但通过翻译教学实践，笔者认为，翻译作业练习形式以自主练习为主，小组讨论为辅这种方式为佳。原因是笔者发现，中国学生从小没有养成小组作业的习惯，缺乏集体合作意识与集体创作精神。以做作业为例，笔者曾经有半个学期让学生以小组形式做作业，以小组作业上交老师，结果发现每次的作业都是某一学生完成，或者说学生私下轮流做作业。按照这种情况的话，一个学生有可能在一个学期的学习中仅做一次作业。这对于翻译教学来说是绝对不允许的，因为翻译能力要靠学生大量的实践练习来完成。之后，笔者转化方式，取消小组作业，改为个人作业，小组讨论。每一次作业每个学生都得完成，老师采用抽查方式检查，然后学生进行小组讨论，把各自的练习摆出来，相互讨论孰优孰劣。这种方法虽有"逼迫"性质，但学生也乐于接受，大大提高了学生学习翻译的主动性。最后，提供实践机会给学生，让他们参与现实的翻译工作。这在我校是可行的，因为每年的中国—东盟博览会、中国—东盟商务与投资峰会、中国泛北部湾经贸论坛等会议的开展都需要许多临时翻译人员或志愿者，这给我校的翻译教学带来很多好处，学生可以通过课程学习走向实践练习。通过实践练习，学生不仅巩固了所学的理论知识与翻译的方法与技巧，同时增加了对翻译学习的兴趣。

以上是笔者近年来在泰语专业翻译教学实践中，对翻译课程的课程设计、教学内容、教材、教学方法等方面所总结的一些问题及见解。希望能与同行院校的泰语专业或其他非通用语专业教师共同探讨，共同促进非通用语教学的发展。

参考文献

[1] 陈凌. 时代呼唤翻译教学新模式——谈大学本科翻译教学中的几个问题[J]. 江苏教育学院学报(社会科学版)，2003(6).

[2] 黄琼. 试论外语课程设计中的学生需求分析[J]. 高等教育与学术研究，2007(5).

[3] 吴国初. 大学英语教学翻译教学的探讨[J]. 江西教育学院学报，2009(10).

[4] 吴启金. 翻译教学与研究前瞻[J]. 中国科技翻译，1999(2).

[5] 许均. 翻译概论[M]. 北京:外语教学与研究出版社，2009(2).

斯瓦希里语翻译教学的理论与实践

北京外国语大学　冯玉培

[摘　要]翻译教学是外语教学中的重要组成部分，是一门实用性很强的课程。本文结合笔者在翻译教学实践中的一些体会，就翻译教学的重要性，如何培养学生的翻译能力，以及语言与文化的关系等方面作了些分析探讨。

[关键词]翻译能力培养　斯瓦希里语　教学与实践

随着改革开放的进一步深化，我国与世界各国在经济、文化、教育以及其他领域内的交流与合作日益密切。随着世界经济一体化进程的加快，翻译在对外交往中的桥梁作用日益凸显，翻译教学也愈加成为外语教学中不可或缺的重要组成部分。

一、翻译教学的重要性

外语教学注重培养学生在听、说、读、写、译五个方面的基本技能，从课程设置、教材编写、教学安排到具体的教学实践活动以及测试、评估都是在紧密围绕培养上述五项技能而设计和操作的。听和读的训练是培养学生学习语言和获取知识的能力；说和写的训练是培养学生用外语进行思维和表达的能力；而译的训练则是培养学生对源语语篇及其所包含的文化内涵的理解能力和使用译语表达的能力。译有别于说，也有别于写，因为说和写留给了说话人和作者一定的自由想象和发挥的空间，而译则要受到来自于源语和译语两方面的制约，也就是说译者不得脱离原文去主观臆断、任意发挥，必须遵循翻译的基本原则。

翻译的过程不仅是两种语言简单的转换过程，而且是不同文化之间相互比较、相互碰撞、相互转化和相互融合的过程，是正确理解原文和创造性地用另一种语言再现原文的过程，是一种跨语言、跨文化的交际活动。译文既要体现原文的语言风格，也应符合译语的表述习惯。翻译是一项专门的言语能力，翻译能力无疑是交际应用能力的重要体现。因而，译者必须具有两种语言及其文化扎实的功底。一个学生如果只掌握阅读和听说技能，而缺乏翻译能力，那么毕业后就难以成为一名合格的外语工作者。由此可见，翻译基本功在听、说、读、写、译五大技能中占有重要的地位，培养学生的翻译能力是外语教学的重要任务之一。翻译教学是一项实战性很强的综合训练，翻译教学不仅有助于测试学生的语言理解能力、语篇分析能力、对专业知识和语言对象国相关的文化知识的掌握程度，同时还可以测试学生的汉语表达能力和文化素养。因此翻译教学是具有多项测试功能的重要教学手段，是一门具有实用价值的核心课程。

二、如何培养学生的翻译能力

翻译是一门独立、综合和开放的学科。在翻译教学开始阶段，有必要讲授一些基本的翻译理论，介绍我国翻译史上著名译论家有代表性的观点，如严复的"信、达、雅"三字原则，鲁迅的"宁信而不顺"的翻译观，以及翻译界有关"归化"和"异化"之争，使学生认识到翻译是融中外文水平、翻译技巧和专业知识等于一体的综合实践活动，要成为一名合格的翻译，首先应打好外语和汉语基本功，学习和研究中外不同的社会文化，同时尽可能多地掌握有关专业知识，在校期间即重视养成良好的翻译习惯，掌握初步的翻译技能。根据翻译学的基本内容，我们在翻译教学中，结合斯瓦希里语的特点，着重从以下几个方面培养学生的翻译基本功。

（一）提高准确理解原文的能力

翻译技能的培养包含了理解能力和表达能力两个方面，译者的任务是在正确理解、吃透原文内容的基础上，用流畅的译语将原文的信息准确无误地传达给译语听者或读者。对原文的理解涉及到原文作者的写作目的、写作风格、篇章结构、修辞手段等，此外，还涉及到两种语言不同的思维方式和表达习惯，以及社会生活、文化背景方面的差异等诸多因素。

外语知识和其他专业知识、文化知识是理解原文的基础，而理解又是翻译的重要前提。对源语、原文的理解程度直接关系到译文的质量。有的学生在平时阅读文章时往往求快，甚至一目十行，碰到难懂的词语、句子或结构一知半解、不求甚解，自以为读懂了、理解了，其实不然。当拿起笔来翻译时，一推敲，一琢磨，才发现有许多地方乃模棱两可、含糊不清。有的学生在拿到文章后，不认真阅读、思考便开始翻译，往往是边翻译、边思考、边查找资料，显得手忙脚乱，这样做不仅翻译效率较低，而且容易出差错。所以，在翻译教学开始阶段，应该帮助学生培养良好的翻译习惯。在动笔之前，反复通篇阅读原文，理解作者的写作意图，把握原文的中心思想和内容，同时找出篇章结构难点和语言难点，查找参考资料，查阅工具书，尽可能地把文章中所出现的语言和文化方面的障碍扫清干净，准备妥当之后才着手翻译。在开始接触翻译时，"死译"是学生所犯的通病。所谓"死译"，就是把中外文字对字、句对句地对号入座，直译、硬译，表面上看似忠实于原文，其实是违背了原作的实质内容。所谓翻译，其实就是翻译"意思"。由此，应该鼓励学生在理解原文中心思想的前提下，大胆地摆脱原文的束缚，尽量用贴切的译语来表达原文的风格和思想，还原文以本来面目。我们可以看一下以下两个如何处理字面意义与引申意义关系的例子：

例1，"Fimbo ya Mnyonge"是坦桑尼亚家喻户晓的著名小说、第一部国产影片。有的学生一见到"Fimbo"一词，就不假思索地译成"棍棒"，把书名译成"弱者的棍棒"，这显然没有理解和把握好"Fimbo"这个词语的意义，没有处理好字面意义与引申意义的关系，犯了"死译"的错误。该作品热情歌颂了坦桑尼亚的"乌贾马"政策，弘扬自力更生精神。小说的主人翁满怀希望地从穷乡僻壤来到达累斯萨拉姆谋生，没想到一次次遭到命运的捉弄，最后被迫离开闹市、流落他乡。主人翁不知不觉地流浪到了"乌贾马"村，在村里的所见所闻使他看到了生活的希望和光明，使他认识到：组织起来，建设"乌贾马"是弱者摆脱困境、走向富裕的唯一道路。根据作品的中心思想和内在含义，可以把"Fimbo"（棍棒）译为"武器"或"法宝"，即"弱者的武器"或"弱者的法宝"，一词之差便准确无误地表达和概括了作品的主题思想，体现了作者的创作意图和语言风格。

例2，在斯语中，"jogoo"一词是"公鸡"的意思，其引申意义是强者、勇士。众所周知，尼雷尔是坦桑尼亚的民族英雄和开国元勋，他领导坦盟党和坦桑尼亚人民经过多年艰苦卓绝的反殖斗争，赢得了国家的独立和民族的解放，为坦桑和非洲的独立事业建立了不朽的功勋。因而在坦桑尼亚人民的心目中，他是一位英雄、勇士。提到尼雷尔，坦桑尼亚人会情不自禁地说："Nyerere ni jogoo"。这个句子如果直译为"尼雷尔是公鸡"，就大错特错了，而应译为"尼雷尔是英雄"。同样，"Katika mechi ya jana timu ipi ilikuwa jogoo?"这个句子应译作"在昨天的比赛中，哪个队获胜了？"而不可译为"在昨天的比赛中，哪个队是公鸡？"由此可见，认真阅读、理解原文是搞好翻译的基础，而翻译实践又有助于加深对语篇的理解、对源语文化的消化和吸收。

(二)把握不同语言的文化差异

语言是文化的载体,文化是语言赖以生存的土壤。不了解所学语言国家的文化,要学好其语言是不可能的。反过来说,了解和掌握了所学语言国家的文化、历史、风俗习惯,将有助于正确地使用其语言。在翻译实践中,文化的差异给学生带来的困惑往往超过语言本身,因而所犯的翻译错误也容易出现在文化层面上。所以翻译质量的高与低,与其说与语言有关,不如说与文化因素有关。下面举个文化差异方面的例子,以说明在学习语言的同时学习文化的重要性。

坦桑尼亚有120多个民族,不同的民族有着相同或各异的请安礼节、风俗习惯。在一部分民族中,孩子给长者请安时,常常低头让长者抚摸其头部,表示请长者赐福于他。而在有的民族中则有着完全相反的风俗,孩子给长者请安时,长者俯身低头让孩子触摸其头顶,因为孩子像天使般的纯洁无邪,他们会给长者带来好运和幸福。如果译者对这一文化现象不了解,翻译时难免感到无所适从。因为在中国文化中,长者触摸一下孩子的脸庞或头部通常是表示喜爱,并无赐福于他之意;孩子或晚辈在问候长者时,如去触摸长者的头部那可是件不可思议的事情,会被认为是对长辈的不敬。因此,文化差异因素对翻译的影响不可小视和低估。翻译不是两种语言的简单转换过程,而是不同语言、不同文化背景的人之间的思想交流。所以,我们在注重语言知识的传授和语言技能的培养时,切不可忽略了教授与语言密切相关的文化知识,不能停留在语言形式上,应该重视语言形式背后的文化因素,把握不同文化间的类同与差异。只有了解、把握了源语与译语之间的文化差异,才能更好地表达源语作者的思想、作品的风貌,真正达到沟通、交流的目的。

（三）掌握基本的翻译技巧

在翻译教学中，除了教授必要的翻译理论和翻译的基本标准，还应该指导学生学习和掌握一些翻译的基本要领和技巧。不同的语言有不同的表达方式，需结合译语的特点适时变通，采用相应的翻译技巧。翻译的技巧可谓是五花八门、多种多样，不同的技巧有着不同的功能，同时它们之间又有着较强的互补性。总之，运用适当的技巧，对词语、句子或语篇进行一些技术处理，可以使译文更加准确、通顺地还原源语作品的丰姿。这里举几个对译、意译、增译方面的例句：

1. 对译

斯瓦希里语谚语源远流长，是东非各族人民世代相传下来的民族语言和文化的结晶，具有鲜明的民族特色，蕴涵着极其丰富的文化内涵。在学习、研究斯语谚语的过程中，我们发现许多斯语谚语和中国谚语的含义"一脉相承"、完全相通。因此，在理解和掌握谚语的深层含义的基础上，完全可以采用两种谚语对译的方法。例如：斯语谚语："前者一旦绊倒，后者变得聪明"（Akijikwaa aliyetangulia ajaye nyuma hupata akili），比喻前人的失败，后人可以引以为戒。在翻译成中文时，可译为："前车覆，后车戒"。又如："一石双鸟"（Jiwe moja ndege wawili），与之相对应的中国谚语是"一箭双雕"。再如，"空桶免不了晃荡"（Debe tupu haliachi kuvuma），可译为"一瓶子不响，半瓶子晃荡"。在把中国谚语翻译成斯语时，同样可以采用对译法。例如："山中无老虎，猴子称大王"，可翻译成斯语谚语"猫儿一离去，老鼠就称霸"（Paka akiondoka, panya hutawala）。又如："情人眼里出西施"，可翻译为"只要你爱，独眼可以称之为斜眼"（Akipenda chongo humwita kengeza）。两种不同语言之间含义相同的成语、谚语的对译不仅准确无误地保留了原文的韵味，而且很好地体现了不同语言和文化之间的交流和融合。

2. 意译

汉、斯两种语言之间存在着思维方式及文化等诸多差异,有些词语、句子可以直译,而有的则应该在忠实于原文内容的前提下,采用意译的方法,以有效地帮助读者理解、沟通和交流。所谓意译就是摆脱原文的束缚,在准确理解原文的基础上再现原文的思想。以下是三条斯语谚语:"Ndugu chungu, jirani mkungu","Mwenda tezi na omo hurejea ngamani"和"Uzuri wa mkakasi ndani kipande cha mti",如果按照字面把它们分别直译成"兄弟如锅,邻居似盖","到船头和船尾去的人最终会回到船舱里","精美的圆盒里装着一截木头",难免令人费解。假如采用意译法,把它们分别译为"血浓于水","树高千丈,落叶归根"和"金玉其外,败絮其中",不仅正确地表达了谚语的原意,同时也符合汉语的表达习惯,使听者或读者能够理解和欣赏。

3. 增译

根据汉、斯两种语言不同的思维方式、语言习惯和表达方式,在翻译过程中增添一些必要的词语或句子,能够更准确地表达出原文所包含的意义。这种方式更适用于汉译斯中。例如,中国人都知道"井底之蛙"这个成语,其含义是井底下的青蛙只能看到井口那么大的一块天,比喻见识狭小的人。如果把它直译为"Chura ya kisimani"(井里的青蛙),其意思是不完整的,外国人会感到困惑。如果采用增译法,即增加必要的词语,译成"Chura aliye kisimani hajui ukubwa wa anga"(井里的青蛙不知天空有多大),这条成语的意思就明确、完整了。在下面这首斯语诗歌的翻译过程中,同样采用了增译法:

Urafiki

Urafiki kitu bora, urafiki kitu ghali,
Humpa mtu imara, na mapenzi na fadhili,
Na walio na busara, huishi katika hili.

Huweka watu pamoja, hawabaguki wawili,
Huwapa watu faraja, japo mataifa mbali,
Rafiki siku akija, kumwacha usikubali.

友 谊

友谊是美好的,友谊是高贵的,
她给人以坚毅,给人以仁爱和慈善,
贤人哲士,总生活在友谊之中。

友谊把人们团聚,彼此间没有歧视,
她给人以幸福,虽然民族不同,
朋友到来时,切莫拒之门外。

  诗歌第一节第三句,作者没有再提及"友谊"一词,而是使用了指示代词"hili",这样处理一是满足了押韵的需要,二是避免了同一词语的重复使用。但是,如果把句子直译成"贤人哲士,总生活在其中",意思就不是很连贯、流畅,所以翻译时有必要增加"友谊"一词。同样,在第二节的第一句开头,作者为避免累赘,原文省略了"友谊"一词,而我们在翻译时则应加上这个词。在翻译过程中,增译是一种常见而有效的技术处理方法,可以使译文意思更加完整、明确。此外,诗歌的最后一行"朋友到来时,切莫拒之门外"采用了倒置法。"Rafiki siku akija, kumwacha usikubali"是一个倒装句，显然是不可以按原文的语序翻译，必须使用倒置法，以确保意思的通顺。

翻译的方法和变通的手段很多，一个句子、一篇文章往往可以有多种翻译形式，学生在刚接触翻译时，译文只要能达到"信"和"达"，即通顺，忠实于原文，无重大语法、语言以及文化方面的错误就可以了。当然，随着翻译实践的深入，翻译的水平也会不断得到提高。把作者的思想、风格、感情色彩原汁原味地再现出来，应该成为译者所追求的一种境界。

4. 重视提高文化素养

要想翻译出准确、流畅、得体的译文来不仅要具有对外语的正确理解能力，而且还必须具有用母语准确地表达能力和丰富的文化知识。在翻译教学中，我们发现相当一部分学生的译文显得比较稚嫩，有的甚至文理不通。也往往会听到有的学生这样说：能够理解所听所读的外语材料，就是不知如何用贴切的汉语来表达。造成这一现象的原因是多方面的，汉语功底不足、表达能力欠缺，知识面狭窄恐怕是其主要原因。一个学生如果他的汉语基本功不扎实、文化素养不高，那么无论外语学得多好，其将来的发展仍然是有局限性的。所以，学生不能只局限在专业范围之内，眼睛不能只盯着"ABC"，而应当广泛涉猎其他专业、其他学科的知识。虽然难以做到"上知天文，下知地理"，既是专才，又是通才，但拓宽视野、博学多识，提高文化素养对外语专业的学生就更显重要了。

三、结语

翻译的过程是中外文化交流学习的过程，因而，翻译教学的任务不仅仅是使学生掌握必要的翻译技巧，而是培养学生对源语、译语及其文化的理解能力、使用译语正确地表达源语文化的能力；帮助学生拓宽思路、扩大视野，培养科学的思维方法以及分析问题和解决问题的能力。

参考文献

［1］严辰松.中国翻译研究论文精选［M］.上海：上海外语教育出版社，2006.

［2］应云天.外语教学法［M］.北京：高等教育出版社，1986.

［3］王恩科，李昕，奉霞.文化视角与翻译实践［M］.北京：国防工业出版社，2007.

迁移理论对斯瓦希里语语音教学的影响分析

天津外国语大学　芮菊芬

[摘　要] 母语为汉语的学习者在学习斯瓦希里语语音时，母语的迁移对学习者有着很大的影响。学习者存在着个体差异，特别是地区差异，不同地区的学生对于语音的习得顺序不完全一样；母语为汉语的学习者普遍存在着音节规则的缺损；存在着次临界期。因此，要从语言迁移理论角度分析如何最大程度地避免母语对于第二语言的负迁移，正确利用母语的正迁移促进斯瓦希里语语音的教学。

[关键词] 斯瓦希里语　二语习得　语音教学

斯瓦希里语（Swahili，以下简称斯语）属尼日尔-科尔多凡语系，班图语族，东班图语支。广泛分布在撒哈拉沙漠以南的东部非洲地区。现为坦桑尼亚、肯尼亚、乌干达等国的官方语言，也是非洲联盟的工作语言，目前，使用人口已超过一亿。汉语和斯语分属不同的语系，这不仅体现在语法规则上，更体现在语音系统上。首先，两者拥有并不完全相同的语音体系。在斯语中，有5个元音，2个半元音和24个辅音。而在汉语中，则有7个一级元音，2个半元音和22个辅音。它们在音位数量及构成上都有一定的区别。其次，两者在音节构成上同样存在着差异。例如，在汉语中，不存在复杂辅音群，一个字一个音节。而在斯语中，则存在着复杂辅音首，同时一个词的音节一般为一至多个。再者，在汉语中，声调是区别词汇意义的重要手段，而在斯语中，重音则是重要的超音位手段，一般出现在倒数第二个音节上。最后，汉语中不存在长短元音的对立，而在斯语中则存在。

一、迁移作用对音素教学的启发

汉语和斯语在语音形式上存在着较大的差异，因此，在语音教学中，存在着相当大的难度。哥伦比亚大学尤里埃·尔瓦恩里希教授（Uriel Weinreich）就人们在使用双语过程中所遇到的出现在音位、语法、词汇等各个语言层面上的干扰现象进行了分析探讨。他把语音干扰划分为以下4种类型：1. 音位的不完全分化（Under differentiation of Phonemes）。在斯语教学中，我们会遇到这样的情况，中文普通话中的一个音位，而在斯语中则有对应的两个或更多的音位。在这种情况下，母语为汉语的学习者有可能用一个音位来替代外语中相似的音位。比方说，在汉语普通话中不存在着/w/、/v/的对立，它们属于同一音位，而在斯语中，则分属不同音位。因此，有些学习者在学习过程中容易将两个音位混淆，出现语音错误。2. 音位的过度分化（Over differentiation of Phonemes）。也就是说，用汉语中的两个音位对应到斯语中的一个音位。例如，在汉语中，元音/a/有三个音位变体，即/a/、/ɑ/、/æ/，而在斯语中，则只存在/a/一个音位。由于存在这样的差别，有的学生难免把汉语普通话的发音规则运用到斯语语音学习中去，因而导致产生语音错误。3. 重新解释（音位）区别性特征（Reinterpretation of Distinctions）。也就是说，在斯语中，不以汉语普通话所拥有的某一种特征为区别性特征，而由于受其影响，将汉语的某一特征运用到斯语学习中。又如，在汉语普通话中，不存在清浊，只有送气与不送气的差别，而在斯语中，则存在清浊之分。因此有些学生将送气和不送气这一特征来定义斯语的清音和浊音，产生了语音错误。4. 音素的替换（Phone Substitution）。斯语和汉语普通话的某些音位比较相似，学习者也就不能正确地区分两者的差异，往往用母语的某一音位来替代斯语的这一音位。比如，有的学生对斯语中的/z/和汉语中的"租"这两个音位的差异不能正确地加以区别，常常用"租"来替代/z/。尤其是来自北方方言区，如北京和天津地区的学生，很难克服母语对斯语负迁移作用。Weinreich对母语的负迁移所产生的类型进行了分类，而在实际的教学过程中，笔者发现，通过迁移产生的原因来分析迁移产生的类型，则更具有指导意义。在我国，斯语学习者均为学过英语的高等学校学生，他们受到的迁移来源很多，主要包括：1. 汉语普通话。2. 方言。3. 英语。现将其影响的程度归纳为以下几种类型：

第一种类型：某一音位在汉语普通话系统中、方言区及英文中都不存在。如卷舌音[r]，这个发音需要学生放松舌部，用气流吹动舌尖，同时配以声带振动，产生颤音。这个音位大多是学生首次接触到，发音器官涉及到舌头、声带及气流的共同配合，是最难学习的一个音位。这类音位往往是学生最后习得。

第二种类型：某一音位在汉语普通话和英语中存在，但是在某些方言区中则不存在。因此，对于该方言区的学生而言则是难点。比方说在我国某些地区，如安徽、江苏北部、湖北、湖南等某些地方，不存在/l/和/n/的对立，这两个音素属于同一音位，而在斯语中，则分属不同音位。一般而言，方言对学生的影响不可避免，加之汉语普通话不标准，英语发音不精准，结果导致在斯语中出现这样的错误。不过在学习斯语发音的过程中，如果能有意识地进行区分，尽量克服来自本地方言的影响和干扰，类似的错误还是可以避免的。

第三种类型：某一音位在普通话和英语中均不存在，只是出现在某些方言区，这就导致了学生在学习速度方面的差异。如/ŋ/这个音位在普通话中不存在，但在吴方言区、粤方言区等区域则普遍使用这一音位，来自这些区域的学生可以很快地掌握，而相对于北方方言区的学生则是一个难点。

第四种类型：某一音位在普通话以及方言中不存在，但是在英语中则存在。大学生在初中、高中学习阶段已经基本掌握了英语的发音规则，所以在英语教学中，教师如果能注意到中文和英文在某些音节上的不对等，教给学生正确的发音方法，正确地掌握这些音位对于学生而言并非困难。但是如果中学英文教学中没有强调出中英文的区别，在斯语教学中也是一个难点。这样的音位如/θ/和/ð/，对于学生而言，虽并非难以克服，但是要真正做到发音正确，还需要进一步重视。

第五种类型：某一相似的音位同时存在于普通话、方言及斯语中。这是一类看起来非常容易学习，实际上是很难学到神似的音位。比如/ɟ/这个音位，很多学生都将其等同于汉语的/tɕ/。其实不然，汉语中的/tɕ/，是属于舌面前音，而斯语中/ɟ/的发音部位中，舌面更靠后。我们在教学中发现，类似的音位学生学习时存在一定的困难。

其他元音和辅音，如果同时出现在汉语和斯语系统中，在教学中则不必作为难点教授。其中包括：元音系统，/a/、/i/、/o/、/u/、辅音系统，/b/、/p/、/d/、/t/、/g/、/k/、/m/、/n/、/f/、/v/、/s/、/l/、/x/，共计17个音位。

二、迁移作用对音节教学的启发

斯瓦希里语使用的是音节文字，所有的语言在19世纪后期由阿拉伯书写系统改为拉丁文书写系统。（参看芮菊芬："从文字系统的变化看斯瓦希里语的发展"，《东方语言》，2008）。因此，一方面学生不必学习新的文字系统，从而降低了学习难度，而另一方面，学生必须改变自己的学习习惯，学会从听音到记字这个学习过程的转变。

所谓的音节文字，也就是表音文字的一种，即以音节为单位的文字。对于斯语专业的学生而言，其母语为汉语，是文字型语言，虽然他们在初中及高中阶段学习过英语，英语也是一种音节文字，但是英语的语音和音节不是完全一一对应的关系，比如/kau/它的文字形式是cow，而/plau/，其文字形式则是plough。在这种情况下，以汉语为母语的学生就容易形成把语音及文字形式分开记忆的学习习惯。而斯瓦希里语则是音节与文字一一对应的语言，任何一种语音形式只有一种语言书写形式。例如，如国际音标为/penda/，那相对应的文字便是penda。这种语言形式看似简单，但由于与母语及学生的第一外语的书写形式有很大差别，在学生学习新语言的过程中，新习惯的树立仍需时日。

首先，在斯语中，由于音节词汇以多音节为主，音素之间遵循着普遍的同化规律，特别是鼻辅音存在着对立分布的特征。例如，在音素/p/、/p'/前的鼻音为/m/，而在/z/、/j/、/g/、/d/等辅音前的鼻音则是/n/（这一规律出现在构词中，而如果需要表达不同的语法意义时，以前缀形式出现的鼻音则不呈现互补分布）。这种规律在多数音节文字中普遍存在，而对于以汉语为母语的学生而言，音素之间的组合规律不存在显性意识，因此，在学习初期，学生应注意音节文字中普遍存在的音节组合规律，从而避免不合法音节组合。

其次，音节中存在着元音字母长短音的对立。在斯语中，长元音与短元音的对立是靠增加元音的数量来体现在文字之中。例如，/aa/的音节长度是/a/这一音节长度的两倍。区分长短音一方面可以通过耳朵来辨别语音的长短，但更重要的手段是通过重音所在的音节来确定元音的长短。在斯语中，重音固定落在词汇的倒数第二个音节上，因此，通过听辨词汇的重音所在来确定音节的数量，这是行之有效的音节教授方法。比如，在单词neema中，由于重音落在

ne'ema上，因此，和nema能明确地区分开。在汉语中，轻重音只在部分词汇中使用，且重音也不会固定在某个位置上，因此，需要通过大量练习来训练学生通过词汇重音来掌握词汇这一方法。

最后，复杂辅音首是班图语言所共有的音系规则。同时，斯语的辅音首有其自身的特点。辅音首一般由两个音素构成，其中第一个为鼻辅音，第二个为任一辅音（可包括鼻辅音）。这样的音节构成和汉语的音节构成有着很大的差异，同英文也存在着很大的差异。首先，在英文中，只有极少量的单词存在以鼻辅音为音节首的复杂辅音群，如mnemonics（记忆术）。而且，在汉语普通话中，不存在这样的音节构成。然而在斯语中，这样的现象却大量存在。其鼻辅音的地位与音节长度相当于一个单独元音，然而又因为其是复杂辅音群的一部分，与其他辅音不能截然分开。学生在学习发音时存在着两种错误：一是截然割裂鼻辅音与另一辅音，或者在鼻辅音后添加一元音。如，在发/mboga/时，容易发成/muboga/，添加了元音/u/。另外一种情况是过分缩短了鼻辅音的发音长度，忽略鼻辅音的地位，从而造成发音的不完整。出现上述错误的原因是学生未充分认识到斯语音节构成的特点，并把学习母语或第一外语的方法运用到了斯语语音的学习中。

三、临界期假设对语音教学的启发

1967年，美籍神经语言学者艾瑞克·林纳博格教授（Eric Lenneberg）首先提出了"临界期假设"，他通过对大脑受损的孩子的研究后认为：孩子在学习语言时，拥有神经逻辑优势，而这种优势到了某个年龄段，就会自然消失。该年龄段被大致推定在13岁左右，由此可见，13岁便是语言学习的一个临界期。

我国的斯瓦希里语教学对象都为年龄在18岁左右的青年人。按照Eric的理论，这一阶段的学生是不具备语言学习的优势的。经过长期调查发现，学生在学习斯语时，由于母语的负迁移，或者在幼年时没有接触过语音系统中某些音素，导致他们在接触母语系统中不曾有的音素时，对某些发音部位及发音方法不能很好地模拟发音，因而产生发音错误或者存在发音缺陷。例如颤音/r/，就成了部分学生语音学习的一大障碍。笔者认为，在学习第二语言甚至第三语言时，前半年乃语音习得的重要阶段。在临界期内，如及时攻克了语音难点，则会大大提高语音的准确度。在本人教授的两个班中，一个班级有6名学生，其中的2名学生在学习斯语前半年没有习得颤音/r/，之后的三年，虽然语音语调有很大改进，但是/r/这个音位始终没有习得。另一个班级有7名学生，在语音学习阶段，我们加大了对/r/的训练，有1名学生未习得/r/。这一方面说明：学生的年龄都在18岁左右，错过了学习语言的最佳时期，不能很好地模仿某些语音，从而产生语音缺陷。另一方面说明：外语学习的前半年是非常重要的阶段，如加大语音训练，能够使学生有效地克服母语的负迁移影响，顺利地通过语音训练这一关。这也说明通过大量的语音强化训练，多数学生是可以学会、掌握母语系统中不存在的音素。

四、结语

斯语和汉语是两种完全不同的语言，在从事斯语教学的过程中，应充分利用母语对学生学习斯语的正迁移作用，尽可能避免母语对斯语语音学习的负迁移作用。同时，在招生过程中，应充分考虑到方言对外语学习所带来的副作用。在进行高考面试时，应重视考生的英语语音基本功。在语音教学阶段，对难点、重点音位坚持突击强化训练，以确保学生在半年内正确掌握难点语音。对音节规则进行有意识的训练,改变学生原有的默记单词的方法,使用听记或读记的方法来适应新的语言环境。笔者认为,只有对斯语的语言特点有了很好的掌握,才能进一步指导学生进行语言学习,提高学习效率,达到更好的教学效果。

参考文献

[1]石峰.语音格局[M].北京:商务印书馆,2008.

[2]束定芳,庄智象.现代外语教学[M].上海:上海外语教育出版社,1996.

[3]王立非,文秋芳.母语水平对二语写作的迁移[A].外语教育与研究[C].北京:北京外语教学与研究出版社,2004.

[4]温宝莹.汉语普通话的元音习得[M].天津:南开大学出版社,2008.

[5]俞理明.语言迁移与二语习得——回顾、反思和研究[M].上海:上海外语教育出版社,2004.

[6]Fuchs, Anne. The Critical Period Hypothesis supported by Genie's case[M]. Germany: Ruhr-University of Bochum, 2002.

[7]Jacobs, Haike. Understanding Phonology[M]. Edward Arnold Limited, 2001.

[8]Krashen, Stephen. Theory of Second Language Acquisition [M]. 2007.

[9]Mbaabu, Ireri. New horizons in Kiswahili[M]. Nairobi: Kenya Literature Bureau, 1985.

[10]Mgullu, Richard. S. Mtalaa wa Isimu[M]. Longhorn Publishers, 2001.

朝鲜语专业大学三年级听力教材的语篇处理

解放军外国语学院　赵新建

[摘　要]朝鲜语专业三年级上学期听力课程具有一定的特殊性,在编写相关教材时,应认真考虑学生的语篇认知水平,具体包括重视语篇分类、运用语篇分析方法、安排语篇顺序、确定学习重点等内容,可以按照"8+1"的T型法来进行新闻听力语篇的处理。该方法对其他课程或其他专业的教材编写具有一定的参考价值。

[关键词]语篇认知　教材语篇处理　朝鲜语听力教学

一、问题的提出

外语教学发生"以学习者为中心"的转向后,现在外语教学越来越重视对学习者主体的研究。本文尝试通过学生的语篇认知这一切入点,谈谈朝鲜语专业三年级上学期新闻听力教材的语篇处理。希望对其他课程或其他专业也能起到一定的参考作用。

从现有理论成果上看,韩国对听力的研究开始是放在整体性研究和基础阶段即低年级研究上,现在也有不少论文开始注重高年级的听力,尤其是新闻媒体听力的研究。国内的听力研究也有不少专项性的成果(张光军,2001),但也多注重一般性或影视等的研究,因此,从总体来讲,新闻听力研究还有不少需要深入的地方,如学习策略、课堂组织、教材编写等。由于市场的导向作用,现在还很少见到朝鲜语新闻听力的教材,而现有部分教材在编写方面也存在一定的问题,如内容未进行详细分类,编排过于自由等,这与相关理论研究的缺乏有一定的关系。本文以教材编写为对象,试在理论层面提出一些自己的想法，对前人的研究进行一些补充。

二、学生的语篇认知

教材不仅是教员传授知识的载体，更重要的还是学生学习的主要对象。相应地，编材时不仅要反映教员的教学观，还要重视学生的认知水平。对三年级新闻听力而言，学生学习的内容都是一篇一篇的新闻，本文称之为新闻语篇，很显然，学生在不同阶段对不同语篇的认知程度是有所不同的。研究学生的语篇认知，至少要包括如下三种要素：

一是认知客体（what），就是语篇。从语篇分析的角度来看，语篇包括语音、词汇、语法、句子、段落、内容、背景知识等要素（黄国文，1998）。学生在学习听力课程时，无时无刻不面对这些要素，也正是这些要素决定着学生的认知结果。任何一个地方的问题都可能成为学习中的一个或大或小的障碍。

二是认知主体（who），就是学生本人。学习者的语言基础、语篇知识、兴趣爱好、学习方法等也都会影响听力学习的效果。语言基础较好、学习自己熟悉或感兴趣的内容、掌握较好听力策略的学生，可能比其他学生，在听取相同内容时效果要好得多。

三是与认知行为（how）相关的内容，其中包括认知过程（process）、认知结果（result）、认知方式（assistance）、认知策略（strategy）、认知反应（reaction）、认知体验（experience）等。

认知过程也就是学生完成听力课教学目标的过程，即由对听力没有具体、完整的认识到能够整体把握整个课程，并能自由听取新闻中信息的学习过程。而教员的任务是通过教材编写、课堂实施等措施，使学生的这一认知过程变得更加快速、愉快、高效。认知结果指的是学生在某一时刻对某一听力语篇的认知程度，可以称之为

"听力语篇的透明度",①不同的学生在不同的阶段对不同的语篇,其认知结果可能是不同的,往往表现为"完全听不懂→听不大懂→基本听懂→大部分听懂→完全听懂→完全把握,并能从中提取有用信息"的认知程度线。认知方式指的是学生在学习过程中需要得自教师和教材等的帮助。教师和教材等提供的是认知方法、学习范围、学习测试等,如果方法得当,编排合理,可以使学生得到更快的提高,其作用是不言而喻的。认知策略指的是学生在外语学习过程中使用的元认知、认知、情感、社会等四种学习策略。就听力而言,元认知策略是一种整体的学习调控,认知策略是具体语篇要素的学习,情感策略是对学习过程中的情绪管理,社会策略是通过非授课途径的知识积累。认知反应指的是上述的认知结果在认知主体心理上的反应,即难易度。相对应地,也表现出从很难到很容易这样一条认知程度线。同理,对不同的语篇,在不同的阶段会有不同的反应。教师和教材的最终目的是使学生在课程终了时,都能感觉新闻语篇已不太难,较为容易把握。认知体验指的是学习成就感的有无。这是以学生为中心进行教学时必须充分考虑的要素,只有使学生在学习新知识的同时充满成就感,体会到自己能力的提高,才能提高学生学习的兴趣,最大程度地提高教学的效果。

三、三年级听力教材的语篇处理

(一)三年级听力课程

三年级的听力课表现出与基础阶段不同的特征:(1)课程的独

---

① 透明度是索绪尔提出的词义研究术语,一般指人通过词汇构成要素理解词义的程度。本人认为透明度其实是一条认知程度线,从完全不透明到完全透明,可以设置不同的级别,如"透明—不透明"、"透明—半透明—不透明"(张光军,1993)、"完全透明—比较透明—比较隐晦—完全隐晦"(李晋霞、李宇明,2008)等。将其扩展到语篇得益于导师张光军教授的提示,语篇透明度指的是认知主体对由各类要素构成的语篇的认知(理解)程度,语篇透明度认知线表现为不同的结果,影响语篇透明度的因素正是语篇的各种构成要素。

立性。从三年级开始,听力已不再附属于其他课程,听力能力作为一项独立的内容进行训练。(2)内容的社会性。一、二年级所设课程的主要内容是与日常生活有关的,涉及政治、经济、军事等方面的内容较少。而三年级听力课,也包括其他课程,日常生活有关的内容已占很小比例,经常涉及社会方方面面的专业知识。(3)篇章的复杂性。因为是涉及社会政治经济方面的内容,听力课文已不再是短句短篇、熟词熟句,而变为长句生词频繁,结构固定,但有一定长度的文章。

王铭玉、贾梁豫(1998)分析了影响听力的材料、话者和听者等三类因素,张光军(2001)归纳了朝鲜语听力难的语言和非语言两大类15个小类的因素,我们据此简单总结一下三年级听力的难度所在。(1)材料方面:a.语言和内容。朝鲜语中有大量的音变规则,如果不能熟练听辨,在大段的语流中必然造成听力的障碍;如前所述,内容已转为新闻类,专业词汇较多,句式过长,内容专业,也必然会使学生一时难以适应。出现能看懂却听不懂、连看都看不懂更听不懂等两种结果。b.类型、结构和任务特征。内容多为书面语,信息量大,冗余度小;回答细节尚且困难,关于整体的问题更无从入手。(2)话者方面:a.语速、停顿和迟疑。b.话者的社会角色。新闻播音员的语速比实际语速一般要快很多,不像真正交际时,如果听不懂还可以停顿再说;另外,还可能夹杂一些现场录音等。(3)听者方面:a.外语经验和外语水平。学生刚过二年级,知识储备有限,熟练程度有待提高。b.心理因素。往往因为难度较大,学生缺乏自信和冷静,造成急躁情绪,而降低了学习的积极性。应当看到,经过初期的听力训练后,上述几类难点会自动地减弱,尤其对优秀的学生。因此,注意三年级的过渡时期,提高教材和教学质量,可以大大缩短学生适应听力的时间跨度,提高听力技能。

(二)听力教材的语篇处理方法

从横向来看,我们假设听力教材的所有语篇集合为x,其中包括若干单独的语篇a、b、c...,而从纵向来看,这些单独语篇其实都有许多相关的语篇存在,包括以前的、现在的和以后的新闻,即与a类似的还有a1、a2、a3...,这些存在或现在还不存在的语篇分别构成一个A、B、C...类语篇集合,相应地,所有的新闻语篇即由若干个类似的x,组成一个所有语篇的集合X,那么,我们编写教材的目的就是想通过x,使学生能够听懂X。

如何做到这一点,至少需要考虑语篇的难度、位置、数量、指导方法等四个因素。难度指的是学习者对a、b、c...不同的认知结果,有难有易,可能现在难而以后不难;位置指的是语篇的前后顺序,是a、b、c,还是b、c、a或其他,要找出合理的根据;数量指的是在教材中语篇出现的多少,是一篇还是多篇,是长是短;指导指的是要的是出具体的学习方法,包括测试。

下面我们先谈一谈听力语篇处理的几个要点,再总结出听力语篇处理的一个基本模式。

1. 要点

在听力教材语篇处理时,我们认为要注意下面几个要点。

1)语篇分类

听力教材编写是建立在语篇分类基础上的,只有区分不同的语篇,才能决定语篇的顺序、指导等内容。根据不同的标准,至少可以进行如下的分类。

按涉及国别可以分为中国、韩国、世界等类别。中国类新闻其实是包括在世界新闻中的,我们将其单列出来。[1]韩国新闻所占数量最大,报导最详细,分类也最细。世界新闻是不包括中国在内的新

---

[1] 从相关研究结果来看,韩国对中国的报导中负面内容不少,这是应该注意的。

闻，数量不多，但涉及面比较广。按内容可以分为政治、经济、国际、健康·科学、文化、演艺、地区、体育、气象等类别。①在每个小类下面，还可再细分出更多的小类来。按新闻结构可以分为综述性新闻、单条新闻和一句话新闻、完整新闻等类别。综述性新闻指的是播报多条新闻内容，但不进行展开的新闻。②顾名思义，单条和一句话新闻指的是仅播报一条新闻内容或用一句话进行播报的新闻。完整新闻指包括导语与新闻主体内容的新闻。按学习者对内容的熟悉程度可以分为个人熟悉、不太熟悉、根本不熟悉的语篇等类别。熟悉程度也是一条认知程度线，可以进行不同等级的划分。另外，还可以根据班级整体的情况，分为大多数人熟悉、部分人熟悉的、都不熟悉的语篇等类别。按学生习得与否可以分为已习得语篇、半习得语篇、未习得语篇等类别。已习得语篇是指在教材单列的一课中已完整学习过的语篇，半习得语篇指正在学习的语篇，未习得语篇指下一课要学的语篇。按学习目的可以分为精听语篇、预听语篇、泛听语篇、趣听语篇。精听语篇针对上述半习得语篇，需要一字一句地把所有音节都听清楚，对其框架和用词都要完全掌握，预听则针对未习得语篇，需做整体试探性地听取，泛听语篇则是针对复习性语篇，听取相关性语篇，巩固学习效果，趣听语篇为临时添加增加学习兴趣活跃课堂气氛的语音材料。按新闻混杂成分可以分为带/不带画面、带/不带朝鲜语采访、带/不带杂音、带/不带汉语的语篇等类别。画面、采访、杂音、汉语等因素可以相应加强或减弱听力的最终效果。

---

① 韩国广播公司http：//news.kbs.co.kr/的网络新闻分类方法。
② 如http://kr.news.yahoo.com/service/news/shellview3.htm?linkid=197&ac=view&pid=bs&articleid=20090114123228906j6#。

2）语篇分析

单个语篇的语篇分析，是我们编写教材的基础。黄国文（1998）提示的五层面分析简单易行。

语音平面（phonological level）：朝鲜语本身的音变就是一个很大的难题，需要学会根据音变规律来推测单词。如乍听［시굥뉴］这个词，很可能不知所云，但如果根据音变规则来推导，就会知道是［식용유］这个单词。当然除了依发音辨词外，更重要的是利用上下文来推断。词汇平面（lexical/semantic level）：新闻听力涉及政治、经济、军事、文化、法律、教育等等每个方面的专用词汇，因此，每一类的语篇都需要总结其中出现的基本词汇、专业词汇、新词等，作为以后听此类内容的基础。当然还可以根据频率（高频词、低频词）、词性（名词、动词、形容词等）、音节（单音节词、多音节词）、功能（作定语、状语等的词）、来源（汉字词、固有词、外来词）等进行分类，掌握不同类别的不同处理方法。句法平面（syntactic level）：新闻也有口语语篇，但给人最深印象的是书面语篇的长句，长句具有定语多、并列成分多、扩展成分多、头重脚轻等特点，[①]学生光是看已十分吃力，更遑论听了。当然这样的句子不多，且新闻的句式多格式化，词尾使用也有限，可以适当总结一下。语篇平面（textual level）：语篇层面分析分三个方面：行文结构、外部衔接与内部连贯。如注意导语的引导作用等，一可以使心理有适应感，二可以为预测提供第一个依据。注意通过语法手段（包括时间、地点、照应、替代、省略等）和词汇、逻辑联系语手段进行的外部衔接，注意通过语义手段进行的内部连贯，都可以为贯通上下文、进行预测提供依

---

① 如"그러나, 45m로 묶여있는 성남시의 건축고도제한을 완화할 경우 재개발, 재건축 아파트의 층고 상승이 가져다주는 경제적 이익이 20조원에 달할 것이란 예측이 나오고 있어 제2롯데월드보다 성남시 고도제한 완화가 경기 부양 효과면에서도 더 설득력이 있다는 주장입니다. (http://kr.news.yahoo.com/service/news/shellview3.htm? linkid= 197 &ac=view&pid=pl&articleid=20090113122133698k3#）"。

据。指向平面(level of textual orientation):既包括事件的时间、地点、参与者之间的关系、事实性(factuality)等新闻内的内容,还应包括背景知识等新闻语篇以外的相关知识。

3)语篇顺序

教材编写首先应该考虑的是学习什么内容的问题,就新闻听力而言,我们编写的最终目的是使学生比较容易收听不同类别的新闻,并能提取相关的信息。这里面就牵涉到一个不同类别新闻的排列问题,我们觉得应该根据"从易到难"、"全面铺开"的原则,合理地安排各类语篇。上面我们将新闻语篇进行了不同角度的分类,这些不同类别新闻的排列顺序可以这样来确定。[①]

从国别上看,中国新闻应该比韩国新闻、国际新闻要容易一些,这主要是背景知识作用的结果。由于中国新闻讲述的是中国的国情,因此,听取时在背景知识上一般不会出现空白现象,如http://kr.news.yahoo.com/service/news/shellview3.htm?linkid=197&ac=view&pid=wl&articleid=20090112181417364 75的新闻是讲述北京市经济刺激措施的内容,学生即使对经济不太内行,一旦听到中国或与中国的相关单词,因为有一种天生的亲切感,相对于其他国家的新闻,心理上的紧张感会大大减轻。当然新闻听力应以韩国新闻为主,但可以穿插一些中国新闻,增加学生听力学习的兴趣。

从内容上看,气象、社会、文化、演艺类新闻等较地区、体育、政治、经济、国际、科学等新闻要容易一些,因为不同内容的新闻对专业知识的要求是不同的。笔者在本科三年级学习新闻时,老师安排的第一课就是天气新闻,虽然天气播报语速较快,但天气是与我们日常生活关系紧密的领域,牵涉的背景知识相对较少,所以,

---

① 当然下面所述的排列顺序仅仅是粗线条相对比较的结果,而不是绝对的,在不同的情况下可能会发生变化。

知道了少有的几个相关生词和地名之后，听取相同类别的内容变得十分容易了。

从结构上看，应以完整新闻听力为主，综述性、单条、一句话新闻可以在复习、测试或高年级阶段使用。完整新闻包括导语和评析，评析部分是用来解释导语部分的，而其他三类新闻仅相当于导语部分，没有评析部分的重复提示，学生理解起来当然较前者具有一定的难度，尤其是收听像"오늘의 뉴스"这样的新闻类别，将不同的类别的新闻分别用一句或几句话全部播报出来，将会大大增加学生的理解难度。

从熟悉程度上看，应该以"熟悉→不熟悉"的顺序进行排列。在听力学习初期阶段，听取容易理解的内容，将增加语言知识的积累，为学习较难的内容打下很好的基础。我们在上课时让学生收听了关于中国中部开发的新闻，①新闻中出现了洛阳拖拉机厂、郑州郑东新区、郑州副市长的讲话，这都是我们学生身边的信息，学生一听就立刻面呈喜悦之色，即使有一定的难度（主要是新闻较长，有采访和杂音的缘故），学生也高高兴兴地听抄了下去。但有一阶段听力教材安排的第一课是一个不太有名的纪念活动的演说新闻，学生普遍反映新闻太难，纷纷要求讲述新闻听力的学习方法，学习积极性因此一开始受到很大的打击。试想一开始选择容易的语篇，结果将会大为改观。

从习得和目的来看，当然应该按"已习得语篇→半习得语篇→未习得语篇"和"精听语篇→泛听语篇→预听语篇→趣听穿插"的顺序来排列语篇。这是每课语篇的排列方式。从混杂成分上看，因为带画面、不带采访、不带杂音、带汉语要较不带画面、带采访、带

---

① http://news.naver.com/tv/read.php?mode=LSS2D&section_id=115&section_id2=289&office_id=052&article_id=0000117598&menu_id=115。

杂音、不带汉语,提示的信息要多一些,因此,前者应排列在前,后者排列在后。

在这里还要补充的是,一是要控制好不同类别的语篇数量,按难易度进行合理排列,既要满足精听、泛听和预听的目的,又不人为增加学生的学习负担。二是要处理好第一课,重视学生对新闻听力的"第一印象",第一课不能太难,而应该相对容易、有趣一些,这样可以使学生一开始就产生兴趣,并初步掌握听力的基本学习方法。

4)单个语篇的学习重点

我们上面谈到了语篇分析方法,也就是说每个语篇都可以从五个层面分解出若干分类信息,但不是每一课的每一语篇都要这样来分析,而是应该按照教学大纲,将语言知识和非语言知识要点分散在不同的语篇当中,完成教学的目的。具体的重点已在2)中出现,这里就不赘述了。

2."8+1"的语篇处理模式

笔者这里所称的模式,并无标新立异之意,只不过是在考虑学生认知这一要素基础之上,将一般的语篇处理方法简化综合了一下而已。所谓"8+1"语篇处理模式其实是处理流程的八个步骤和一个处理要点:①根据学生语篇认知能力(背景知识和语言能力等),判断相关语篇的所属类别,确定难度的大小。②确定语篇在教材的前后位置。③筛选出数量上有所区别的重复性语篇,分为精听、泛听、预听等小类。④确定了语篇的顺序和数量后,要根据教学大纲的要求,总结基础知识,补充新闻语篇的语音、结构等特点。⑤就相关难点(如语音、新词、背景知识等)进行解释。⑥⑦确定练习题、考查范围和复习内容。⑧指定下一课所要预听的语篇。当然在每课每语篇进行处理时,要始终贯穿学习策略的训练,这方面笔者已有论述,不再赘述(조신건,2007)。

朝鲜语专业大学三年级听力教材的语篇处理

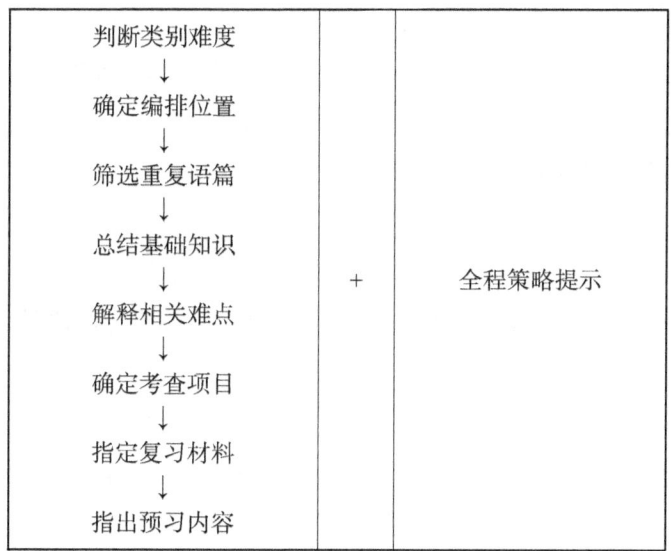

这种方法是建立在一种软着陆式的外语教学观之上的。所谓软着陆的方式是指合理安排教学体系、充分考虑学习主体的认知变化、使学习者渐进式（渐悟）的授课方式，而不是机械罗列部分内容、单方面灌输式、期望学习者在某一阶段突然发生质的觉悟（顿悟）的授课方式。我们可将上述方法称为T型法。所谓"T"，其横画表示不同内容的语篇，其竖表示每一语篇的知识点，也就是说，教师编写的教材应使学生一是能够较自由地听取越来越多种类的新闻语篇（横画），二是每一类语篇都能够打下一个良好的语言和知识基础，成为以后收听同类新闻的参照。

四、小结

本文主要从学生语篇认知出发，总结了朝鲜语专业三年级新闻听力教材的语篇处理方法。三年级听力课程具有一定的特殊性，在充分考虑学生语篇认知水平的基础上，我们需要按照以学生为中心、由易到难、循序渐进、全面提高的原则进行教材语篇的编排。具体内容包括重视语篇分类、运用语篇分析方法、安排语篇顺序、确定学习重点等。我们最后给出一个称为"8+1"T型法的新闻听力语篇处理方法。希望对其他课程或其他专业也能起到某种参考作用。当然,这仅仅是笔者的一些粗浅的认识,尚有很多不完善不妥当之处,希望教学专家予以批评指正。

参考文献

[1]武斌红. 浅谈朝鲜语听力教学[J]. 解放军外国语学院学报, 1998(4).

[2]黄国文. 语篇分析概要[M]. 长沙:湖南教育出版社, 1998.

[3]王铭玉, 贾梁豫. 外语教学论——教研·教法·教艺[M]. 合肥:安徽出版社, 1999.

[4]陈忠华. 知识与语篇理解[M]. 北京:外语教学与研究出版社, 2004.

[5]李晋霞, 李宇明. 论词义的透明度[J]. 太原:语文研究, 2008(3).

[6]张光军. 조선어단어의미의 투명도에 대한 고찰[J]. 延吉:중국조선 어문, 1993(3).

[7]이해영. 한국어 듣기 교육의 원리와 수업 구성[J]. 서울:한국어 교육, 1999(1).

[8]박선옥. 외국인을 대상으로 하는 효과적인 한국어 듣기 교육에 대한 연구[J]. 首尔:국제한국어교육학회 국제 한국어 교육학회 제9차 국제 학술회의, 1999.

[9]장광군. 중국 학생의 한국어 청취난에 대한 분석[J]. 首尔:국어교 육연구, 2001(1).

[10]조신건. 한국어학과 본과 3학년 초기 듣기과목의 학습전략 훈련[J]. 중국에서의 한국어 교육[7], 首尔:태학사, 2007.

基于实践的印地语新闻听力难点分析

西安外国语大学　邸益芳

[摘　要] 通过对印地语新闻听力教学的介绍，和对教学中的难点进行分析与讨论，试图探索印地语新闻听力教学的基本理论，从学生本位出发，寻找多方位提高学生印地语新闻听力水平的有效途径。

[关键词] 复合型人才　印地语　听力教学　教学法研究

一、引言

我们常常说要做一个好听众。就是说不仅要认真、耐心地听，还要能听得懂，听得出重点，然后从所听内容中提取相关信息与说话人进行交流和互动。同时，新闻是我们获取信息的主要渠道，听即时的外语新闻，是将外语听力能力训练与新闻信息载体的理想结合，符合在语言教学中使用真实材料的要求，也是在真实语言环境下提高外语听力的有效途径之一。本文将以西安外国语大学印地语新闻听力课教学实践为基础，简述印地语新闻听力课程，并通过具体实例对印地语新闻听力中的难点进行分析与讨论，尝试对印地语新闻听力教与学的改进与提高提出一些建议，以期与各位同仁交流讨论。

二、印地语新闻听力课概述

从外语语言能力培养的角度来看，新闻作为听力练习材料，具有它独有的一些特点：语言规范速度快，专业性强，信息量大，内容多样，涵盖面广，这些特点使新闻成了练习外语听力很好的素材。在印地语新闻听力课堂具体实践时，每堂课（两小时）的教学材料一般根据内容和语速控制在1分30秒到3分钟之间，练习量约为250~400词，体现出了新闻"三言两语，记清事实，寥寥数笔，显出精神"的特点。课堂教学模式主要为"泛听＋精听＋听写＋讲解＋泛听"。即，先将整篇学习材料泛听2~3遍，请学生讲述听到的内容。再链接相关生词讲解，然后以自然句为单位逐句精听。接下来从听清句子主干、添加句子其他语法成分以及最后确认三个步骤进行听写。最后请学生口头复述全句，教师从语音和意义两方面对句子进行讲解。按照这样的模式通篇听写结束后再整体泛听，以便将课堂中练习的听力技巧进一步消化吸收。在以上课堂模式的基础上，一般还会利用课前背景介绍、课后新闻播报、情境模拟等教学手段来活跃课堂气氛。使学习过程中既有明确精准的治学，又有感性的认知和概括，既培养学生精益求精的学习态度，又增加了课堂学习的趣味性。

三、印地语新闻听力的难点分析与示例

学习外语之初，我们就知道外语语言能力包括"听、说、读、写、译"五个方面，"听"作为外语语言能力中的第一项，其重要性不言而喻。为了更好地培养听外语的能力，对听力练习过程中出现的难点进行讨论也显得很有必要了。本文中就印地语新闻听力难点的探讨主要从语音、语用及文化三个方面依次展开：

（一）语音方面

1. 发音：印地语是拼音文字，一般情况下听到的音都能与具体的字母相对应。也就是说，即便是听到陌生的词汇，只要听写下来就可以借助查询字典来辅助理解，从这个角度讲，印地语听力是比

较简单的。但从另一个角度来看，印地语中不少发音方式在汉语发音方式中并不存在，对于中国学生这些音在听说两方面都会显得比较陌生。例如颤音、闪音、顶舌音等一直是中国学生学习印地语听说方面需要下功夫练习的。再例如，汉语中没有清浊音的区分，而印地语字母中清浊音几乎是成对且大量出现的。所以清浊音的高频使用也成了中国学生学习印地语语音时相对的难点。以上发音情况如果在听的时候辨别不清，同时又缺少语境提示，往往就容易误听为其他意思或根本不存在的词汇，从而造成歧义或听不懂的现象。例如：टोल（捐税）—तौर（举止，格式）—तौल（衡量）—दौर（阶段）—दौड़（赛跑）。通过以上这一组词，我们可以看出在汉语中听着相似的发音在印地语中却可以形成顶舌音、颤音、清音、浊音及闪音等一系列发音，而这些音在使用时形成词的意义是截然不同的。

2. 连音：本文中的连音现象主要是指由于说话人语速较快且为了发音方便而将相似发音省略或吞读，或将邻近的音节拼读；还包括人们长期发音习惯而形成的一些连读发音规则。连音现象在很多种语言应用中都会出现，印地语也不例外。既然在说的时候人们使用了连音，那么在听的时候我们也要练习听清连音。印地语中的连音现象除了语速快时较为多见外，还尤其体现在诗歌朗诵和歌曲演唱中。例如：

गुज़रे ऐसी हर रात रात हो ख़्वाहिशों से बात बात आशाएँ।
लेकर सूरज से आग आग गाए जा अपना राग राग आशाएँ।।

（如此夜复一夜诉说着心中喜悦，啊希望怀着炽热的感情吟唱心中欢歌，啊希望）

这句电影插曲 आशाएँ 的歌词中，部分歌词就随着曲调和节奏被连唱出来。

语言能力培养过程中，我们认为连读能使语言听起来连贯流畅，且更有节奏感,因此在口语练习中有时也鼓励学生模仿连读。但连读在听力理解中却成了一大难点,因为在实际听的过程中,有的连读会被误听成意义截然不同的词汇或根本不存在的词,从而打断思路或影响判断。

(二)语用方面

1. 混合语言的使用

印度是一个多语种的国家,宪法中就列出了印地语、英语、乌尔都语、泰米尔语、孟加拉语、奥利萨语等21种官方语言,除了这些官方语言,还有很多地区和民族的方言被人们大量使用。因此在印度很多人都能够讲2种或3种甚至更多种语言。在日常生活中,他们会将几种不同的语言混合起来使用,尤其是印地语与英语的混合使用频率最高。再加上略带方言口音的英语发音,对于中国学生而言,也需要一定的适应过程。以上种种原因就给我们的学生听懂印地语造成了一定的困难。在新闻听力中,印地语和英语的混合使用是比较常见的难点。例如:

कल उच्चतम न्यायालय ने मुकेश अम्बानी के नेतृत्व वाली रलियांस इंडस्ट्रीज लमिटिड—आरआईएल से सस्ती गैस प्राप्त करने के अनिल अम्बानी गुरुप के परयास को जबरदस्त झटका दिया।(昨日,高级法院对莫凯什·安巴尼领导的信实工业(RIL)试图向安尼尔集团提供廉价石油的做法做出了严厉打击。)

这句话中 रलियांस इंडस्ट्रीज लमिटिड—आरआईएल "信实工业"作为一个专用名词使用了英语词"Reliance Industries Ltd.—RIL",同时,गैस(石油)、गुरुप(集团)则是英语词gas和group,这些词对印地语思维造成了一定干扰。

再例如,一则体育报道中提到"马术",用印地语讲是 घुडसवारी,

但句子中使用了英语词 "horsemanship(हॉर्समंशीप)"，即使学生对"马术"的英语说法比较熟悉，但印地语式英语发音也使学生不能及时反馈出该词的意思。除此以外，有时还会遇到一些不认识的英语词汇或误听成印地语的英语词汇，在理解时造成较大的困惑。

2. 专业词汇缺乏

新闻听力材料承载着一定的信息量。这些信息包罗万象，主要有政治、经济、社会和文化等几大方面。通过听多样的新闻素材，能扩大学生的知识面，引导学生关注时事，培养学生的国际意识。同时，从听力练习和语言学习的角度来讲，能让学生接触形式多样的语言素材，丰富词汇量，收集一些专业术语和表达方式。

可是，反向地，从听力学习的过程来看，这些想通过听新闻来培养的能力在没有练习和掌握之前就是学习的难点所在。尤其是语言素材陌生，词汇量小，专业词汇缺乏等问题就一一摆在学生面前。例如通过实践发现以下词汇在学习之前对于学生们是比较陌生的：**सरकारी बयान**(政府声明)、**आत्मघाती हमलावर**(自杀式袭击者)、**सेबी द्वारा जारी शेयर दिशा-निर्देशा**(证券交易所公布的股市行情)、**संपत्ति सेवा**(房地产行业)、**खुदरा दाम**(零售价格)、**मौजूदा स्वर्ण-कोष**(现有黄金储备量)、**संरक्षणवाद**(关税保护主义)等。

3. 语言使用习惯的不同

（1）长句子的使用：人们传达信息的方式和习惯有很多。一定量的信息，有的人习惯选用多个短小的句子来表达，有的人习惯使用长且结构复杂的句子。在新闻播报中，常常会通过长句子将一些相关的信息集中表述出来，一句话中往往包含了多个动作及多层关系。如：

ग्रामीण क्षेत्रों में एक चौथाई शिक्षकों के काम पर न आने और

बहुत से बच्चों के बीच में ही स्कूली पढ़ाई छोड़ देने पर चिंता व्यक्त करते हुए श्रीमती सोनिया गांधी ने सभी सरकारी स्कूलों का स्तर जवाहर नवोदय विद्यालयों के बराबर लाने की आवश्यकता पर जोर दिया।(索尼娅甘地对农村地区约四分之一的教师不来上课及众多儿童中途辍学表示担忧,并强调了将所有公办学校的办学水平提高到JNV同等水平的必要性。)

过长的句子听起来往往会顾前不顾后,同时信息量过大也会增加理解难度,只有将过长的句子按照一定的规律分解成几个独立的小句子,才能够更好地抓住句中包含的诸多信息点。

上述句子可以根据动词和分词将整句话断为两个分句:(1) ग्रामीण क्षेत्रों में एक चौथाई शिक्षकों के काम पर न आने और बहुत से बच्चों के बीच में ही स्कूली पढ़ाई छोड़ देने पर चिंता व्यक्त करते हुए(在对农村地区约四分之一的教师不来上课及众多儿童中途辍学表示担忧的同时)。(2)श्रीमती सोनिया गांधी ने सभी सरकारी स्कूलों का स्तर जवाहर नवोदय विद्यालयों के बराबर लाने की आवश्यकता पर जोर दिया।(索尼娅甘地强调了将所有公办学校的办学水平提高到JNV同等水平的必要性。)

为了更清楚地理解句意,还可以在分句的基础上再进一步划分。如:第(1)分句中有两个并列的动词不定式及一个主要动词,就可以根据连接词 और 将并列的动词不定式分为两个小的意群,再将主要动词单独作为一个意群。分别是:①ग्रामीण क्षेत्रों में एक चौथाई शिक्षकों के काम पर न आने(农村地区约四分之一的教师不来上课)、②बहुत से बच्चों के बीच में ही स्कूली पढ़ाई छोड़ देने(众多儿童中途辍学)和③... पर चिंता व्यक्त करते हुए(对……表示担忧)。

从上面的例子中我们就可以看出,在听的过程中迅速而准确地断句既是重点又是难点。准确运用印地语中后置词、连接词及其他语法现象，并结合说话人语速缓急停顿等因素，就能够较为准确地将长句子断为两个或三个抑或更多个相对独立的意群，从而更快地抓住信息点，帮助理解所听内容。

（2）表达方式的不同：在说话时使用成语、俗语或引申义会使语言更加简练、生动，增加语言的美感和文学性。同时，在听力中成语、俗语和引申义的使用也会成为难点。因为对成语和俗语的理解需要一定的语言积累和文化背景积累，个别时候还有一定的地域性。如果对文化或风俗不是很了解，往往感到内容难以理解或理解歧义甚至理解错误。例如：वह सुरेश को कुत्ता जैसा समझता है।（译为：他觉得苏雷希就像条狗一样懒散、低贱。）"कुत्ता（狗）"在汉语中有"忠诚"或"下贱"的意义。而在印度，人们则更多地将"कुत्ता"的引申义理解为"懒散、低贱"，如果缺乏对"कुत्ता"引申义的了解，就可能会影响对本句的理解。在新闻听力中成语、俗语或引申义的使用较少，但也需要一定的积累，以备不时之需。

（三）社会文化背景及其他方面

1. 缺乏社会文化背景的铺垫

由于不熟悉相关的社会背景或文化现象，有的词汇或表述在理解时就会有困难。如：जवाहर नवोदय वद्यिालयों में पढ़ रहे बच्चे ४१ परतिशत अनुसूचति जातियों और जन जातियों के हैं।（在JNV就读的学生中有40%的表列种姓和部落民族儿童。）其中涉及了现代印度种姓中的一些概念——"表列种姓和部落民族"。"表列种姓和部落民族"是现代印度的社会现象，这些人们一方面被怀有传统守旧思想的人们排除在种姓序列之外，处于社会的边缘，社会地位低下；另一方面又受到政府和法律的支持和保护，在政治、教育等各个方面都占有一定的限额。只有在了解相关文化背景的基础上才能更迅速更清楚地听得懂上述句子。

2. 非语言自身的难点

非语言自身的难点主要是指所听材料由于说话人的音质、语气、语速或外界环境干扰及其他各种因素造成的听不清楚、听不明白的情况。这需要多练习，提高听力的适应性。

四、提高听力水平的途径初探

随着中印两国各方面的交流日益密切，印地语作为印度的国语，使用场合越来越多，频率越来越高。同时，人们对印地语实际运用能力的要求也在逐渐提高。这意味着我们的学生对印地语的掌握不能仅仅停留在看得懂、写得出来的层面上，更要能听得懂，说得出来。听力作为日常交流中最需要的实践技能之一，要提高它，总的来说就要多听、多练、多了解，同时还要从学习、积累、训练、总结这四个方面做具体的努力：

（一）学习

要提高听力能力就要加强对基础课程的学习与巩固。精读、泛读、会话、概况等课程都是语言学习中必不可少的，通过学习这些课程，能为听力打下一定的基础。同时，这些课程的掌握水平在一定程度上也影响着听力的水平，所以要加强对基础课程的学习。

首先，要打好语音基础。说标准的外语才能对听到的各种发音作出正确的判断。其次，要有长期且广泛的阅读量。阅读过程中会读到各领域的词汇，各种文化及社会背景知识等。只有广泛涉猎各个领域的材料，在大脑中有一定量的储备，才能在听的时候及时分类提取相关信息。在此基础上还要加强对象国文化课程及其他课程的学习。学习对象国文化课程是掌握所学外语国家社会背景、国家政策法规、文化教育等各领域基本情况最便捷的途径。同时，由于新闻听力中涉及许多非语言专业的知识，也可以通过其他课程的学习来补充。如新闻中常常会提及政治、经济、环境、科技、文教等方面的内容。最后，要多听新闻，多关注时事。一方面利于涉猎最新的新闻消息，在听外语新闻时有一定的母语信息做铺垫；另一方面也有利于培养学生的国际意识，紧跟时代的步伐。

（二）积累

1.专业词汇的积累

在教学实践中，学生对新闻听力的掌握，难点主要表现为两方面，一是语速，二是词汇。新闻播报由于其时效性，语速较快，这一点通过大量练习可以有较大提高。而改善词汇匮乏却是一个长期而艰巨的任务，尤其是一些较为官方的、专业的和时效性较强的词汇更要有意识地坚持不懈地分类收集。例如：政治方面有：**सरकारी यात्रा**（国事访问）、**संघीय सुरक्षा सेवा मुख्यालय**（联邦安全局）、**शिखर सम्मेलन**（首脑会晤）、**महत्वाकांक्षा**（宏愿、野心）等；经济方面有：**मुद्रा बाज़ार**（货币市场）、**वायदा बाज़ार**（期货交易市场）、**संसारव्यापी मंदी**（世界性经济危机）、**कर्ज की राशि**（贷款总额）、**द्वपक्षीय व्यापार**（双边贸易）、**निर्यात नियंत्रण व्यवस्था**（出口限制政策）、**वर्तमान वित्तं स्थिति**（当前财政状况）、**समाप्त तिमही**（截止本季度）、**सोझे में होना**（入股）、**हैसियत से अधिक खर्च**（超出预算）等；社会、文化及其他方面有：**शिक्षा विधेयक**（教育改革）、**स्तरीय शिक्षा**（素质教育）、**व्यवसायिक शिक्षा**（职业教育）、**आवासीय स्कूल**（寄宿学校）、**सूचना अधिकार**（知情权）、**कमज़ोर वर्ग**（弱势群体）、**संचार सेवा**（通讯服务）、**पंजीकृत**（登记、注册）、**हस्तांतरण**（财产转让）、**वसीयत**（遗嘱）等；时事方面有：**ब्रिटेन में गठबंधन सरकार**（英国两党联合政府）、**उड़ने को रद्द करना**（取消航班）、**परमाणु सुरक्षा संबंधी अंतर्राष्ट्रीय सम्मेलन**（国际核安全会议）、**मानव बम**（人体炸

弹)、आपात कार्रवाई दल तैनात करना(部署紧急行动小组)、शंघाई प्रदर्शनी(上海世博会)、जी20 शिखर सम्मेलन(G20峰会)、स्थायी विकास(可持续发展)等。只有通过长期实践积累，在熟悉和掌握相关领域专业词汇的情况下，才能够较为迅速地抓住主要内容和关键信息，提高新闻听力的练习效果。

2. 印地语中外来词汇的积累

印地语听力中外来词汇主要有英语词汇、阿拉伯语词汇、波斯语词汇及印度各邦语言词汇。适当了解这些外来词的发音特点有助于判断是否是外来词。在印地语新闻听力的实践过程中，我们发现英语外来词是最常见的，且印地语中夹杂使用的英语词多为实意名词，其中较难辨别的常常是一些专用名词。例如印度人往往会用一些专用的或科技、经济、自然科学类英语词夹在印地语句法结构中使用。要听懂这些与印地语混合使用的英语词汇，就要在听的时候注意全句的整体意思，判断该部分是不是充当名词成分，如果是，就可以适当联想发音较为接近的英语词汇，进行大胆猜测。同时，也要加强对英语的学习和积累。最后，熟练掌握印地语与英语在发音上的转换规则及个别特殊发音组合，也有助于听懂英语词。如：र〔r〕ल〔l〕、त/ट〔t〕द/ड〔d〕、प〔p〕ब〔b〕、इ〔i〕、ई〔ee, ea, i〕、ज़〔s, es〕、अं〔un/an〕、शन〔tion〕等。

(三) 训练

训练主要是指听力方法和听力技巧两方面的训练。

1. 练习听力的最好方法就是大量地听，同时针对不同的听力难点，进行有针对性的练习。如，要避免上文中提到的由于语音分辨不清而引起的难点，首先要多做练习，对顶舌音、颤音、清浊音及卷舌音进行专项训练，仔细体会各个发音之间的细微差别。其次，加强对基础词汇及其用法的学习，以便在听的过程中能够根据前后文判断出材料中出现的究竟是哪个词。其次，还要有意识地练习听印地语数字和印度式英语的能力。同时，要多听不同音质、不同语速和略带干扰的音频资料，以提高听力的适应能力，日后遇到各种会话场景都能够尽快听懂，抓住信息点。最后，在课堂听力训练时，也应营造轻松愉悦的课堂气氛。听力训练对注意力的要求非常高，课堂上连续地注意力高度集中很容易让学生感到疲劳，从而降低课堂练习的效果。因此，授课教师需要在营造一个轻松愉悦的课堂氛围和进行紧张有序的听力训练之间找到一个平衡点。

2. 从听力技巧上来看，掌握一定的听力技巧对提高听力是有帮助的。如听一句话时，先听句子主干，再听主要动词及完整的词组，最后将修饰及补充成分填充进来。再例如，在听长句子时，先根据听到的连接词、后置词或动词不定式等，将长句子分成几个独立的小短句，再根据小短句间的关系整合出长句子的意思。当听一段话时，基本可以按照总分总的模式找到一段话中信息最集中的部分，然后按照听句子的方法抓住基本信息点，再做提炼和整合。

（四）总结

听力中有许多难点是可以通过大量练习克服的，在练习的过程中还要善于总结其中的规律，将总结出的听力技巧真正转换为听力实战能力。如，遇到连读引起的难点时，首先要归纳总结常见的连读规律。经过一段时间教学实践之后，我们总结出在新闻听力中遇到的连读形式主要有以下三种：（1）辅音结尾与元音为首单词拼读。这种情况下，往往会将相邻的辅音与元音拼读成一个完整的音节，也就是将前一个单词末尾辅音中的元音部分省略，通过后一个单词词首的元音来发音。例如：**वर्ष आय**（年收入）连

读为 वर्षाय(无实际意义)或 सफेद ऊन(白羊毛)连读为 सफेदून(无实际意义),再如:एक आदमी(一个人)连读为 एकादमी(学术)。(2)元音结尾与元音为首单词的连读。这种情况下一般会选择连续两个元音中的长元音来发音或将其中一个元音省略或拼读成其他音节,如:अच्छा आदमी(好人)连读为 अच्छादमी(无实际意义)或 पीछे एक(后边有一个)连读为 पीछेक(无实际意义),再如:भरा ओस(装满露水)连读为 भरोस(信赖)。(3)同一组清浊音出现在相邻两个词的词尾和词首,一般会强化浊音,弱化清音。例如:सात दांत(七颗牙齿)连读为 सादांत(无实际意义)。总结出这些规律以后,一方面要多练习,让学生通过听力练习感知体会连读的规律。同时也可以比较集中地讲解这些连读的规律,以便学生能够在比较典型的连读情况出现时及时辨别。

五、积累相应的语料库和编排出高质量的听力教材

综上论述,我们可以看出词汇积累对印地语听力有着比较重要的作用。结合印地语教学的现实情况,我认为建立一个印地语语料库十分必要。词汇分类学习是外语学习中较为常见的方法,印地语词汇的分类学习还需要长期的积累和发展。当下,师生应该共同努力,一起从多个方面入手,收集整理材料,逐渐建立小规模的语料库,供大家查阅学习。另一方面,一部好的教材就是一张清晰的地图,通过它学生们可以认准自己的目标到达想去的目的地。好的教材能够符合社会对人才的需求,能够引导学生有兴趣、有动力地去听,将传统的被动学习转变为积极自主的练习。当然,印地语听力教材的整理和编排,需要长时间的经验积累和素材积累,还需要跨院校,跨专业的共同努力。

参考文献

[1] 姜景奎. 外语非通用语教学与研究论(2)[C]. 北京：世界图书出版公司，2008.

[2] 刘建勋. 新闻传播业务基础[M]. 北京：北京大学出版社，2007.

[3]《印地语电影歌词集》，韩国复印材料.

[4] 印度天空之声广播网站：http://www.newsonair.com.

高年级"柬埔寨概况"课教学的几点思考

北京外国语大学　李轩志

[摘　要]概况课在非通用语教学中具有重要的地位。从课程定位、教材选择、备课准备、授课方式、考核形式等方面对非通用语种概况课教学工作的各个环节进行探讨，有助于提高此类课程的教学水平和教学效果，帮助学生将所学语言知识、文化知识和综合技能进行有效结合，真正提高其语言运用水平和交际能力。

[关键词]柬埔寨语　柬埔寨概况课　课程教学

在高校非通用语种专业的本科教学工作中，关于对象国概况的课程被视为一门重要的专业知识必修课，其设定的教学目标旨在让学生通过课堂上的系统化学习，较为全面地了解对象国的历史、社会与文化，激发学生的专业语言学习兴趣，引导学生关注对象国的热点问题及其未来发展趋势，将已掌握的语言知识和文化知识进行有效的巩固和结合。目前国内设有非通用语种专业的高等院校多采用两种形式的概况课程教学，即低年级以中文或中英文双语授课的"国情概况课"以及高年级以对象国语言为主进行授课的"概况课"。低年级的"国情概况课"对于诸多"零起点"的非通用语专业学生而言，起到了很好的引导作用，能够在相对枯燥的初级语音学习阶段提高他们的学习兴趣；而相比之下，高年级的概况课在强调文化知识的同时，对学生的语言水平提出了更高的要求。本文结合"柬埔寨概况"课程的授课实践，将从课程定位、教材选择、备课准备、授课方式以及考核形式五个方面对柬埔寨语高年级概况课程所涉及的各个环节进行较为全面的分析，以期在教学理念和授课模式方面有所创新，探索解决对象国国情文化知识教学中遇到的"授课难"、"效果差"等问题。

一、"知识型兼顾技能型"的课程定位

传统的概况课教学往往以知识传授为重点，教师通过各种形式的讲解或是相对固定的书面教材给学生提供和传达规定的信息，这其中包括了与对象国密切相关的历史、政治、经济、社会、地理和文化等方面的知识。然而，由于受到"课时设置少、教学内容多、涉及范围广"的限制，目前非通用语专业高年级概况课的教学多体现为对对象国国情文化知识笼统的和概括性的介绍，而忽视了课程本身的实用性和对学生跨文化交际能力的培养。

通过这样的描述我们不难看出，传统观念对于概况课程类型的划分往往更多地偏重于"知识传授型课程"，或者说至少是一门以知识传授为主的课程，但在部分非通用语专业的教学实践中，尤其是对那些对象国发展水平十分有限、就业渠道相对较窄的专业而言，在学生面临严重就业压力的高年级"冲刺"阶段，通过以"知识传授和灌输"为主的教学形式进行概况课教学，很难调动其学习的积极性，根本无法实现预期的教学目标。主要原因包括：

1. 以外文材料和外语授课为主，受到语言本身和异国文化的限制，很难引起学生共鸣。一方面，部分非通用语种对象国仍处在经济发展的起步阶段，政府对于本国文化的宣传和推广程度还十分有限，语言文字的改革和发展也正在进行之中，在这样的前提下从事概况课教学，无论是讲历史还是讲文化，都会遇到大量生僻的、不可查的，甚至是实用意义不大的专业词汇或是外来借词，这将严重打击学生学习的积极性和主动性。另一方面，文化交流和理解的深

度与广度也给学生的概况知识学习带来了一定的障碍。受客观条件的限制，部分非通用语种学生在本科学习过程中难有机会与对象国母语者进行较多的思想和文化交流，因此，学生很难将自身的文化意识和文化理解融入对象国的文化体系，以至于出现"外国人哈哈大笑，中国人不知所云"的尴尬场景，这也导致了原文教材中的一些"亮点"和"引人之处"直接被埋没或是忽视。

2. 学生缺乏学习的动力，难以使其主动配合教学工作。概况课的教学内容和所提供的信息量往往要求学生做到在课前、课上和课后的多环节配合，但非通用语种专业日益严重的就业压力和学生对自身未来发展的定位给各个教学环节工作的开展带来了困难。对于那些转专业考研或是未来工作与专业没有联系的学生而言，不仅仅是课前、课后的主动学习难以实现，甚至连课堂上的互动教学也会受到影响。

由此可见，担任非通用语种概况课教学的教师所面临的首要问题就是如何调动学生的学习积极性，真正实现"教者乐教，学者愿学"的教育目标。通过在实际教学过程中与学生的交流我们不难发现，所设置课程本身的价值及其实用性是学生们关注的一个重点问题。因此，走出传统的"知识传授型课程"的局限，在教学过程中大胆地融入实用性强的技能培养，对概况课程进行"知识型兼顾技能型"的课程定位，将在一定程度上解决学生学习积极性差的难题。

二、"引导性和趣味性并重"的教材选择

对于概况课程教材的选择，不同的语种所体现出来的差异性是比较大的。因为语种不同，对象国情况不同，可供授课教师选择作为教材的资料的数量与质量也都是不一样的，但根据大纲规定的教学内容和"知识型兼顾技能型"的课程定位，我们可以基本确立教材选择的一个原则，即注重实际应用，精选基础性和趣味性较强、

反映社会现实、贴近学生生活的教学内容。

　　大部分通用语种的概况课都有一套甚至多套成书的教材，但对于多数非通用语种而言，概况课教材的选择面相对要狭窄和零散得多。受到对象国客观条件的限制，部分非通用语种概况教材的选择只能依靠单篇文章或是文章部分节选内容的拼合，以实现教材内容涉及对象国历史、文化、经济、政治、社会现状、重要人物和热点问题等诸多方面。针对这种分散的"组合教材"，都应该设置一条"主线"以便对其进行有效的、合理的串并，比较传统的方式应该是分列，即以不同板块分别讲述的形式进行授课。但不同的语种可以根据所选择的教材和对象国的实际国情选择更好的"主线"，以便使此类"组合教材"的逻辑顺序更趋合理化，相互之间的联系更加紧密。以"柬埔寨概况"课程的教材串并为例，选择的是以历史为"主线"进行教材组合和教学安排，因为一般人提到柬埔寨，第一反应应该就是吴哥、前国王西哈努克、现国王西哈莫尼或是首相洪森，第二可能就是战乱和发展，稍微再多了解一点的人可能会想到扶南、真腊、周达观，还有的就是艾滋病、毒品、腐败等社会问题。这些关键词汇，都能通过历史的脉络进行合理的串并，包括一些传统的高棉风俗习惯也可以通过历史发展的脉络进行归类和引述，对其产生、发展及演变的过程做翔实的介绍。

　　通过实践发现，对于非通用语种的概况课教学而言，除了上述的外文"主干教材"以外，在教学实践中引入部分"辅助教材"也是必需的。这类教材可以通俗地称为"娱乐教材"，其中会有很多有意思的故事传说或者是有价值的信息，可读性比较强。它可以是与"主干教材"相联系的一本游记，一部故事集或是一部宣传片，其作用一是能够与"主干教材"相互呼应和印证，突出和巩固所学知识点，二是能够激发学生的学习兴趣，以促进其进行自主学习。

三、"扩大化"和"程式化"的备课准备

所谓备课准备的"扩大化",指的是在教师备课的过程中,不能仅仅局限于教材上的有限内容,应该在教学重点的基础上尽量扩充备课内容,一方面给学生设置思考题,引导学生主动进行思考;另一方面要站在学生的思维角度上对可能出现的疑问进行事先准备,以便及时准确地对学生在课堂上提出的问题进行解答。

在实际的教学过程中,时间的安排和教学内容的质量同等重要。充分翔实的教学内容如果没有合理正确的时间安排,也很难收到理想的教学效果。这里所提到的备课"程式化",并非是说要在教师备课过程中形成固定的模式,从而机械地进行教学内容的安排,而主要是为了强调通过"程式化"的、精确的时间安排,在教案中对每堂课的各个教学环节所涉及的知识内容、出现的时机、衔接的方式以及持续的时间做好相对确定的记录和准备,以保证整个教学过程的顺利实施。特别是在教学过程中,为了激发学生的学习积极性,消除其由于阅读长篇外文而带来的疲劳感,教师往往会穿插部分传统故事或是奇闻趣事,如果不事先对这些辅助内容做好精确的时间安排,把握好其内容和所占时间在整堂课中的比例,则很容易影响重点教学内容的开展。

四、"任务型教学"的授课方式

20世纪80年代,英籍印度语言学家N. S. Prabhu在其《过程教学大纲》中首先提出了任务型教学(Task-based Learning)的概念。任务型教学的目的是"Learning by doing",强调学生学会用英语去做事情。这一方法以学生为中心,特别强调采用具有明确目标的"任务"来帮助学生更积极主动地学习和运用语言,使他们产生更强烈的学习动机,成为自主的学习者。(陈丽萍,2009:141)我们可以看

到，任务型教学的诞生最初是针对英语专业语言类课程的学习和教学，而实际上，在概况课特别是非通用语种专业概况课中适当地引入任务型教学的模式，其理论效果和实践效果要明显好于教师在课堂上针对教学内容所进行的单向传授。

任务型教学的根本是以一系列活动为出发点，在交流和互动中进行知识学习。在非通用语种概况课的教学实践中实施"任务型教学"模式，一方面能够锻炼学生的语言运用能力和文化交际能力，另一方面可以更好地激发学生的学习积极性，发挥该课程在知识传授和技能培养方面的功能，并且能够将"主干教材"和"辅助教材"的内容进行理想的结合。"任务型"教学可分为三个步骤：前任务（Pre-task）——教师引入任务；任务环（Task cycle）——由任务（学生执行任务）、计划（准备如何向全班报告任务完成的情况）以及报告（报告任务）三个环节组成；后任务（Post-task）——由分析（学生分析各组执行任务的情况）和操练（在教师指导下练习语言难点）两部分组成。（杜玲、陈艳华，2006）下面，以"柬埔寨概况"课程中"吴哥建筑群女王宫遗址介绍"部分为例进行具体介绍：

任务："女王宫"遗址观光

目标：多角度了解"女王宫"的起源问题

实施过程：1. 引入任务。通过适当趣味性的介绍以引导学生预习"主干教材"和"辅助教材"中关于"女王宫"遗址的内容，并通过其他途径全面了解在其起源等问题上民间说法和历史记载的异同。2. 任务进行。将学生分组，每组组员分别扮演游客、翻译、导游和当地居民等角色，设置观光场景，通过不同人物对女王宫起源问题的不同理解，全面诠释女王宫的起源问题。3. 任务总结。对学生表现进行评价，给予表现突出的学生适当奖励。

在任务型教学的实施过程中，任课教师可以给予适当的帮助和协调，在突出以学生为主体的基础上，尊重其个体差异，以达到理想的教学效果，实现预期的教学目标。

五、灵活合理的考核形式

如果把语言运用的目标定义为三个方面，即"流利性"、"准确性"和"复杂性"（张丽华，2008：5）。那么，概况课教学与概况知识运用目标的实现则可以用"准确性"、"联系性"和"延伸性"来衡量。所谓"准确性"，指的是学生对重点知识掌握和理解的正确程度；"联系性"指的是学生根据自身经验，采用发散性思维模式对所掌握信息进行非机械性组合的方式；"延伸性"则强调学生在已有知识储备的基础上，进行知识面扩充的能力。因此，非通用语种概况课程教学效果的体现应该包括以下方面：

1. 把握课程的优势，充分体现概况课的"趣味性"；

2. 利用课程"趣味性"特点，促进学生的自主学习和自我学习；

3. 对课堂教学内容和学生自主学习的内容进行适当的设置与安排，在不乏"趣味性"的同时，保证概况课教学内容的"广泛性"和"实用性"。

因此，应该在全面地体现上述几点教学效果的基础上，针对参与概况课程学习的学生进行考核，同时要结合实际的教学情况和学生反映，采取灵活合理的考核模式，注重"点"与"面"、"思维"与"能力"的结合，既要考察学生对所学重点知识的掌握程度，又要体现其对所掌握知识的拓展和运用能力。具体地说，可以通过口试和笔试综合考察，平时成绩和期末考试成绩相结合的考核方式，以便对学生的学习情况做出全面合理的评价。

六、结 语

高年级以外文授课为主的概况课是外语专业特别是非通用语种

专业的一门重要的知识技能课程，它可以为学生提供一个了解对象国国情文化的窗口，帮助学生认识中外文化的差异，形成有效的学习策略，同时能够通过对基础语言知识和综合技能的有效结合，提高学生的实际语言水平和交际能力。因此，不断探索和提高非通用语种概况课程的教学方法和水平，势必在一定程度上促进非通用语种专业教学工作的建设和发展，对于提高毕业生综合素质，培养复合型人才的目标也将起到积极的推动作用。

参考文献

[1]陈丽萍.任务型教学模式的原则、模式和方法初探[A].罗志野，张福林.语言文化与语言教学探索[C].南京：东南大学出版社，2009：141.

[2]杜玲，陈艳华.试论《英语国家概况课》的任务型教学[J].当代经理人(下旬刊)，2006(9)：146.

[3]张丽华.任务型语言教学与实践[M].哈尔滨：黑龙江人民出版社，2008.

韩国语惯用语教学方案初探

山东大学韩国学院　王宝霞

[**摘　要**] 针对中国学生的韩国语学习，通过韩国人的惯用语使用频率的研究，将韩国语教学惯用语的选定标准和范畴进行科学统一规范，并以此为基础，通过和汉语的比较，得出系统有效的韩国语惯用语教学方案。

[**关键词**] 惯用语教学　教学方案　韩国语教学研究

韩国语惯用语是韩国文化、社会历史和民族习俗的集中反映，作为沉淀着韩国人衣食住行方式的语汇要素，它在韩国人的日常生活中使用日渐频繁，但对学习韩国语的学生来说，学习和理解韩国语惯用语却比较困难。即使是一衣带水的中国学生，对于"손이 크다"的正确含义，"미역국을 먹다"为什么是"落榜"的意思，理解和把握起来都比较困难。本文通过韩国人惯用语使用频率的高低，将韩国语教学惯用语选定标准和范畴进行科学统一规范，并以此为基础通过和汉语比较得出系统有效的惯用语教学方案。

一、韩国语惯用语教学的选定标准

惯用语教学的目的首先是在日常会话的情况下，使学生能够听懂和使用惯用语，从而提高学生的韩国语交流能力。但是，惯用语并不是一般语义浓缩而成的词汇或一般的表达方式，它是整个韩民族历史、社会、文化背景的特殊反映。因而，除了提高学生的韩国语交流能力的目的以外，在增进学生对韩国文化的理解方面也有着十分重要的意义。学习一个国家的语言，就相当于学习一个国家的文化，理解那个民族的精神世界，这是语言学习的归结点，所以韩国语惯用语教学有着非常重大的意义。即韩国语惯用语教学充当着语言学知识教学和文化教育教学两面性的角色，这并不是单方向的而是互补性的。因而，完美、有效的教学成果和教育价值是可以期待的。韩国语学习者初步学习惯用语的正规场所当然是教室，并且是通过教材。因此，惯用语应怎样在教材中出现，在教学过程中应采用何种方法值得研究。

根据学生的学习水平和阶段，惯用语目录的选定标准大致可以分为两大方面，即惯用语的难易度和等级教学目标。惯用语的难易度包括惯用语构成成分的词汇的难易度和惯用语整体性的难易度以及与汉语关系的密切程度。词汇自身的难易度依照韩国语等级词汇目录的标准。惯用语整体性的语义，可按惯用语构成成分的词汇的引申义，惯用语整体性的语义间的透明性程度划分等级。另外，韩国惯用语与汉语关系的密切程度也是评判其难易度的一项重要标准。与汉语关系密切，中国学生理解起来容易，因而其难度就低，反之则高。等级教学目标是指惯用语教学应与各等级教学的目标和状况相吻合。

二、韩国语惯用语教学方案

惯用语教学的目的是使学生更好地理解对方的意图和更有效地表达自己的想法。如果教学只停留在语义的传达和理解上，那么很难达到要求的实现完美有效沟通的教学目的。因此要实现系统的惯用语教学，首先要选定符合学生韩国语水平的惯用语目录，且有必要按"语义转达阶段、确认练习阶段、综合活用阶段"的方式进行。

第一阶段语义转达阶段（convey meaning）是向学生提示所要学习的词汇的语义阶段。使用图画、姿态、实物等说明方式向学生转达词汇的基本语义。在此阶段上，可以采用无言剧、近义词、逸闻趣事等教学方式，通过视觉性的说明来解释词汇的语义。

第二阶段确认与练习阶段（exercising and checking）作为检验学生是否正确理解前面所提示的词汇的语义阶段，要求教师向学生提问有关的问题。通过学生的回答，教师判断学生是否正确理解。

第三阶段综合运用阶段（consolidation）是学生强化练习新词汇的阶段。学生通过练习，与自己的经验体会联系起来，强化认识该词汇的含义。

初级水平阶段教学的重点主要放在语法形态和基础词汇上，学生在学习抽象且具有引申意义的惯用语方面有很大的难度。在此阶段上，最好选择使用频率高、语义透明性强且在韩国语中有相同形式的惯用语，即对韩国人来说使用频率高，对中国人来说语义的抽象性比较弱，理解起来比较容易的惯用语。初级惯用语目录选定标准：使用频率高、语义透明性强、汉语中有形式和语义完全相同的惯用语。如"마음에 들다, 마음이 넓다, 마음이 무겁다, 마음이 아프다, 마음이 편하다, 시간 가는 줄 모르다, 얼굴이 빨개지다"等。

中级水平阶段的学生相对来说具有一定的谈话构成能力和社会语言学能力，应该理解惯用语的含义和学会使用一定的惯用语。惯用语的学习不仅在于词汇量的积累，更在于质的提高。通过惯用语的学习，理解作为惯用语构成成分的各词汇的语义，以及它们之间的关系。此阶段的惯用语目录包括文化性的基础惯用语。在解释语义的过程中，与其介绍词典中的含义，不如通过上下文联系语言环境来解释。并且因此阶段包含透明性程度一般的惯用语，所以应牢记惯用语具有歧义性的特点。同一惯用语可能有两种以上的解释，所以要通过联系上下文来解决。学习韩国人在实际生活中经常使用

的惯用语是最理想的。对这类惯用语的形成历史、文化背景及语源的理解也是非常必要的。这些可以出现在教材中，如果因为纸张限制的问题，也可以以教师在课堂上追加的方式进行。中级惯用语目录选定标准可分为四类：(1)选取使用频率一般/语义透明性一般，(2)使用频率高/语义透明性一般，(3)使用频率一般/语义透明强的惯用语，(4)汉语中有形式部分相同，语义完全相同的惯用语。如，"어깨가 무겁다、눈을 감다、상다리가 부러지다、쌍벽을 이루다、새끼손가락을 걸다"等。

高级水平阶段，应该学习的惯用语目录包括需要解释历史文化背景，以及在报刊和小说等高水平阅读材料中频繁出现的惯用语。在此阶段，即使是韩国人在日常生活中不怎么使用但浓缩着韩国人的感情世界和思考方式的惯用语也是学习的对象。因此有必要对惯用语的历史文化背景、语源进行解释探究，并且最大程度地把使用的机会让给学生，让学生结合自己的亲身体验和感受最大限度地去练习和使用。另外，在此阶段学习目标以外的惯用语也应在学习材料中出现，以使学生能够通过语言环境加强深化惯用语的理解和使用。高级惯用语目录选定标准为使用频率低/语义透明性弱、使用频率一般/语义透明性弱、使用频率高/语义透明性弱、使用频率低/语义透明性一般、使用频率低/语义透明性强、汉语中不存在。如"비행기 태우다、상투를 올리다、싼 게 비지떡、색안경을 끼고 보다、김칫국부터 마시다、녹초가 되다"等。

三、惯用语教学方案的实际使用例示

下面将通过高级水平阶段应学习的惯用语"바가지를 긁다"来演示和解析此方案的过程。

第一阶段：语义转达阶段（convey meaning）

1）展示使用所要学习的惯用语课文

연말 모임은 시간이 길어지면 추한 모습이 나오기 마련 이다. 그 동안 품위를 지키며 자리를 지키던 사람들이 술에 취하게 되면 목소리가 높아지고, 얼추 서먹한 사이가 벽이 허물어지게 되면 실수가 유발된다. 여기서 주로 부부싸움이 많이 야기되는데, 만일 남편이 흥에 겨워 술잔을 놓지 않는 다면, 되도록 부인과 자녀들은 빨리 자리를 뜨는 것이 좋다. 옆에 끝까지 앉아서 술 먹지 마라. 집에 가자, 바가지를 긁다 보면 싸움은 불 보듯이 뻔한 결과다. 필자도 개인적으로 연말 모임에서 남편을 놔두고 먼저 빠져주는 것이 때로는 남편에게도 해방감을 줄 수 있고, 좋다고 생각한다. 차라리 기본 모임에서 남편들끼리 남겨두고 따로 와이프들끼리 간단한 자리를 갖고 헤어지도록 해 주는 것도 나쁘지 않다.

2）语义说明

第一，说明所要学习的惯用语的构成词汇。虽然惯用语不是构成要素的简单相加，但从其构成要素着手学习与解释，是学习惯用语的基本。

바가지－박을 두 쪽으로 쪼개거나 또는 나무나 플라스틱 으로 그와 비슷하게 만들어 물을 푸거나 물건을 담는 데 쓰는 그릇.

因为用语言解释比较困难，可以采用图画的方式或用汉语说明的方式：바가지—瓢。

긁다－손톱이나 뾰족한 기구 따위로 바닥이나 거죽을 문지르다.

像"긁다"这样的动作动词，教师可以通过手势等动作行为来传达语义。

第二，为了能使学生有效地记忆惯用语和提高学生们的兴趣，要对惯用语的关联文化进行介绍。通过惯用语的形成历史、文化背景及语源可以减少学生们对惯用语的生疏感和冲击感，从而诱发学

生们对惯用语学习的兴趣和动机。"바가지를 긁다"是指妻子唠叨生活上的不如意或对丈夫的不满。其语源是过去发生霍乱时，人们为了驱赶鬼怪刮瓢，此声音很吵，因而就产生了该惯用语。

很久以前，在一个贫穷的两班家庭里，丈夫不知道家里经济状况只知道读书，为此妻子用瓢使劲地刮米缸底来告知家里没米了。

第三，以文化和文字意义的解析为基础，让学生自己去类推惯用语的深层意义。惯用语的最终价值要体现在语言的使用上，只有拓宽我们的视角，真正了解惯用语中深藏的社会文化内容，才能避免望文生义。

第四，提示相关或类似惯用语。指出这些相关词语，不仅能更好地解释词义、增加知识、指导正确用词，而且读者可以同时学到与词目语义相关的其他词语，得到预期之外的相关语言知识，达到一箭双雕的学习效果。如，可以提示其关联词"바가지"，并通过例证来帮助学生理解其语义和用法。例句：또 바가지야. / 김부장은 술을 먹고 늦게 들어가면 부인의 바가지가 그렇게 심하다는 것이었다.

第二阶段：确认与练习阶段（exercising and checking）

看图说话并回答问题。

丈夫为什么堵住了耳朵？请详细说明理由。(남편은 왜 귀를 막았어요? 이유를 말해 보세요.)

第三阶段：综合活用阶段(consolidation)

对"바가지를 긁다"这一话题以个人或小组讨论的形式发表自己的观点或看法，从而加深对"바가지를 긁다"这一惯用语语言环境的理解。由于韩国语和汉语的语义差异会引起中国学生对其语义的混淆。教师要适当调节教学内容，通过合适的例句正确地解释其语义差别。通过明确提示中韩惯用语间的语义差别可以克服学生们用自己的母语来推断对方语言语义而产生的错误。

四、结论

韩国语惯用语含有丰富的人文、风俗、礼仪等百科知识内容，具有中高级韩国语水平的留学生，可以通过惯用语的学习、研究，获得更深层次的韩国语知识，更进一步了解韩国社会的文化生活和民风习俗，把自己的韩国语能力提升到一个更高的阶段。因此，要实现系统规范的有效的惯用语教学首先要选定符合学生韩国语水平的惯用语目录，并且按"语义转达阶段、确认与练习阶段、综合活用阶段"的方式进行，能够达到良好的效果。

参考文献

[1] 李行健. 现代汉语惯用语规范词典[Z]. 长春出版社，2002.

[2] 史海菊. 现代汉语三音节惯用语问题研究[D]. 上海师范大学硕士学位论文，2007.

[3] 徐宗才，应俊玲. 惯用语例释[Z]. 北京：北京语言学院出版社，1985.

[4] 김정숙. 한국어 교육 과정과 교과서 연구. 고려대학교 박사

학위논문, 1992.

[5]문금현. 외국어로서의 한국어 관용표현의 교육. 이중언어학 15. 1998.

[6]전혜영. 한국어 관용표현의 교육방안. 한국어교육 12. 2001.

越南语人才教育原则与基本教学方法

云南民族大学　马金凤

[摘　要]在越南语教学中，教师必须坚持正确的教学原则，通过教材内容、教学方法和言传身教对学生进行思想教育，才能保证人才培养方向的正确性；通过系统、科学的知识传授，才能保证人才培养的专业性；就教学方法和技巧而言，越南语教学要重视语音的教学，重视引导学生学习和记忆词汇，加强听说能力训练，提高阅读能力和听说水平。

[关键词]教学指导　教学方法　越南语人才培养

一、越南语人才培养的教育原则

（一）思想性原则

学习是一个日积月累，循序渐进，不断向前推进的过程。学生在课堂上的学习，主要是老师指导学生学习文化知识，向学生传达思想观念的过程，换句话说是在潜移默化地影响学生的成长。学生在掌握文化知识和培养能力的同时，也在不断地提高自己的修养，形成自己的人生观和世界观。因此教学内容、教材以及教学方法在教学活动中起着重要的作用。对于越南语教学，教师可以通过以下几个方面对学生进行思想教育：

1.通过教材内容进行思想教育

教材是育人之本，是教学的主要依据，是深化教学改革、提高教学质量的重要保证，是教学思想和教学内容的体现。一部高质量的教材总是蕴含着丰富的思想内容，因此，教材的编写和选择显得尤为重要。对越南语教学来说，教师要编写或选择高质量的教材来进行教学，把教材内容和教师的课堂用语看作是给学生传达思想观念的一种手段。越南语教材的选择和教师在课堂上使用的语言要有一定的思想内涵和较强的实用性，教材的内容要着重反映越南的社会文化、政治、经济、科学技术等现状及动态，学生通过学习不仅掌握了越南语，了解了越南社会，还有利于学生思想上的逐渐成熟。

2. 通过教学方法进行思想教育

教学方法是教学经验、思想观念的理论升华，对教学工作具有极其重要的指导作用。教学方法包含着丰富的思想内涵，教师根据不同的教学对象和教学目的，采用不同的教学方法，不同的教学方法对学生的思想产生不同的影响。因此，从事越南语教学的教师要重视学习教育理论知识，掌握多种教学方法，这样才能有的放矢，因材施教。

3. 通过教师的言传身教进行思想教育

教师在向学生传授知识的同时，教师的言行举止、思想作风、为人处事的态度等都会对学生的思想的发展产生影响。教师实事求是和严谨的治学态度，刻苦耐劳、不断进取的精神，有助于培养学生勤奋好学、积极进取、勇于创新、勇于承担责任的良好品质。所谓"为人师表"、"名师出高徒"说的就是这个道理。

（二）科学性和系统性原则

科学性原则首先要求每个教师在教学过程中所提出的概念、规则不仅要确保它们的准确性和科学性，而且还要求整个教师群体，甚至是专家群体对教材和教学中所提出的概念和规则要准确、符合科学，而且群体里的意见要相对一致，避免出现概念和规则内部之间的矛盾。如果教材和教学内容不够科学严谨，甚至自相矛盾、错漏百出，很容易使学生缺乏信心而无所适从。

科学性原则还要求教师所传授的越南语言知识要符合于一般学生的认知过程，符合于教学的培养目标，符合于越南语语言内在联系的规律。因此教材的编写者和教师要精通越南语，精通语言教学技术才可以实现这一原则并将其融入到教材的编写和教学过程中。

系统性原则与科学性原则紧密相关。系统性原则要求为学生提供的教材或学习材料要有一定的内在联系，是一个较完整的体系。并要注意：教材或学习材料的内容不一定要与语言系统本身相吻合。我们讲语言系统时，一般是从语音开始讲，然后到单词、词组、句子、段落、文章。但我们教授越南语的目的是培养学生的听、说、读、写、译技能，培养学生熟练地运用越南语进行交流的能力。句子是交际的最基本单位，因此除了教授语音需要从单词或词组出发外，教授其他课程一般都以句子或文章段落，甚至是一整篇文章为出发点或为中心点展开学习。

教材的编写或教学程序要遵循循序渐进的发展原则，确保学生在学习的过程中，感觉到是在旧知识的基础上接受新知识，让学生时时感受到在不断地为自己注入新知识。教师要充分利用学生已经学过的知识作为前提条件来接受新的知识，同时启发学生向更新、更高层次的知识领域拓展。这样会节省很多用以讲解理论的时间，把更多的时间留给学生自学和做练习。

科学性和系统性原则还体现在教学内容和教材编写的水平上。不同年龄和年级的学生在接受新知识和技能时有不同的心理特征。选择什么样的教材和教学内容以及教学方法，一定要考虑到学生的心理特征和现有的水平。如果讲授的内容太难，无形中让学生死记硬背，课堂气氛将变得沉闷；如果过于容易，学生将会自满，慢慢缺乏上进心，而变得懒惰，不善于思考，不积极主动。

二、越南语专业教学的基本方法

在教学活动中,各个教学环节有机地结合在一起,相互促进,但每一个教学环节都有较为突出的教学重点和教学方法。下面从几个方面来探讨越南语的教学方法。

(一)重视语音的教学

越南语是使用拉丁字母作为书写符号的拼音文字,记音符号系统比较复杂。在语音教学阶段,可以从以下几个方面入手:

1. 首先要让学生弄清楚发音器官的各个部位和掌握发音的方法,并要注意每个音素的音高、音强、音长和音色,从而更有效地掌握正确的发音。

越南语的记音符号系统主要包括29个字母、10个元音、27个辅音,由此而演变出大约150个韵母。学习发音时,开始先按照字母或音素的先后顺序练习发音,然后可以按照发音的特点分类练习。例如10个元音音素中的a、e、ê、i、y为一组;圆口型的为一组:u、o、ô;口型相似的为一组。如此类推,还可以和英语或汉语拼音的某些音素进行发音比较。

越南一年级的语文教科书把c、k、q三个辅音作为各自读音不相同的字母或音素来认读,这样区分很容易学习和掌握。但国内一些越语基础教程却把它们归为读音相同的一组辅音来认读。从下面的例子,就不难看出这样去归类是不太合理:越语单音节词"cua"和"qua"是两个读音和词义完全不相同的词语,"cua"(螃蟹)是辅音c和韵母"ua"的组合,"qua"(经过)是辅音qu和a的组合。

2. 第二步是学习掌握双元音,要领是先读第一个元音,然后迅速滑向第二个元音,是前响双元音,第一个元音稍读重一点;是后响音则重音落在第二个元音上。复合元音也是用这样的方法拼读,但没有重音。

拼读元音后附辅音的方法是先发元音，然后迅速做发辅音的动作，不发出辅音的声音。拼读复合元音后附辅音也是用同样的方法，从第一个元音迅速地滑向第二，再到第三个元音，结束时也是做发辅音的动作。

3. 第三步是掌握越南语语音的声调、句子的语音语调以及语义的停顿。越南语的每一个字是一个音节，每一个音节都有固定的声调。声母、韵母相同的音节，往往靠不同的声调来表示不同的意义和读音。声音的高低取决于发音时声带的松紧。但声调的高低曲折，是由于语言中的几种声调互相比较而确定的；因此，学习越南语的六个声调时，应该放在一起进行发音练习才容易掌握。

语音教学阶段的重点是教会学生掌握字母和音素的发音，并根据拼读拼写的方法和规则，要求学生见单词会读，听单词读音会写；进而要求学生把单词放在句子里认读，最后安排学生朗读一些优美的诗歌、短文或小故事，以改善学生的发音，提高对越南语的语音语调和语气的掌握，促进阅读能力的提高，渐渐地培养学生的学习兴趣和自学能力。在这个教学阶段，教师一般采用讲解、带读、正音、听写、比较、分析归纳、自学指导等方法进行教学。

（二）引导学生学习和记忆词汇

人们在学习外语时，往往习惯将外语单词翻译成母语来记忆，也就是说母语充当了外语表达和物质世界之间的桥梁。这样的记忆方法不仅记得不牢固，对词语的理解和运用也会有一些偏差。尤其是对于语言表达形式比较丰富但又不十分严谨的越南语来说，更增加了难度。在教学过程中，无论是口语课、听力课还是阅读课程，都可以引导学生用以下的办法学习和掌握单词：

1. 识别和运用词汇

词是声音和意义的结合体。每一个词都有固定的语音形式和为人们所共同理解的一定的意义内容。越南语言的词汇系统里，大多数词汇的声音和词汇的意义之间并没有必然的联系，因此在说话和听话时，对于词语的使用和领会就不能不小心。例如：越语词"con"，有"儿子"、"女儿"、"孩子"的意思，有指动物的量词"只"、"条"、"头"等意思。由此可见，越语词"con"要放在词组里或句子里才能理解。所以我们在教学过程中，不需要花太多时间去讲解每一个生词的用法，而是要求学生根据生词表里的词语尽可能多地造出不同的句子（包括不同意思、不同语调或语气）。也可以用几个词语，串成一句话或编出一段对话或短文。同时还要求学生反复地朗读句子和课文（开始需要教师带读）。

朗读不仅可以帮助记忆，还有效地让学生掌握越南语的语音语调和语意的停顿。我们都知道，英语、法语、德语等拼音文字中，词语的声音形式得到了充分的反映，具体表现在词的连写上面，这些文字的词的内部一般不容许分离，词和词之间用空格隔离开。但越南语和汉语一样，词与词之间没有空格。因此在学习掌握越南语的语音语调和语意停顿方面就增加了难度。例如：

Chúng em là sinh viên năm thứ tư của trường Đại học Dân tộc Vân Nam.（我们是 云南民族大学 大四的 学生）。

我们在读或者讲的时候，如果这样停顿，意思是很清楚的。但如果我们停顿得不恰当，就不能明白其中的意义。例如：

Chúng em là sinh viên năm thứ tư của trường Đại học Dân tộc Vân Nam.

2. 词汇归类 ABC

分析归纳的方法是学生在教师的指导下对一些语言材料进行分析，要求学生指出哪些语言是属于哪一种范畴，并具有哪些特征。分析归纳方法可分为两个步骤：分析 — 发现 — 归纳，教师列举出一些语言材料,并向学生提出一些问题,让学生对那些语言材料进行分析、比较、证明,找出新规则的基本特征。反过来又用这些规则来指导学生的语言实践,进行各种交际活动。比如想让学生形成"事物链"这个概念,教师可以选择一个名词(比如是"tay"这个名词),并要求学生:

(1)找出与tay(手)有关的部位:ngón tay(手指)、bàn tay(手掌)、lòng bàn tay(手心)、mu bàn tay(手背)、cổ tay(手腕)、cánh tay(手臂)bắp tay(臂肌)……

(2)找出常用来描写关于手的形容词:tay búp măng(指如玉笋芽)、ngón tay thon thon(纤细的)、rắn chắc(结实的)、khẳng khiu(枯瘦的)……

(3)找出常用来描写关于手的动作的动词:cầm(拿)、nắm(握)ném(投)、quẳng(甩)、thắt(系)、buộc(捆绑)、mò mẫm(摸索)……

从学生找出的关于"手"的部位、特点以及动作的词语中,我们便可以建立一个有关"手"的"事物链"。那么就可以请学生回答什么是"事物链"。进而让学生用"事物链"中的词语造句,写短文等等。

开始时可以利用卡片对学习过的或接触过的词汇进行分析归纳,比如把同指某种事物或动作的词语归为一类;或者把同指某种事物的同义词、近义词和反义词归为一类;也可以把那些常见的惯用词语或成语归为一类等等。切记要用以下词语造句,才能让学生掌握和牢记。例如用"cho phép"、"nghỉ phép"、"xin phép"和"được phép"四个意思有点关联的词语各造出一个句子,以便更好地识别它们之间的差异:

Tôi chưa cho phép anh thì anh không được phép làm như thế?

Tháng sau tôi được nghỉ phép, tôi sẽ xin phép cơ quan cho tôi đi

Hà khẩu.

在课堂上，经常与学生一起用词语造句，编对话、短文或小故事，不仅活跃了课堂气氛，提高了学生的学习兴趣，还能让学生更容易掌握所学的知识，进一步增强了他们的创新思维。

（三）加强口语表达的训练

上课时，老师总是讲得多一些，学生练得少一些。如果把这两种角色调换一下，教师在课堂上只是担任引导的作用，教学效果就会大大地提高。上面提到过，教师要有意识地让学生朗读课文，用词造句，编对话，编短文或故事，这也是为训练口语做语言准备阶段或是口语训练的初级阶段。在训练学生的口语表达时，需要注意几点：

1. 在课堂上尽量讲越南语，包括对词语的解释。让学生慢慢习惯于用越语来表达，逐渐放弃对汉语的依赖。因为翻译式的口语表达习惯，不但影响表达的流畅程度，更严重的是影响表达的准确性。

2. 越南语的称谓语非常复杂，必须让学生听录音和观看情景对话视频，之后组织学生模仿录音中或视频中的情景进行表演，也可以从新设置情景组织学生练习。这样做才能让学生体会和掌握越南语的人称代词，名词性称谓语的用法。同时还可以了解越语口语中的一些语气词的用法。

3. 指导学生对固定的表达法如俗语、成语、惯用语等按类型收集和整理。

4. 教师在课堂上经常向学生提问，或者就某一个学生关心的问题和学生进行交流。也可以就某一个主题组织学生演讲。例如地震，干旱，环境保护，就业，对亲情、幸福的理解等等，并为这些话题准备专门的卡片，将重要的词条收录在上面。

5. 准备一些照片、图片、图表、连环画、光碟等让学生看完进行解释、评价、说明或谈心得。

口语训练的形式多种多样，关键是要激发学生的兴趣，让他们随时随处都可以做。也可以结合听力、阅读、写作的训练，提高口语的表达水平。

（四）提高阅读能力的训练

阅读能力是衡量掌握语言综合能力的一项重要标志。通过阅读，可以获取信息，拓宽视野，扩大知识面，是较好的学习方式。可以通过以下的方法提高学生的阅读能力：

1. 选择一些引人入胜、有故事情节的文章，或者选择与越南文化、社会和经济有关的文章。文章应该由简单到复杂。

2. 先让学生读两三遍课文，总结出文章的中心大意，然后教师围绕着课文的内容向学生提问，让学生自己解释文章中的生词和复杂的句型，最后教师进行点评。

3. 在文章上做文章。在文章重要的地方划线并写评语，或者根据文章的内容改编成适合于自己理解的文章，如对太冗长的文章进行缩写，对太简单的进行扩写。

（五）提高听力能力的训练

1. 让学生反复听录音带

为了"耳熟"，让学生在课堂上听一些语音纯正清晰的越语原声录音，并要求反反复复地听。课堂上听，课后也要听，以便尽快适应越南语的发音，并逐步建立符合于越南人习惯的表达方式。然后每隔两天，教师就要围绕着录音的主要内容，对学生提出一些相关的问题。

2. 听一遍后复述录音内容

当学生有一定的听力能力以后，可以让学生先听一遍一段录音的内容，边听边速记下一些关键词（可以用缩写或符号代替，例如用"ct"代表"工作","pt"代表"发展","tt"代表"通信","cty"代表"公司","TNHH"代表"有限责任"等。放音结束后,边看记录边用越南语复述所听到的内容。

练习时要以整段内容为单位,从头到尾放一遍,而不要只放听不懂的部分,以便锻炼从整段内容入手抓大意的能力。听力训练中要注意以下几点:

一是外国的人名与地名。外国的人名和地名,尤其是欧美国家,绝大部分的人名和地名是直接用英文或拉丁字母来拼写拼读,无需换成越南语。关于中国和越南的人名与地名,以及部分亚洲国家,尤其是汉文化圈国家的人名和地名,大部分是直接采用汉越词。

二是逐步适应和接受越南语的计数方式。因为汉越两种的计数方式有所不同,如果在听的过程中忙于转换成汉语的计数方式,会大大影响听的效果,不如用越语的计数方式直接用数字来表示出来。

三是充分利用冗长的信息。广播电视新闻常常报道某个人或某个机构说什么或做什么时,除了要说出其名字,还要说出他的全部头衔或机构职能。因此,熟悉这些经常出现在新闻中的国际人物或对象国领导人的姓名与头衔的冗长信息以后,听广播时只要听懂其中的一部分内容即可下意识地预测到下面的内容。

四是熟记固定搭配。和汉语一样,越南语的词语里有比较多的习语、俗语、成语、谚语、惯用语等属于固定搭配的形式,如果一般的单词是语言的原材料,那这类词语已经是半成品了,它们在大脑里"储存"和"携带"起来比较方便,还可以随时"调动"出来使用。因此,如果我们平时注意掌握和积累,将能迅速提高听力水平。

五是猜词训练。从语音入手猜词是解决猜词的主要方法,因为越语的每一个音节只有一个读音,因此只要语音知识扎实,一般都能根据发音找到相应的词。但要注意：学生听不懂的单词不能马上告诉他们，也不能让他们看听力的文字材料，否则来得容易走得也快，不会在学生脑子里生根；让学生反复地听录音，直到能模仿出播音员的发音为止，弄清楚听不出的地方会有几个词，然后试着拼写出每一个词来，如果学生写得不对，教师可提醒学生注意摆脱熟悉词的干扰和变音的问题。

在进行阅读和听力训练时，也可以利用阅读文章和视听的文字材料学习越南语语法知识和翻译技巧。总之要把有关越南语的语言知识看作是一个整体来学习。在学习越语语法或者翻译时，注意汉语的偏正结构，越南语是正偏，时间状语在句首或在句尾、副词做状语的位置在动词前面较多，个别的在后面。越语的句子和汉语一样是主谓宾结构，定、状、补做修饰语，但没有汉语的宾语前置和"把"字结构。翻译时还要注意隐喻与明喻、转喻、类比等修辞法的区别及其描述、说明等功能，不可随便比附或套用汉语的格式。此外还要注意每一个领域都有专门的术语，不可以断章取义、瞎编乱造。总之要留心观察、积极思考，找出最恰当的表达方式。

三、结语

在越南语教学中，教师必须坚持正确地教学原则，通过教材内容、教学方法和言传身教对学生进行思想教育，才能保证人才培养方向的正确性；通过系统、科学的知识传授，才能保证人才培养的专业性；就教学方法和技巧而言，越南语教学要重视语音的教学，重视引导学生学习和记忆词汇，加强听说能力训练，提高阅读能力和听说水平。

参考文献

[1]黎阿,阮光宁,裴明算.越语教学方法(越文版)[M].河内:越南教育部出版社,1997.

[2]叶光班.越南语语法(越文版)[M].河内:越南教育出版社,2006.

[3]钟智翔,刘越莲,赵萍.中国外语非通用语教学研究[C].北京:外语教学与研究出版社,2009.

越南语教学中的文化渗透问题

广西师范大学漓江学院　黄华宪　梁姗姗

[摘　要]随着中国与东盟关系的日益发展，在日益增多的跨文化交际中，时常发生各种文化撞击。怎样提高越南语专业学生对对象国文化的理解和跨文化交际能力，成为越南语教学面临的新任务。笔者联系自己的教学实践，阐述教师在课堂教学中应如何运用多种教学方法加强文化渗透，以提高学生越南语综合运用能力和跨文化交际能力。

[关键词]越南语教学　文化迁移　跨文化交际

随着中国与东盟在各方面关系的迅速发展，中国与东盟各国间跨文化交际变得越来越频繁。越南作为东盟国家中与我国交往非常密切的国家之一，其官方语言越南语的教学在我国发展十分迅速。由于历史原因，中越两国之间在文化上有许多相似之处，这是许多学者研究的主要方向，但两国间文化的差异却少有人关注。而文化不仅影响着人们能否有效地学习越南语，而且还影响着跨文化交际中的信息传递、交流和沟通。所以，在越南语教学中进行文化渗透，在语言学习过程中了解越南文化，这在跨文化交际中就变得至关重要。

一、语言教学与相关文化教学紧密联系

文化是一个社会的整个生活方式，是一个民族的全部活动方式。它涉及到人类生活的方方面面，小到衣食住行、风俗习惯、生活方式等，大到行为规范、人生信仰、价值观念等。语言是思维的工具，也是交际的主要工具，是人类所特有的社会现象。语言符号记载着

人类社会历史发展的进程，蕴含着极为丰富的文化信息。语言与文化的关系非常密切。语言是文化的组成部分，是文化的载体和折射镜。因此，外语教学不仅仅是语言知识的教学，还必须包括目的语国家文化背景知识的教学。在传统的教学中，教师往往忽视了文化背景知识的教学对语言学习的重要作用，致使很多学生虽然掌握了一定的词汇量和语法知识，但是缺乏在不同的场合下恰当地使用语言的交际能力。在越南语教学活动中，应逐步介绍越南社会文化背景知识，有意识地让学生了解越南文化和中国文化的异同，增强学生跨文化交流的意识。教师是否重视文化教学的重要性，在课堂教学中加强文化背景知识的传授，注重培养和提高学生跨文化交际的意识和跨文化交际能力，能体现教师对教学和人才培养的驾驭能力。

二、越南语教学中渗透文化教学的作用

（一）激发学生学习的兴趣

大部分中国学生对越南语的学习可以算是从"零"开始，对越南语及越南文化充满了好奇。加强文化教学能扩大学生的视野，加深学生对越南文化的了解，激发学生学习越南语的兴趣和热情，更好地学习越南语。将文化教学与语言教学相结合，教材中的文字资料与社会文化生活相结合，会激发学生的学习兴趣，调动其学习的积极性和主动性，提高学习效率。在教授越南著名的民间传说故事"Sơn tinh thủy tinh"（山精水精）时，文中出现的奇珍异宝"voi chín ngà, gà chín cựa, ngựa chín hồng mao"（九牙象、九蹼鸡、九鸿毛马）均与"九"有关，有"极致"的意思。这个数字在越南古代也是皇权和地位的象征。在教学的同时介绍在我国古代，"九"被视为阳数的极数，即单数最大的数，被赋予"神圣"之意。古代历代帝王为了表示自己的权力为天赐神赋，便竭力把自己同"九"联系在一起。

如帝王之位称为"九五",帝王称为"九五之尊",更有趣的是连皇宫建筑都与"九"有关。如紫禁城的房屋九千九百九十间半,天安门城楼面阔九间,深九间。

由于中越两国在生活环境、思维方式等方面存在差异,因此两国的数字文化也存在着差异。以数字"三"为例。在越南人们认为这是不幸的数字,忌讳三人同行、三人合影。但在我国"三"却是吉祥的数字,有"三人行,必有我师焉"的古训。从此可以让学生轻松地学习到越南与中国在数字文化方面的异同。除了课堂上讲解的中越数字文化异同之外,在课后布置学生分组研究中越两国其他数字的文化差异,相互交流学习,可以充分调动学生的主动性,从而达到事半功倍的效果。

(二)丰富教学内容

语言与文化密不可分,在语言教学中渗透文化教学,可丰富教学内容,充实学生的知识积累。不仅要把越南的文化介绍给学生,还需要开拓视野,把其他国家的文化也融入教学中。

在学习北京大学出版社《越南语教程》第二册第四单元"Sáu châu bốn biển"时,文章对各大洲的情况仅简单的介绍了面积、人口等信息,无法满足学生对各大洲的特色、文化等知识进行探索的愿望。在教学过程中展示介绍各大洲特色的PPT课件,师生互动,运用越南语做相关介绍。如介绍非洲时,让学生运用已学的越南语知识来介绍非洲的气候条件,教师介绍最具代表性的沙漠景观、野生动物等,还选择了节奏感很强的非洲音乐作为PPT的背景音乐,让人体会到载歌载舞的非洲部落生活,感受快乐的非洲之旅。在教学过程中,学生不仅可以增加对非洲知识的了解,增强越南语运用能力,还可以增加动物方面词汇的积累。

（三）提高学生的跨文化交际能力

越南语教学的目标是培养和提高学生的交际能力。各民族文化语言都是在各自所处的客观环境及人文环境中形成和发展起来的，这就决定了不同语言文化有着很大差别。跨文化教学不仅是语言教学，而且应包括文化教学。跨文化教学中不仅要让学生正确掌握词汇和语法知识，还要让学生学会变换视角，摆脱自我文化价值观的定势和惯性，尊重越南文化与母语文化间的差异性，培养在不同的场合下恰当地使用语言的交际能力。

在学习越南语称谓语时，学生因为受母语的影响，可能对越南语称谓语中表示家庭或家庭成员关系的称谓语，如cụ，ông，bà，bác，chú，cô，anh，chị，em，cháu等被广泛运用于社会交际中即亲属称谓社会化一时无法理解。面对这种情况，教师就必须在教授亲属称谓的时候，讲明这一蕴含越南独特民族文化内涵的现象，以便学生正确理解和掌握。一般情况下，越南人在交际中，要根据各自的辈分、年龄、性别和社会地位来选择恰当的称谓，它遵循"称谦呼尊"的原则，如对平辈男性年长者称anh（哥），自称em（弟、妹）；对平辈女性年长者称chị（姐），自称em（弟、妹）；对长辈男性称cụ，ông，bác，chú等，自称cháu；对长辈女性称cụ，bà，bác，cô等，自称cháu。这种称兄道弟、呼姐唤妹的家庭式称谓在社交中的广泛运用，深刻地反映了越南民族重家族、重血缘、重亲情的文化观念。这远非用汉语简单的"你、我、他"等人称代词能表达的感情。所以，这种文化背景的灌输对学生学习和正确使用越南语称谓是必要而且是有益的。

（四）丰富教学方法，活跃课堂气氛

按照建构主义理论，学习过程是一定情景（社会文化背景）下借助学习资源，通过意义构建获取知识的过程。丰富的文化背景知识为意义构建提供了条件，使学生成了知识的主体，教师的任务是辅导并组织学生进行协作学习，用目的语交流看法。

在课堂上进行文化教学，我们可以在对学生进行必要提示的前提下给予学生一定的准备时间，鼓励学生开展文化知识问答、PPT展示、模拟训练等方式的探索式、合作式的自主学习。通过这些形式，学生主动开口，积极思考，主动探索，教师加以必要的引导和提示，使用越南语来交流学习越南文化，通过文化教学达到语言教学的效果，这有助于改变传统的灌输式教学模式，充分调动学生的积极性，提高学生对越南语的学习兴趣，同时使枯燥的语言学习变成气氛活跃的语言文化讨论。

三、如何在越南语教学中适度地渗透相关文化

（一）在课堂教学过程中渗透文化教学

1. 词汇的文化内涵

词汇教学中，我们应介绍越南语词汇的社会文化内涵，切实把握中越语言在词汇方面的差别。例如，学生在阅读中遇到了"chợ tình Sapa"这个词，学生都知道"chợ"是集市、商品交易的场所，"tình"是情感、爱情。但是连起来所有学生都有疑问，难道爱情也可以作为商品买卖吗？我们可以从越南民族文化角度，以及这一节日的来源等方面来提升该词组的内涵，还可以补充一些关于越南人爱情集市的知识来加深学生对该词的理解。再如，"Vòng vo Tam Quốc"（曲折三国）这个成语是越南人根据中国的典故自己创造的成语，形容说话拐弯抹角，曲折道来，如果单从字面上来看，学生是无法理解其深层含义的。

2. 文化背景知识介绍

在越南语教学过程中介绍的背景知识，指的是与语言本身相关

或与社会文化有关的背景知识，以便学生能够准确地理解课文内容。如在观看"Nhật ký Vàng Anh"时，有一句话"Các bạn có biết, con chim bé nhỏ xinh xinh của nhà vua trong chuyện Tấm Cám, đã diễn rất chi là sâu trong giờ thể dục không?"学生对黄英听到这句话之后非常生气而感到意外。此时，老师可以简单地向学生介绍Tấm Cám的故事，并说明这句话中"con chim bé nhỏ xinh xinh của nhà vua trong chuyện Tấm Cám"是用来讽刺黄英，而不是夸她漂亮。

3. 文化对比教学

中越两国山水相连，通过多年的交流，中越两国的文化都有相同性和差异性。通过对比学习，就能让学生发现两国文化的异同，进一步了解越南文化，更好地理解越南语的语言习惯。

为什么许多学生会犯一些实践性的错误，原因就是缺乏对越南文化的了解。如果我们能加深不同文化之间差异的了解，那么才能消除跨文化交际的障碍。如我们的学生受汉语的影响，用越南语交流时常会省略句子的主语，或者在平辈之间直呼别人的姓名。但越南却不同，在当今的越南社会，即使是平辈之间交流时，这些行为也被看做是失礼的行为。

每个国家都有避免谈论的语言禁忌。语言禁忌现象反映了各国文化的巨大的差异。在语言和文化方面犯忌都会很失礼，令人生厌。如在中国，当亲友过本命年的生日时，我们会送特别的开运礼物，希望他们能顺利度过本命年。而在越南，过本命年生日时忌讳提到"năm tuổi"（本命年），越南人相信，本命年会发生不好的事情，甚至可能是死亡的年限，相当于"死"的意思。特别是参加老年人的生日，更不允许提及这个词。因此，在日常交往中，注意两国文化的差异，才能使跨文化交际顺利进行。

由于地理条件和生活环境的差异，有一些成语也反映了各自生活环境的特点。例如汉语成语用"挥金如土"形容挥霍无度、毫不在乎,选用"土"作喻体,而同样的意思在越语成语"tiêu tiền như nước"(花钱如水)中,则选取了"水"作喻体,这跟越南人民生活在热带,气候多雨,且大部分国土靠海,因此在越南"水"很常见有关。而中国大部分地区深处内陆,"土"比"水"多,所以选了"土"作喻体。可见喻体的不同反映了中越两国人民所处地理条件和生活环境方面的差异。正如阮文康说的"成语就是这样,每个民族的成语都是从其民族悠久的历史文化起源的。我们必须了解,成语不只是从语言要素方面来分析,还要将文化与语言结合起来进行研究"。

文化的差异造成的偏差是越南语翻译教学中的一个难点,文化对比教学有助于对中越文化差异的理解。教师有意识地引导学生结合讲课内容,在课外自行分主题进行中越文化对比,分类整理,提高其自学能力,加深学生对中越文化异同的了解,同时也为将来的毕业论文的选题和资料收集进行初步准备。

(二)在课堂实践过程中渗透文化教学

越南语教学必须在实践环节中重视培养学生的语言、文化等知识的综合运用能力,即跨文化交际能力。越南语教学的最终目的是交际,因此,必须让学生在交际中学习语言。教师在教学过程中充分发挥教师的主导作用,重视学生的实践主体地位。在教学过程中,加强师生互动,以达到教学相长,改变教学方法,从"学"向"导"转变,使学生从"要我学"向"我要学"转变。创造轻松、自由、和谐的环境,同时注意发挥学生的学习积极性和主动性,给学生创造练习机会,培养学生的独立性、自主性。

积极开展课堂情景会话、专题讨论、翻译(口、笔译)训练、角色模拟训练等丰富的课堂活动。例如,在越南国家概况课程中,讲授每一个专题后组织专题讨论,让学生自主查找相应资料,积极发言。在高年级的旅游越南语和经贸越南语课程中，更多地进行翻译训练和角色模拟训练。翻译训练：学习并识记一些著名景区、景点的介绍方法，学会运用知识迁移的方法来进行相关的课堂练习，掌握规律并运用到实践活动和实际生活中。经过较短时间的准备，能用地道的越南语对著名景区或景点进行介绍，要求流利，语音、语调正确；快速地对景区或景点的中文、越文简介进行口译。角色模拟训练：在学生具备一定的翻译能力之后，要求掌握教师在课堂中教授的导游知识，在课后阅读相关书籍，开拓视野，导游角色模拟练习，目的是提高学生的组织能力和解决问题的能力，使学生更容易适应日后各种工作的要求，让学生在学习中养成较强的组织和反应能力，以良好的心态去面对问题，选择适当的方法加以解决。

(三) 重视越籍教师在文化教学中的作用

在教学过程中创造良好的语言环境，能调动学生学习的积极性，提高学习兴趣，让他们在轻松愉快的气氛中学习和掌握知识。越籍教师对越南文化、传统、风俗习惯等有着最深刻的了解。越籍教师在运用自身的语言优势教授语言知识的同时，能够更好地把相关的文化知识带入课堂，而学生与外教面对面交流，让学生在地道的语言环境中学习，从中体验中越文化差异，丰富文化背景知识，从而达到提高跨文化交际能力的目的。除了在教学过程中的交流外，还鼓励学生在生活中多与外教进行交流，如学生与越南外教一起制作越南美食，不仅让学生更深入地了解越南饮食文化，还可以亲身体会越南的家庭生活礼仪等。

(四) 充分利用现代教辅工具进行文化教学

随着现代科学技术的发展，计算机在教育领域得到迅速的发展，多媒体辅助教学便越来越多地走进课堂，我们应积极发挥现代化教学辅助手段的优势，以弥补传统教学手段在某些方面的不足，让课堂教学变得更活跃更充实。"兴趣是最好的老师",浓厚的兴趣使学生专注于学习,提高学习效率。相对于传统教学单纯的语言讲述,多媒体所展现的视频、音频、图片等,能更好地为学生创设直观形象、生动活泼、富有趣味的学习情境。在教学过程中,充分发挥网络资源和影音资料的辅助作用,充分运用录像、电视等多媒体学习手段,会收到意想不到的教学效果。如给学生播放越南电影,引导学生注意观察越南的社会生活的各方面情况,各阶层人们的日常生活、交往礼仪、说话的语音语调等,使学生进一步了解越南的生活方式和相关文化,并且在轻松的氛围中接触到地道的越南语,提高口语能力及听力能力,从而激发学生学习的热情。

学生通过观看影音资料不仅加深了对课文的理解,而且对其中传达的文化信息理解得更加透彻。在讲授北京大学出版社《越南语教程》第二册第十二单元"Pháo Tết"时,让学生欣赏越南传统春节的相关影像材料。学生们被热闹、独特的节日景象所吸引,一些情节深深地印在学生们的脑海中。讲授第十单元"Hà Nội"时,适当运用音乐、图片营造氛围。授课时,播放了Hồng Nhung演唱的歌曲"Nhớ mùa thu Hà Nội",再加上河内秀丽的风景图片,让学生在听觉和视觉的双重感受中融入课文,从直觉形象上给学生以感染,让学生仿如亲临其境,从而收到理想的教学效果。除此之外,学生也可以在网络的帮助下,主动获取自己所需的各种相关文化资料,促进文化知识的积累,也可以对越南文化有更丰富的感性认识。

(五)通过课外实践活动,自主学习文化知识

课外实践活动是课堂教学的延伸,对课堂教学具有有益的补充和配合作用。课外实践活动可以利用多种渠道、多种手段来吸收和体验异国文化,利用课外活动时间采取对话、表演、竞赛、唱歌、游戏等方式进行。如凭借越南留学生众多的客观条件,举办东南亚

文化节，使学生在纯越南的语言文化环境中参加帐篷设计、美食制作、中越知识竞答、中越民间游戏、中外学生联欢文艺晚会等活动。通过文化节准备阶段的查阅相关资料、越文报纸以及越文原著等，让学生了解越南的自然环境、历史文化、风土人情、科学发展、人民的价值观和信仰等。活动过程中，学生能用上所学专业知识，受到良好的语言文化熏陶，调动学生学习积极性，培养学生的创新意识，使他们在活动中学习和掌握越南文化背景知识，提高越南语实践能力。在中越学生交流会中，通过越南语专业的中国学生与越南留学生面对面交流，为学生提供用越南语、汉语和英语交流的平台，加深对越南语言和文化的了解，拓展学生的国际视野。交流活动是中越两国文化的碰撞。一方面学生可以锻炼口语表达能力；另一方面能更深入了解越南的文化及展示和传递我国的民族文化。交流的过程当中彼此加深理解、增进友谊，双方学生均能增加跨文化交际方面的知识。

四、结语

在越南语教学中，教师应利用好相关文化这一辅助工具，适度在授课过程中渗透相关文化，要把语言教学和文化教学有机地结合起来。引导学生了解与越南语相关的社会背景、文化环境等内容，帮助学生充实知识，扩大视野，使学生加深对文化知识的理解，提高学生对文化的敏感性，具备运用这门语言进行跨文化交际的能力。

参考文献

[1]邓炎昌，刘润清.语言与文化——英汉语言文化对比[M].第1版.北京：外语教学与研究出版社，1989.

[2]胡文仲.文化与交际[M].北京：外语教学与研究出版社，

1994.

［3］李小稳. 浅谈多媒体教学的利与弊［J］. 中国信息技术教育，2009(4).

［4］邢福义. 文化语言学［M］. 武汉：湖北教育出版社，2006.

［5］谭志词. 中越语言文化关系［M］. 北京：军事谊文出版社，2003.

［6］Nguyễn Văn Khang. Bình diện văn hóa – xã hội - ngôn ngữ học của các thành ngữ gốc Hán trong tiếng Việt［J］. Tạp chí Văn hóa Dân gian, 1994.

［7］黎巧萍. 浅论越南数字文化与中国数字文化比较的视角. Kỷ yếu hội thảo quốc tế Nghiên cứu và giảng dạy ngôn ngữ, văn hóa Việt Nam – Trung Quốc ở Đông Á và Đông Nam Á(lần thứ 2), trang 39-46, Hà Nội, 2009.

大学外语"越南语口语"课教学探析

云南红河学院　何会仙　雷明珍　江海燕

[摘　要]本文介绍云南红河学院大学外语"越南语口语"的开课情况、教学方法、教学评价以及教学中存在的问题,目的是与国内开设有大学外语"越南语口语"课程的同行进行探讨,以促进大学外语越南语口语课程教学的发展。

[关键词]大学外语　越南语口语　课程教学

云南红河学院"越南语口语"课程属大学外语通识课程体系,是面向红河学院所有非越南语专业学生开设的一门课程,其目的是培养学生的越南语基础应用能力,特别是语言交际能力,使他们在今后的工作和社会交往中能用越南语有效地进行口语交际,以适应社会的发展和国际交流的需要,更好地促进个人的发展。本文介绍"越南语口语"的开课情况、教学方法、教学评价以及教学中存在的问题,其目的是与国内开设有大学外语"越南语口语"课程的同行进行探讨,以促进大学外语越语课程的发展。

一、"越南语口语"课程开课情况

红河学院大学外语课程体系目前共有英语、越南语及泰语三个语种,学生可根据个人情况任选一个非英语语种进行修读以免修英语。红河学院大学外语"越南语口语"课程从2002年开始开设,该课程先修课程为大学外语"基础越南语"一年级必修课程,学生在修读完大学外语课程体系中的必修模块课程后,可修读相关越南语选修课程,其中包括"越南语口语"。到目前为止,"越南语口语"已进行了8年的教学实践，共有731名学生选修了该门课程。具体开设情况见下表：

开课时间	课程种类	学生人数	周课时	班数
2002秋	通识选修	60	2	1
2003春		60	2	1
2003秋		60	2	1
2004春		60	2	1
2005春		60	2	1
2006秋		45	2	1
2007秋	通识选修	80	2	1
2008春	对外汉语专业必修	85	3	2
2008秋		81	3	2
2009秋	通识选修	70	2	1
2010秋	通识选修	70	2	1
		731	24	13

二、"越南语口语"课程教学方法

（一）重视课堂内的口语教学

红河学院大学外语"越南语口语"课程教师在教学中，非常重视学生的口语教学。目前的教学主要以教材教学为主体，教师为主导，引导学生对越南语口语进行一个基本的学习和练习。所使用的教材是广东外语外贸大学石宝洁、苏彩琼2位老师编著的《标准越南语语音会话教程》，教师采用交流式、分组式、讨论式的教学方法，充分调动学生的积极性，发挥学生的能动性和创造性来进行教学。教师在教学中注重联系实际，多让学生开口说，引导学生举一反三，再通过课后练习让学生加深对所学知识的运用。由于修读大学外语"越南语口语"课程的学生大部分基础比较差，只掌握了较少的简单词汇，任课教师在实际的教学中，对教材的内容进行了增减，根据学生的实际情况进行教学，因材施教，分内容、分范围对学生进行提问，进行分组口语练习。比如在讲到家庭的时候，学生分组进行口语练习，一个同学扮演 bố，一个同学扮演 mẹ，另一个扮演 con，还有同学扮演新认识的朋友，这样大家对这个问题进行现场表演，使用简单的越南语句子"Nhà bạn ở đâu?"，"Nhà bạn có mấy người"，"Bố mẹ bạn làm việc gì" 等进行分组会话。这样一来，学生就很容易地掌握了所学的知识。再比如，讲到第18课 Mua sắm 的时候，在课堂按照"Mua sách""Mua hoa quả""Mua quần áo"三种类型来分类进行基本句子的教学，教完基本句子后带学生亲自到学校的各个商店进行实践，这样一来，学生就很容易记住，也提高了学生的学习兴趣和应用能力，同时教师在课堂上或实践中对学生会话内容中出现的错误立即给予纠正，让学生掌握正确的句子。

教师除了对语言的教学外还在教学当中穿插越南的人文、风俗、地理、旅游等方面的知识，使学生能够提升对语言的学习兴趣，拓宽知识面。利用红河学院越南留学生人数多的优势，教师还经常请外教及越南留学生到课堂直接参与到教学当中，使学生在边学习越南语的同时边和留学生交流，既打牢了语言基础又巩固了学生的越南语口语。

（二）加强与越南学生的学习交流

红河学院现有130多名越南留学生，高峰时达到300多名，对于学习大学外语越南语课程的学生来说，这是一个比较大的优势。越南学生刚来的时候，教学部门就安排与中国学生认识，结成语言伙伴，大学外语学生与越南留学生之间可相互学习，各取所需。同时教师在课堂上不拘于课本，在课堂外也进行越南语口语教学，积极组织学生参加各种活动，比如汉语—越语口语角，越南语歌曲比赛，汉语—越语普通话比赛等活动，能让学生参与到越南语口语的实践中来，加强与越南学生的交流，进行越南语口语的练习实践。

（三）加强国外"越南语口语"课程的学习和实践

红河学院在2010年7月启动了SAP大学外语越南语课程在越南进行学习和实践项目，学生利用假期在越南进行"越南语口语"课程的学习和实践。通过该项目的实施，学生不仅能把学过的知识巩固下来，还能进行真正的口头交际锻炼，增强自己解决问题和处理问题的能力，通过短期的学习实践，学生感慨很多，都认为这样的学习和实践非常重要。通过在越南进行短期的学习和实践，能真正把所学到的知识运用到实践中去，能提高语言的交际能力，还能了解到越南的文化，体会越南的风土民情，学到很多的知识。红河学院将对此项目进行推广，让更多的学习"越南语口语"课程的学生真正学到知识，更好地适应社会的发展。

三、"越南语口语"课程教学存在的问题

经过8年的教学实践，红河学院大学外语"越南语口语"课程教学取得了良好的教学效果，经过不断实践，逐步改进，"越南语口语"课程教学模式逐步得到完善。但由于学习主体及学校客观条件等因素，"越南语口语"课程在教学实施过程中还存在问题，具体表现在以下几个方面：

（一）学校选课体系的问题

按照红河学院人才培养方案，大学外语"越南语口语"课程是在学生修读了一年的大学外语（越南语）必修课程后才能选修。但是，由于学校选课系统的问题，部分没有修读大学外语（越南语）必修课程的同学也选了这门课程，因此，在实际的教学中，学生水平参差不齐，教师在教学中很难把握课程教学。在实际教学过程中，教师在教发音时，有基础的同学认为简单，提不起学习兴趣；而在练习口语时，没有基础的同学又认为太难，连最基本的发音和词汇都没有掌握，又怎么来进行口语练习呢？这样一来，教学效果就受到了很大的影响。

（二）学生语音的问题

学习一门外语，最重要的是语音，如果发音不对，就会产生很多的误解，就无法顺利地进行交际。学生在学发音的时候，由于大学外语（越南语）的课时少（每周4课时），又由于是第二外语，很多同学没有认真学习，只是纯粹为了凑学分，对于自己的发音问题要求不严格，导致语音基础不牢固，在学习口语课程的时候存在很大的语音问题，甚至因语音问题而无法进行正常的沟通和交流。

（三）学生学习上存在的心理问题

很多学生不敢说越南语，怕说错了老师骂，同学笑话。而且在说越南语的时候，过多地考虑语法因素，所以在说的时候缺乏足够的信心。再有一个比较重要的原因是"越南语口语"课程作为大学外语课程，很多学生不是对越南语感兴趣，也不是真正的想要学点知识，而是抱着混2个学分的想法选修这门课程的，因此学习积极性不是很高，只是简单地为了修学分而修学分。学生学习态度不端正，学习不认真，导致学习效果不理想。学生的这种心理也对教师的教学产生了一定的影响。

(四)其他方面

师资不足也是一个很大的问题。在大学外语口语教学中,进行大班教学,每班的人数都在60人以上,这样很难做到在教学中照顾到每个学生的发音,语法表达等方面的问题。另外是参考材料、词典、课外阅读资料等方面的不足,学生不能查到足够的材料。不能在除了课堂以外了解到更多的有关越南语的知识。总之,通过教学和调查发现,大学外语"越南语口语"课程教学面临很多的困难。学生发音不准,词汇量太少,表达的句子不规范、不流利。不少同学不会读,不会写,也听不懂,更谈不上会说。

四、结语

大学外语"越南语口语"课程可以让学生在学习专业的同时,又掌握一门外语,能使专业多样化,完善自己的知识结构,为学生提供更多的就业机会,让学生拥有更大的发展空间,毕业后到越南就业或创业。但是也还存在很多的问题,教学方法也需要进一步改进,充分发挥学生学习的积极性、主动性和创造性,培养他们的越南语口语能力。同时要加强对学生的了解,与他们经常进行沟通,选择恰当的、学生感兴趣的话题,使学生有话可说,创造一个轻松的语言环境,逐步消除开口说越南语的恐惧感。教师也应有针对性、分阶段地进行口语训练的引导,注意语言的正确性和语音、语调的准确性,指正学生口语中常见的错误,让学生养成准确、正确表达的习惯与能力。

参考文献

[1]于在照.中国学生越南语词汇习得中的母语负迁移分析[A].中国外语非通用语教学研究[C].北京:外语教学与研究出版

社,2009.

［2］林明华,黄以亭.标准越南语基础教程(1)［M］.广州:世界图书出版公司,2009.

［3］石宝洁,苏彩琼.标准越南语语音会话教程［M］.广州:世界图书出版公司,2008.

［4］祁广谋.越语文化语言学［M］.洛阳:解放军外语音像出版社,2006.

［5］崔涌华.课堂教学技巧［M］.北京:北京语言大学出版社,2004.

教育技术应用研究

朝鲜语精读课教学中的多媒体技术应用

解放军外国语学院　刘吉文

［摘　要］近年来，将多媒体技术用于外语教学的范围越来越广，但应用于朝鲜语精读课中还是一直处于摸索阶段，在精读课上要发挥多媒体技术的辅助作用，应做到人机和谐，准确地掌握好技术手段的量和度，使其能真正地帮助教师提高教学质量。

［关键词］朝鲜语精读课　多媒体辅助教学　教育技术

随着现代信息技术的迅速发展和多媒体技术的日臻完善，人们越来越重视多媒体技术在各个领域里的应用，在外语教学中利用多媒体系统进行教学已逐渐成为一种趋势。人们通过多媒体系统可以充分利用其多维性、集成性和交互性等特点，改变以往主要利用语音和文字符号刺激作为信息传递方式的传统教学模式，取而代之以图像、声音和符号等多种渠道进行综合传递，这样不仅丰富了教学的技术手段和内容，而且可以创造更贴近于现实生活的语言环境。

过去，由于历史条件局限等因素影响，朝鲜语的学习资料匮乏，更新困难，导致教材编写相对滞后，自主学习条件的不足。这不仅影响了学生知识面的扩大和能力的提高，也成为朝鲜语学科发展的瓶颈。但随着以多媒体技术、网络技术为主导的信息技术在世界各地的广泛普及和应用，这一技术不仅改变了我们的日常工作和生活方式，而且改变了我们的教育和学习方法。在外语精读课教学中使用多媒体技术进行授课，不仅可以声情并茂地讲解语言基础知识，还可以使学生在学习语言的过程中，接触和感知更多的相关国家的文化。当今社会，对大学生的要求比以往都要高，而且是多元的，只懂外语而缺乏对其他领域知识的掌握将落后于时代。任何教学过程都包含着三个基本因素：教师、学生、教学内容。其中教师是教学的主导，学生是学习的主体，教学内容是供教和学的材料，而多媒体系统则是教学内容的具体承载物。如何妥当处理教师、学生和多媒体系统三者之间的关系则成为多媒体外语教学中的一个课题。特别是在朝鲜语教学中，如何做到技术运用和教学内容衔接得更紧密自然，课堂中如何把握技术手段的应用比例，则成为影响精读课教学效果的很重要的因素。

一、多媒体技术在精读课中的运用

近年来人们在第二语言习得研究领域里发现，语言习得在自然的语言环境里进行可以取得最好的效果，这种自然环境能够有效地刺激语言学习者潜移默化地获取用语言进行交际的技能。精读课作为外语教学的主要科目，承担着对学生进行启蒙、打基础的重要任务。精读课教学进行得好与不好将直接影响到学生知识结构的深化。面对着零起点的朝鲜语学生，在有限的条件下，充分利用多媒体技术信息量大、知识性强、内容丰富、题材广泛，集知识性、娱乐性、趣味性、教育性于一体的特点，为教学打开了更为广阔的新天地，为提高学生综合素质打下更坚实的语言基础。就朝鲜语精读而言，国内绝大多数学校课堂仍是"一支粉笔，一块黑板"的传统教学模式，以教师讲授为中心。这种授课方式虽然具有其优势，但在调动学生积极性，信息量的传递上存在着一定的弊端。尤其是学习有关朝鲜文化方面的知识时，仅靠语言描述和图片去讲解远远不能满足学生的求知需求。如何将多媒体技术运用于朝鲜语课堂教学，与传统的授课方式相结合，取长补短，笔者认为对朝鲜语课堂教学质量的提高有很大的帮助。

（一）多媒体技术应用于精读课教学的可能性和可行性

针对外语精读课教学是否需要多媒体技术进行辅助教学，究竟有多大的实用价值，能取得什么样的教学效果，人们一直存有不同意见。笔者通过对多年的教学工作考察，将传统教学模式和多媒体教学模式进行对比，可以非常清晰地感受到两种教学模式的差异。对比两种教学模式之前，我们首先要了解精读课的性质和特点，然后加以判断。

精读课主要适用于本科学生基础阶段，授课内容以句子和文章为中心，传授语音（语调）、语法、词汇的基础知识，训练听、说、读、写、译等基础言语技能，目标是使学生们能够掌握语音、语调的基本知识；掌握基本讲法，并能在言语交际中正确熟练运用。精读课教学的主要特点为：（1）教学对象主要是对所学语言不懂或略知一二的初级学习者，他们掌握的言语材料和对语言的感性认识都很少。（2）教学内容以语音、词汇和语法为主，兼顾对象国文化和国情知识。每个单元既有背景资料、课文朗读，又有课文的理解练习，同时还有单项练习和综合练习。要求以实践为主，注重语言交际能力。（3）实行小班教学，以教师讲解为主；教学环境相对封闭，多媒体设施远不如语言实验室齐全。

在教学中发现，学生往往在开始阶段对外语有新奇感，学习积极性很高，但随着学习内容的加深，部分学生逐渐对外语学习失去兴趣。究其原因，一方面是由于知识的加深，学生产生了畏难情绪，影响了学习；另一个重要的原因，在实施具体教学过程中，知识的加深使得教师的教学方法也趋于平淡，教师从开始到结束一直在讲，逐渐进入教师满堂灌，学生被动记笔记的课堂氛围；没有给学生留出足够的时间进行操练，学生的学习兴趣和主观能动性受到压制，课堂气氛沉闷，学生的注意力经常会分散，造成思维"短路"，影响授课效果。这种状况迫使教师应该改变过去传统的外语教学模式，利用新技术为学生营造利于学习和应用的自然、活泼的语言环境。

（二）多媒体教学模式与传统课堂教学相比的优势

在传统的精读课堂教学中，教师和学生把精力过多地放在句子、语法、篇章结构等语言形式的讲解和掌握上，教学内容枯燥，教学手段比较单一，师生双向交流活动少。在这种情况下，学生只是被动地接受外部信息刺激，是知识的灌输对象。这种现象导致学生语言能力与交际能力大大脱节，教师普遍感到传统的教育模式越来越难以符合语言交际的教学目的。此外，教师无法拥有更多的教学手段，所有教学工作都以教师为中心，使得教学过程枯燥单调。有了以计算机为平台的多媒体辅助教学系统，大大改善了传统教学模式的不足之处，有精读课教学中可充分发挥多媒体拥有的综合性、集成性、交互性和同步性等特性的优势。

首先，多媒体技术是利用计算机将数据、文字、图形、声音及图像等信息有机地结合起来，具有信息交互性强，信息资源丰富，处理功能强大等主要特点。实验心理学家赤瑞特拉的心理实验结果表明：人们一般能记住自己阅读内容的10%，自己听到内容的20%，自己看到内容的30%，自己听到和看到内容的50%，在交流过程中自己所说内容的70%。（何克抗，2002）在教学中，通过制作多媒体课件，可以为学习者提供一个图文并茂的生动的学习环境，教师应有的放矢，有效地采纳多媒体课件的某一精华部分以活跃课堂气氛、充实教学内容，并进行必要的讲解和组织学生进行课堂练习、问答、讨论等活动以促进师生间的有效交际，提高学生的语言交流能力及应用能力。同时充分调动学生的眼、耳、口、手、脑等多种感知器官，变课堂上单纯讲授的教学模式为视、听、说、写全面发展的交际外语教学模式，使往日呆板的教学形式变得丰富多彩，增加了学习的趣味性，能有效地激发学生的学习兴趣、欲望和情绪，极大地调动学生的学习积极性，强化感性认识，加深对所学知识的理解。而且节省了教师课堂大量板书的时间，只需用鼠标点击或用键盘操作，就可以使教学内容清楚地展现在学生面前，加快课堂节奏。可以给学生提供更多的听说训练机会，有效地提高听说能力。另外，通过校园网可提供更多阅读、写作材料，激活学生的思维，激发学生学习热情，提高综合语言运用能力。通过图表我们可以直观地比较出各种教学媒体在实践中的教学效果。（李文英，2005）

	课本	录音	录像	多媒体
硬件条件	A+	A+	A	B+
交互性	B-	B	B+	A+
课堂气氛	B-	C+	A	A+
教学效果	C+	B	B+	A

其次，多媒体教学有很大的灵活性和可选择性，有利于个别化教学，使教学真正做到尊重学生的个性差异，因材施教。学习者可以根据自己的不同情况进行学习，而且能方便地查阅与正在学习的内容相关的知识，因此可以极大地提高学习效率和学习效果。

再者，多媒体教学包括的媒体数量多，信息量大，覆盖面广。能面向全体学生，使媒体资料能得到充分共享，从而扩展了教学空间，使教学摆脱了以课本为中心和教师为中心的束缚，让学生徜徉在知识的海洋里，拥有自由遨游的学习空间。

最后，多媒体网络教学有利于形成交互的学习氛围。多媒体网络系统具有很强的人际交互功能，能很方便地进行教师与学生、学生与学生之间的信息交流。课下教师可以通过网络界面向网络中的学生规定同一信息内容的学习任务或提出有待解决的问题,学习者在教师监控下学习。教师可以通过网络空间监视每个学习者的学习情况,随时对学生进行引导,使学生的注意力集中在与解决问题最直接的相关问题上。

可见,多媒体教学模式可使教学内容更丰富有趣,知识信息量更大,并且更新了教学手段,更好地达到了培养学生综合运用语言进行交际的目的。因此从学生的学习特点出发,在教学中引入大量的多媒体素材,改变传统的教学模式,利用图片、音频及视频等素材安排教学活动,不仅能给学生提供机会接触不同语言环境中朝鲜语的语言材料,而且也真实地呈现了相关国家的文化,帮助学生理解中外文化的差异。

二、多媒体技术在朝鲜语精读课教学中的应用

多媒体在精读课教学中逐渐显示出其强大的生命力,同时也对朝鲜语精读课教学提出了新的挑战。主要表现在教学方法的转变、角色的转变、各种教学媒体资源的合理调控等方面。外语教学是双向活动,它包括教师的教学过程和学生的学习过程。教师的主导作用在于充分研究学生学习过程的基础上,认真考虑和恰当安排自己的教学过程,帮助和引导学生加速学习过程。笔者认为朝鲜语精读课教师在课堂中运用多媒体技术进行辅助教学,若真正起到主导作用,应根据精读课特点做到"三个结合"。

(一)传统与更新相结合

针对学生对于朝鲜语及对象国缺乏了解这一事实,教师应努力带动学生去创造浓厚的外语气氛,这要求教师在有计划、有系统地进行讲解、归纳、总结新知识和复习时,充分发挥教师个人的才能

和魅力，做到言之有物，语言生动活泼，去激发学生的学习热情。传统的课堂教学模式经过多年的积累，经验已经相当成熟，教学效果也是得到公认的，目前在外语教学中还没有哪种方式和手段能取代它。但传统教学中的讲解往往过于抽象，缺乏感官刺激，如学生在阅读内容稍长的课文时，在理解文章的过程中应该有各种心理表象和想象的东西的产生。这里面包括视觉的、听觉的、触觉的各种感知形象，但如果这种感知形象太抽象、太模糊，学生从教师的口头讲解中又得不到很清晰的形象，就会感到索然无味。学生对于这种被动的学习方式缺乏热情，久而久之学习积极性就会有所降低，导致授课效果不好。如果在这过程中教师能够根据教学内容的需要，安排一些图像、声音、视频等多媒体形式，把学生的注意力由枯燥的书本或常年相见的教师身上转移到图文并茂的多媒体系统中，在加深对课文理解的同时，充分刺激学生的感知器官，激发他们的联想力和想象力，从而会使课堂教学变得更加活跃和富有吸引力，使学生在一种轻松活泼的环境里学到应掌握的知识。特别是外国文化中特有的、中国学生从来没有见过的事物或现象，用多媒体技术创设直观情境会更容易理解。例如，笔者在讲解《长白山天池和瀑布》一课中，对于从未去过长白山的学生而言，很难从课文的描述中很直观欣赏到它山色之美丽，瀑布之壮观，天池之幽蓝，传统的教学手段很难给人以很清晰的形象。然而有了多媒体系统，教师备课时可以事先从互联网上下载相关的资料和图片，这样在授课时既可以欣赏作者的写作技巧和方法，以及好词佳句，又可以通过下载的材料了解有关长白山的历史和地理等方面的知识，使教师的讲解更加形象化。因此运用多媒体辅助系统进行朝鲜语的精读课教学，可以使抽象的事物变得具体，有助于学生对所学内容的理解和掌握，使教师的工作达到事半功倍的效果。

(二)理论与实践相结合

现代教学法强调以"学生为中心",要求"在练中学"。精读课内容虽然以语法和词汇为主,但不应是主要由教师讲学生听的这种形式,而是要学生亲自参加的外语交际实践活动。传统的单纯讲解词汇、语法的方法,容易切断词与词之间的有机联系,或只知语法意义而不知在什么环境下应用。朝鲜语的语法形态具有总量多、分类用法多、同义形态多的"三多"现象,掌握起来很容易混淆。对于这种意义较多、用法较多的词或词尾,教师可以先不用很详细地告诉学生这些词尾的具体差别,而是利用多媒体技术事先准备好大量的学生所熟悉的实例,让学生通过造句、替换练习等形式进行大量的练习,举一反三自己去领会。例如,朝鲜语的接续词尾"고"的用法可分七大类,十一小类。(宣德五,1994)如果教师用口述的形式进行讲解时,这对于语言知识和语感不是很强的低年级学生理解起来是相当困难的;若用板书形式,既浪费时间,课堂效果也不好。如果教师可以在备课时利用Word文件事先把需要对比的语法、词汇用表格等形式规划出来,在课堂上只需概括地讲解,然后让学生进行大量的操练,并总结归纳其意义和用法,最终达到能够"脱口而出"。教师在教学过程中应注意搜集整理资料,制成多媒体资源库,以方便今后的教学或学生查阅和自学。

(三)指导与授课相结合

教师角色应该从课堂教学的传授者转化为学生主动建构知识的帮助者。在信息技术环境下,教师应该是学习过程与资源的设计者和开发者、学生学习过程的引导者和促进者。学生的角色由课堂教学中的被动接受者转变为主动参与者,成为知识的探究者和意义建构的主体。当然,在以学为中心的教学设计过程中,在充分考虑如何体现学生主体作用、用各种手段促进学生主动探索和培养自主学

习意识获得知识的同时,不能忽视在这一过程中教师的指导因素,新技术的使用不能弱化教师在课堂教学的作用。笔者在讲解"朝鲜的春节"一课时,课文内容会涉及到很多极具民族特色的民俗活动和游戏。在讲到"윷놀이"游戏时,如果仅仅告诉学生:这是一种类似于中国掷骰子的游戏,学生一定不会明白这个单词的真正含义。此时如果通过多媒体课件中的Flash短片进行讲解,就会让学生有很强的感性认识。再通过课下分组进行游戏,学生们就会亲身体验游戏的规则和乐趣,从而可以更深地理解这个单词,且了解了朝鲜的民俗文化。有了多媒体技术的辅助,教师的授课过程应改"填鸭式"为"启发式",教师只需提纲挈领地讲解基本概念和环境条件,然后让学生通过大量的练习来理解和领会学习的内容,此时教师在课堂上是指导者,负责每一课的内容的具体调度。同时教师还应注意不要把自己变成"技术操作人员",毕竟精读课不是视听说课,它缺少完备的多媒体设施,它在精读课教学中只能起辅助作用,而不是主导作用。如果过度依赖多媒体系统,教师就无法深入到学生中去,导致学生和教师产生距离。如果教师只是面对着屏幕,就无法从学生的表情和眼神中观察出学生的接受情况,因此教师必须充分发挥指导作用,既要把授课内容变得生动形象,又要创造活跃的课堂气氛。

  Healy指出,仅靠运用信息技术并不能保证有效的教与学。语言课堂中信息技术的滥用只不过是浪费时间,学生由最初的新鲜感带来的学习热情也会逐渐熄灭。他得出结论:教师在课堂中的作用绝不能由信息技术来替代,因为语言教育不能等同于设计固定程序的科学技术,而是综合了许多学科需要的、具有创造性的艺术行为。(王铭玉、贾梁豫,1999)发挥教师的主导作用和学生的主动性是提高教学质量的有力保障,同时二者必须紧密结合,忽视哪一方都是不可取的。学生接受新鲜事物带来的刺激，同时也要接受新的挑战。面对多媒体辅助教学这一新形式，学生应在教师指导下，注意总结归纳，灵活地运用所学知识较自由地表达自己的思想，领会他人的言语意图，完成交际任务。

另外，多媒体课堂教学可以延伸至课下时间，利用校园网中的学习网站加强学生和教师的沟通，研讨疑难问题，布置课外作业，把精读课的课堂教学与课外学习连接起来，更好地发挥多媒体技术的辅助作用。

三、多媒体技术在朝鲜语精读教学中存在的弊端及对策

以计算机技术为核心的多媒体教学方式促进了外语教学的改革，是教学手段的一个革新，目前利用多媒体进行外语教学已是大势所趋。在具体应用上，教师、学生和多媒体技术这三者之间只有和谐起来，才会产生比传统教学方式更好的教学效果。新的教学模式的产生也必然带来新的问题，其中在朝鲜语精读课教学中的多媒体技术应用仍存在许多制约因素，主要表现在三个方面，人的因素、物质因素、管理因素。

（一）人的因素

计算机尽管无所不能，但它的作用只有在人的操纵下才能发挥出来。对于外语教师，面对着日新月异的计算机科学日益渗透到外语教学领域这一事实，我们应该做到的是及时转变教学观念，加强自我完善能力。大部分朝鲜语精读课教师都不是计算机技术人员，或对多媒体技术知之不多，对于开发多媒体课件有很大的困难。这需要不断地学习，提高掌握运用多媒体技术的能力，其实就现有的硬件和软件条件而言，我们可以运用Word软件处理一些不是很复杂的课件，可以制作出填空、选择、翻译、听力、造句和替换练习

等形式的习题;还可以利用PowerPoint制作稍微复杂的幻灯片,以适应教学的需求。但这只能满足低层次的需要,若要开发出内容更生动丰富的课件,创造更逼真的外语气氛,则需学习Authorware和Flash之类的多媒体制作软件。

（二）物质因素

一切上层建筑都必须建立在经济基础之上。把多媒体技术应用在朝鲜语教学中自然也就离不开以计算机为主的多媒体系统,只有有了这一坚实的物质基础,我们才能进行多媒体辅助教学。本文探讨的是多媒体技术在精读课中的应用,则要谈起小教室中的多媒体系统的不足之处。一般小教室中的多媒体系统主要包括计算机、电视（34英寸）,对于播放视频、音频等材料完全可以应付,但在显示图像和文本文件时,特别是比较长的文本文件时,电脑屏幕显示的范围太小,要么因为字体太小看不清,要么是字体太大,显示的文本太少,要不停地进行人工操作,导致授课内容过于散乱,造成学生的注意力下降,课堂效果不佳,从而失去了多媒体辅助教学的意义。这也许是多媒体技术在精读课大班教学中一直没有应用起来的一个很重要的原因吧。因此只有在有坚实的物质基础的保障下,才能使多媒体技术更为广泛地、更为深入地应用到外语精读课的教学中去。

（三）管理因素

这里所说的管理不是指对计算机的管理,而是指教师在将多媒体技术应用到课堂中对授课过程的控制,即如何准确把握课堂中多媒体技术应用的量和度。精读课要求教师把规则交给学生,为学生提供使用这些规则的机会,让学生在不同情景中反复练习,从而掌握这些所学内容（王铭玉、贾梁豫,1999）。多媒体辅助教学只是作为一种教学手段来帮助教师更好地完成教学任务,而不是处于主导地位。但多媒体技术作为一种辅助教学的手段在使用的过程中不可避免地也会出现一些问题。例如：有些教师忽视了多媒体动画与视听结合的功能，将教材中的静态画面搬上屏幕，将多媒体设备当作简单的投影仪来使用，致使设计出的画面无动感，教学没有生气。还有许多教师在利用多媒体教学时，为了追求多媒体的形象性和直观性，只重视对词汇教学的设计，而忽略对语音和语法教学的设计，这就违背了外语教学中语音、语法、词汇并重的原则。另一方面，多媒体集声、像、动画于一体，有丰富多彩的视听效果，可以增强教学的直观性和生动性。但在课堂设计和运用时，有的教师片面追求花哨的视听与动画效果，导致学生注意力集中在多媒体上，而无法专心于视听媒体所蕴涵的教学内容。针对当前多媒体在外语教学中存在的问题，我们在使用多媒体教学时应该把握整体性原则和"适时"、"适度"、"适当"原则。既要考虑教学的需要，又要注重突出和发挥多媒体的特点与功能。

教师必须把握好课堂节奏，根据教学内容控制技术因素占课堂的时间比例，不能充当多媒体"放映员"的角色，精读课变成了多媒体演示课，授课效果肯定不会很好。如何把握这一尺度，则需要教师根据不同的教学内容在实践中去摸索、总结。再者是如何把多媒体辅助教学同传统教学方式衔接得更紧密自然。传统授课一般由教师讲解、示范和学生练习等环节组成。在这过程中间要插入多媒体技术手段，教师要保证每一个步骤操作得熟练准确，整个过程衔接得自然，这样才能使课堂变得顺畅有序，否则就会使课堂显得杂乱无章，起不到辅助教学的作用。这要求教师不仅要熟悉并掌握计算机技能，还要在备课时考虑好整个课堂内容的安排。

将多媒体技术运用于外语教学已经成为一种趋势，它基本上可以"整合"各种教学法的优点和长处，使外语教学过程和方式发生了重大变化，充分利用其多维性、集成性和交互性等特点，积极创造良好的语言环境，强化学生对外语的感性认识和实际应用，为提高教学质量奠定了技术基础。实际上，多媒体辅助教学不仅仅限于课件上，还可以通过网络进行朝鲜语精读课教学。教师把相关的课件、教案和材料整理后上传到公用FTP上，这样学生课下可以随时上网查阅；学生也可以把问题上传，这样教师不但可以及时了解并解决学生们在学习中遇到的疑问，还可以把这些疑问做比较全面的汇总，用以指导今后的教学。此外利用多媒体技术还可以课本内容建立相应的试题库，既可以用于日常的练习，也可以用于单元、期中、期末测试。目前多媒体技术在朝鲜语精读课教学中的运用还不是很规范，还存在着各种问题，有待于教师们在今后进一步摸索，寻求获得更好的教学效果。

参考文献

[1]陈家旭.元认知理论在多媒体外语听力教学中的应用[J].外语研究,2005(01).

[2]李文英.多媒体手段与传统方法整合的多维外语教学模式及策略—理论与实践[J].山东外语教学,2005(04).

[3]宣德五.朝鲜语基础语法[M].北京:商务印书馆,1994.

[4]王铭玉,贾梁豫.外语教学论[M].合肥:安徽人民出版社,1999.

[5]赵尉彬.教学媒体在大学英语教学中的运用[J].解放军外国语学院学报,1999(5).

阿尔巴尼亚语新闻听力网络平台的建设

北京外国语大学　陈逢华

[摘　要] 新闻听力是阿尔巴尼亚语专业本科高年级阶段听力技能课程的核心内容，也是听力教学进程中教与学的难点。本文拟从阿尔巴尼亚语新闻听力的特点和教学现状出发，针对在如何听懂新闻方面学生面临的诸多困惑，阐述在现阶段听力教学中建设新闻听力网络平台的意义和可行性，并提出网络平台的具体结构设想及相关运用。

[关键词] 阿尔巴尼亚语　新闻听力　网络

一

在外语教学实践中，听、说、读、写始终是核心的四大语言技能环节，而"听"更是摆在首位。"听"作为语言信息输入的基本途径之一，"听"的过程是一种被动接受语言信息的过程，听者无法对所听内容、速度、用词习惯、语音语调等影响听力效果的因素进行人为的限定和取舍，也就是说，所听内容可能有别于听者熟悉的措辞和表达法，可能超越听者通常涉及的认知领域，导致听者产生瞬间的压力，出现听力障碍。而新闻听力作为困扰听力教学者和学习者的难题，恰恰集中反映了上述"听"的过程中可能遇到的障碍和困难。

阿尔巴尼亚语专业的听力教学从20世纪80年代语言实验室开始普遍使用以来，从技术上经历了由磁带和录像带为主到光盘、投影设备及网络运用相结合的发展历程，尤其近十年来网络资源的极大丰富为听力教学提供了越来越多几乎同步且效果较为理想的新闻听力素材,新闻听力教学无论从教学内容还是从教学形式上都呈现出新的面貌,但从长远看,目前这种发展正陷入瓶颈之中。

首先,从新闻听力的内容和编写教材的关系看,时效性是一柄"双刃剑"。阿尔巴尼亚语新闻听力的内容往往是关于当年甚至是当下发生的阿尔巴尼亚、其周边地区及国际上的热点事件、现象或人物的新闻报道。与初级听力中反映日常生活的内容不同,它集中体现了时效性的特点,对学生具有较强的吸引力。但也正是由于新闻素材时效性的特点,高年级听力课程长期处于教师自编教材的原始阶段,即由任课教师对当时新闻素材自主筛选并综合加以运用。这种做法虽可以保持教材内容的时效性,但是长期反复的教材选编无疑耗费教师大量的时间和精力,同时即便不考虑教材编纂成本过高的问题,临时选用的教材随意性大,受制约可能性高,使人难免对能否整体实现教学目标,达到预期教学效果存有疑问。而编写固定教材的做法往往又得不偿失,面对四年仅使用一次的情况,固定教材的大部分内容极易失去反复使用的可能。

其次,从新闻听力的语言和学生反映情况的关系看,语言多元化特征显著,是教学难点中的难点。具体说,新闻听力的语言既有纯正规范的主体语言,又有鲜活多样的个体语言,新词新意时有出现。主体语言的结构相对稳定,句式用词有章可循;而个体语言灵活多变,句式跳跃,用词口语特征明显,口音千差万别,往往与标准语有不少出入。此外,从语言速度的角度看,新闻听力素材多数为中等语速,少部分语速较快。对于语言基础尚显薄弱的学生而言,即便课堂上贯穿了词汇和表达法的讲解,听力背景内容的介绍,在反复听过数遍之后,尤其适应能力较弱、没有语言环境的学生仍然感觉词语连成一片,不得要领,再加上方言、口语等陌生内容的叠加,极易给学生造成听力难以提高的畏难情绪,而逐渐对听力学习失去兴趣。可以说,无论是教学者,还是学习者,新闻听力教学的发展都面临着一个艰难的状况。缺乏一个整体的新闻听力训练体系,在课堂内外都极大地制约了教师听力教学水平的提高,限制了学生学习能动性和潜力的发挥,因此如何利用现有的科技优势,合理地整合听力教学资源,使阿尔巴尼亚语的听力教学成熟规范起来,是值得深入思考和解决的问题。

二

阿尔巴尼亚语新闻听力网络平台是建立新闻听力训练体系的一个设想。它是最终以网络浏览为展现形式,由阿尔巴尼亚语新闻听力素材小型语料库为核心资源,以互动交流和训练游戏为辅助,实现教学与自学一体化的平台。当前阿尔巴尼亚新闻听力教学系统性相对缺乏,学生面临着听力难以有效提高的问题,阿尔巴尼亚语新闻听力网络平台的建设更有其现实的意义和目的。

(一)学以致用的学习才有动力。

阿尔巴尼亚语学生毕业后将主要使用外语进行与外交、新闻报道和科研相关的工作,新闻听力的水平很大程度上影响今后各项本职工作的顺利完成。在本科高年级阶段把新闻听力从其他的听力教学内容中剥离出来,为其提供专门的平台,有利于按照新闻听力的特点设计合理的教学模式,提升新闻听力的重要性和价值,为学生在本科阶段打好新闻听力基础树立明确的目标,提供良好的条件。

(二)新闻听力网络平台在高年级听力教学过程中的运用,可以充分体现老师为主导,学生为主体的合理教学定位,变学生的被动接受为主动学习。

运用网络平台来串连听力词汇热身、新闻背景搜索、听力片断听读以及听力测验等环节，可以巧妙地协助学生克服听力障碍，使课堂教学充分得以延伸，学生可以在课前和课后对每个环节进行针对性的自我学习，配合挑战性的听力测验环节，提高听力学习过程的趣味性，吸引学生的学习兴趣。

（三）新闻听力网络平台有助于听力资源的整合与补充以及听力教学的研究。

新闻听力网络平台的资源核心——听力资料语料库有助于教师整合纷繁复杂的听力素材，保存和记录教师不同时期的工作成果，而学生可以根据需要对新闻素材及配套内容设立条件进行搜索。这样，既可以解决目前网络听力资源经常更新，不易保存或保存不合理而造成的凌乱无序的状况，又可以进一步对听力资源进行分级管理，逐步丰富和扩充听力素材，并在此基础上设计测试练习，进而开展听力教学法的探讨和研究。

（四）新闻听力网络平台亦可为其他专业课程提供素材资料。

听力素材语料库的整合可以为诸多课程服务。比如报刊选读、口译、国家概况等课程可以从中获取背景资料或直接选为训练资料，或者作为技能类课程和知识类课程的补充内容。适当采用多媒体方式展示有声图像的结果既可以丰富教学内容和形式，又可以使课堂气氛更为活跃，互动性得以增强。

因此，阿尔巴尼亚语新闻听力网络平台虽从新闻听力的角度出发，却不只着眼于新闻听力一个层面，而是把课堂教学与课后训练结合起来，把听力教学和其他专业课程的训练结合起来，把"听"和"说"、"读"、"写"整合起来，以发挥其最大的价值和效用。

三

阿尔巴尼亚语新闻听力网络平台的建设既要服务于教学，又要运用于自学，所以平台的建设必须满足语料库完备、网页布局合理、教学环节与自学环节相得益彰等诸多条件。就目前阿尔巴尼亚语新闻听力教学的整体情况看，必须采用依靠整体技术开发和本专业资源辅助相结合的方式进行网络平台的初期建设。从这个角度上说，阿尔巴尼亚语专业已经基本具备了建设网络平台的条件。

首先，新闻网络平台的初期搭建可委托相应的软件开发机构或在技术人员的指导下进行，最终形成一个新闻听力网络平台的模板。该模板可以基本满足听力教学和自学一体化的需要，又便于日后不同专业根据自身的特点进行修改和完善。模板搭建的方式有利于在开发中节约成本，提高效率。

其次，经过多年的教学积累，新闻素材储备方面已初具规模。针对不同时期的素材可以分批进行处理。对早期的新闻素材可以进行一些技术转化处理，并加以分类采用，而现有的新闻素材则直接进行分类处理，归入特定的类别。未来网络上诸多的新闻素材也可以在合理分类的基础上下载使用。全部素材可根据实际情况用不同的格式储备入语料库。

再次，一部分新闻素材进行后期加工处理，比如设计热身词汇和表达法、提供听力素材原文和设计互动练习。今后亦可以依据网络平台搜索的具体要求，设立关键词搜索、分级排列，并提供简略背景信息等，进一步完善对新闻素材的加工。

在平台模板和听力素材及加工齐备的情况下，新闻听力网络平台就可初步建设起来，投入试运行。今后在此基础上，本专业再在技术和资源等各方面日臻巩固和完善。

四

既然阿尔巴尼亚语新闻听力网络平台是教学和自学共同的操作平台，在教学和自学实践中充当着媒介的作用，那么合理有效的网络平台模式就必须整合教学和自学的过程，使使用者在不同的运用过程中自由转换，操作简易，一目了然。为便于阐述，先将阿尔巴尼亚语新闻听力网络平台初步设计展示如下图：

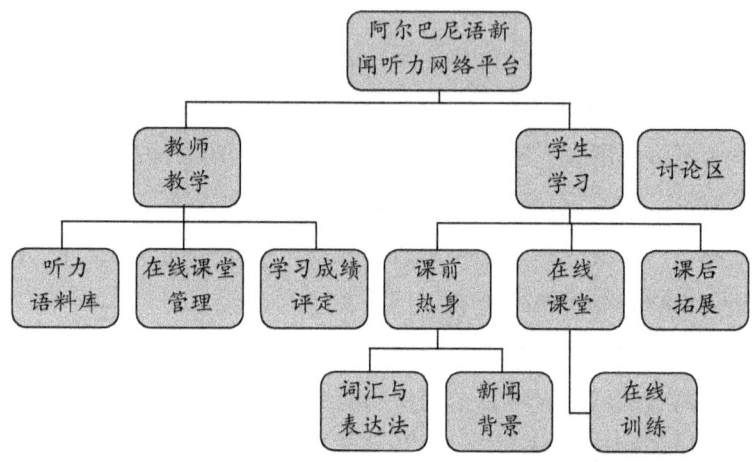

如上图所示，在阿尔巴尼亚语新闻网络平台中，教师和学生是两个相互独立又彼此联系的模块，二者可通过讨论区模块进行沟通，讨论可在师生或学生之间自由进行，实现课堂外的学习互动。教师教学模块分为听力语料库、在线课堂管理和学生成绩评定三个小模块。教师在教学模块中可以对听力语料库进行选择和更新，对在线课堂进行监控，对学生听力成绩进行评定。学生学习模块分为课前热身、在线课堂和课后拓展三个小模块。学生依照教师的要求在课前进行词汇与表达法的预热，新闻背景的了解，在在线课堂中听取教师提供的听力素材，并在线针对所听内容展开各项练习，在课后拓展模块中依照教师安排的任务巩固课堂内容，进行相应同题材同难易度的听力训练。教师可在课堂及课后阶段对学生提交练习的成绩进行评定。

在听力语料库方面，对新闻资料进行阶梯式的管理。根据阿尔巴尼亚语新闻的题材分类，可分为外交、政治、经贸、文化、卫生、科技、体育、军事等，再依据不同新闻体裁，分别分为简讯、报道、访谈、讲话、专题节目等。同时，须在设置了题材和体裁的分类之后，对听力素材进行分级处理，可考虑分为易、中和难三个等级，并标注出听力素材的时长，以供教学者和学习者参考，并设计高级搜索功能，便于听力素材的迅速检索。

在课前热身模块中包括词汇与表达法的讲解以及新闻背景的介绍，教师可安排学生进行课前预习，在课堂上通过提问的方式考察学生的预习效果，并对该课的教学重点进行强化，对难点进行处理，辅助学生扎实掌握知识点。同时必须充分利用发挥新闻背景模块的作用，其中可适当添加中外文资料，便于学生参考比较，全面了解新闻涉及的背景知识。

在线课堂方面，教师对在线课堂拥有权限，可以对听力素材进行选用，结合学生程度安排合适的语速和反复播放的次数，随后由学生自主使用在线课堂的听力素材，完成课堂听力训练。学生的听力训练内容可以形式多样，以较为生动和活泼的游戏形式展开，每个学生在游戏过程中有自己固定的身份，可以累积听力训练的成绩，教师在成绩评定模块中对听力训练的成绩进行监控，作出最终评定，对优秀者给予鼓励性的奖励，对后进者进行督促。

在讨论区模块中，教师和学生可以互相留言，推荐优秀的听力素材，针对教学疑问或教学方法展开探讨，以弥补课堂教学时间有限的缺陷。

作为教与学实现互动的网络平台，听力网络平台的整体布局和框架设计必须与教学和自学的环节相配合，从教学者的角度出发，教学资源必须简便易取，可不断更新，课堂教学可以轻松操控，学生动态可以时时反馈，学生成绩可以快速评定。从学习者的角度出发，学习者在课前和课后环节最为关键，课前热身部分材料必须与课堂学习内容相匹配，课后环节添加的听力素材和内容必须足以与课堂内容相衔接，或在一定程度上加以强化，而在线课堂训练可以有权限地自主操控，并满足课后重复学习的需要。总体上说，新闻听力网络平台是一个立体的平台，不仅有上述功能相互区分的模块，还是一个真实教与学过程的反映，包括课前热身—在线课堂—在线练习—课后拓展—成绩评估这样一个闭合的教学过程。

五

不难看出，现有的阿尔巴尼亚语新闻听力网络平台的设计是对现有的语言实验室的多媒体教学平台和网络浏览平台的一种整合，所以它既要实现课堂教学的基本功能，又要兼顾课外学习的拓展运用，这一构想无论从模式和资源的层面还是技术的层面来看都有许多需要完善和调整之处。

在模式和资源方面，最核心的部分是语料库的资源是否完备，更新的频率如何，资源如何合理分类进入相应的空间，以维护语料库模式的稳定性。而在技术层面的问题则更为复杂和专业，尤其是网络平台的搭建技术、网络管理相关规则的设置以及后期的维护都是需要多次反复推敲并长期坚持的工作，在实际解决起来也自然存在不少困难。但是，开发和运用新闻听力网络平台是完善听力教学的先进手段和探索模式，它的长远意义和辐射作用必将使现在的付出拥有不可低估的价值。

时代在发展，社会在进步，网络的功能早已不局限在单纯模式的信息交流和服务，许多远程教学和在线学习平台的开发，使学习的过程拓展到了课堂之外，而多媒体技术的广泛应用也使网络学习模式以其自主、个性、鲜活、生动的特点备受学习者的亲睐。语言学习本身交互性的特点与网络互动方式的契合使得在线语言学习成为了最普遍采用，认可度较高的模式之一。网络在教学运用领域的蓬勃发展同样为我们提供了广阔的空间，共同思考和探讨如何运用网络的优势优化教学资源，创新教学模式。阿尔巴尼亚语新闻听力网络平台仅仅是这种探索的一次大胆的尝试。而借助科技的力量创立的教学平台能否达到预期的效果主要取决于使用者的合理运用和不断完善，最终使之成为听力教学不断提高的辅助平台。

参考文献

[1]宋蕾，王海华. 高校多媒体教学的利与弊[J]. 中国科教创新导刊，2008(30).

[2]陈晓惠，陈义明. 多媒体英语教学环境的构建与应用[J]. 四川教育学院学报，2008(8)：103-104.

[3]顾世民. 计算机网络环境下的自主学习模式与课堂教学模式的综合应用[J]. 外语电化教学，2007(115)：67-72.

多媒体技术在葡萄牙语教学中的应用

中国传媒大学　张方方

[摘　要]多媒体教学技术集课堂教学文本、声音、图像于一体，构成了立体的教学方式，为课堂教学创设了一个全新的、优化的语言教学环境。将多媒体技术运用于葡萄牙语教学中，可以创造良好的葡萄牙语交际环境，提高学生学习葡萄牙语的兴趣；还能拓展学生的知识，提高教学效果；便于发挥学生的能动性，培养学习能力。

[关键词]葡萄牙语教学　多媒体技术　外语教学

多媒体教学技术集课堂教学文本、声音、图像于一体，构成了立体的教学方式，为课堂教学创设了一个全新的、优化的语言教学环境。将多媒体技术恰当地运用到葡萄牙语教学中，对教学能够产生突出的效用。因此，研究多媒体技术在葡萄牙语教学中的运用策略，避免多媒体运用的误区，努力提高多媒体技术在外语教学实践当中的效能，对于搞好葡萄牙语教学具有重要的作用和意义。

一、多媒体技术应用在葡萄牙语教学中的基本功效

认知心理学认为：人类一生中获知的信息有94%是通过视觉和听觉获得的，其中82%通过视觉，12%通过听觉。据此，1990年耶鲁大学教授Edward Tufte在解释为什么最有效的信息传播媒介是可视图像而不单单是靠听觉时指出："信息图像化本身就满足了每一位学生的不同需要，使其能以各自不同的方式和各自不同的进度来对图像化的信息进行个别化与理性化的筛选和理解。图像化的信息本身就给学生提供了一个同步进行的可控宽频带通道，而单纯口授是

无法达到这一点的。"因此，集文本、图像、音频、视频为一体的多媒体在传播信息方面有着巨大的优势，在葡萄牙语教学中可以发挥独特功效。

（一）创造良好的葡萄牙语交际环境，提高学生学习葡萄牙语的兴趣

传统的课堂教学一般以教师讲授为主，即便有学生参与教学，也多是简单的口头回答，课堂沉闷，师生都没有兴趣。多媒体技术的应用丰富了教学手段，能将教学内容以文字、图像、声音、视频等形式呈现在学生面前，又能瞬间改换呈现形式。当通过连接互联网，便又能获取海量的信息。这样使教学的内容极大丰富，教学方式也变得多种多样。可见，多媒体技术能有效地将外语教学内容机动灵活地展现，使葡萄牙语课堂情景化。在实践中，可以增加与教学内容相关的动画、影像、图片等素材，这样不仅丰富、扩展了教学内容，而且使教学有动感而逼真的画面，声与形紧密结合，加之有醒目的色彩、编配一定的音乐等，可以大大增强教学吸引力；也可以组织、设计多种多样的教学活动，便于学生参与教学，如图像配音，即兴改编教材等。因此，多媒体技术的良好应用可以为学生创造愉快的语言学习氛围和良好的葡萄牙语交际环境，提高学生学习葡萄牙语的兴趣，让课堂成为一个具有魅力、引人入胜的学习场所。

（二）拓展学生的知识面，提高教学效率和效果

好的葡萄牙语多媒体课件能增大课堂容量，拓展学生的知识面和信息量。众所周知，单位时间内多媒体给我们展示的知识容量是传统教育教学无法相比的。教师通过多媒体课件的快速播放，可以节省出大量的书写时间，而这些宝贵的课堂时间可被用来增加更多的与语言相关的文化背景介绍，给学生提供更多的学习资料，扩大学生的视野，从而提高教学效率。采用多媒体技术能动态地表达教学内容，使教学形象化、直观化，令难懂的问题变得形象易懂，把抽象思维和形象思维有机地结合起来，有益于学生对教学内容的透彻理解和牢固掌握。同时，将视、听、说内容整合于课堂，既可以锻炼学生的听说能力，又能充分增加葡萄牙语作为一门语言的可视性和趣味性，从而更有针对性地提高学生的葡萄牙语综合水平，真正达到葡萄牙语学习的目的。

（三）扩展训练的形式和内容，提升育才水平

由于多媒体丰富了教学内容；由于多媒体便于师生之间、学生之间的交流与互动；由于多媒体非常方便、及时地变换教学内容的呈现方式，所以，多媒体教学可以扩展口语训练的形式和内容，如根据多媒体提供、呈现的内容，可以让学生进行角色扮演，可以为既定的角色改编或后续故事情节，可以进行角色分析、评价，可以搜集、整理与学习内容相关的资料，可以将搜集、整理的相关资料灵活地改变呈现方式等等。

（四）便于发挥学生的能动性，培养学习能力

在大学阶段，学生已具备了一定的理解能力、创造能力和动手能力，同时已具有了一定的专业知识和计算机知识，即学生的学习达到了一个新的阶段。在葡萄牙语教学中，教师可以充分运用学生已具备的这些能力，努力将学生具有的能力与葡萄牙语学习结合起来，使学生对葡萄牙语学习产生浓厚的兴趣。比如，根据课程内容，教师鼓励学生利用计算机辅助软件，如动画制作软件Flash，演示文稿软件PowerPoint，图像处理软件Photoshop等技术，制作课件。为保证学生制作课件的质量，教师要组织学生积极参与，并提供必要的指导。学生制作后，在课堂或课外逐一展播。制作课件是学生预习课程内容、查找背景资料、抓课程重点的过

程;是学生自己动脑、动手的过程;是学生策划、实施的过程。整个过程既是学习、掌握新知识的过程,也是运用已有知识的过程,还是新旧知识整合与建构知识体系的过程。学生参与制作课件能够充分展示学生的才能,便于激发、调动、发挥学生的主观能动性,培养学生学习能力。

二、多媒体技术应用在葡萄牙语教学中的主要策略

在葡萄牙语口语教学中,多媒体技术可以被应用于多个方面,如在激发学习兴趣、丰富教学信息、扩展训练形式、纠正语用失误等诸多方面更便于应用,成效也更为明显。

(一)激发学习兴趣

多媒体手段能够利用学生的好奇,激发他们学习的兴趣和求知欲,调动学习积极性,达到强化学习动机的目的。可采用的主要方法有:

1. 听音乐谈感受。歌曲是一种抒发情感的方式,它通过歌词的内容、音乐的旋律以及歌手的演唱来求得与听者情感上的共鸣,它是一种最容易被理解和接受的表达方式。在组织口语训练活动时,特别是有关情感类的话题,教师可选取简单易懂的、感染力强的歌曲播放给学生听,比如葡萄牙的民歌法多、巴西的波萨诺瓦就很适合这类练习。练习中让学生判断歌曲表达的情感种类,陈述歌词大意,畅谈自己的感受以及探索歌曲背后的故事。通过歌曲这种富于情感的载体,逐步引导学生将抽象的情感概念具体化,在欣赏音乐的过程中,最大限度地激发他们的学习兴趣和积极性,使他们在口语训练活动中侃侃而谈。

2. 看视频讲故事。一是静音视频。给学生播放一段与训练话题相关的视频材料,关闭其声音,看完后让学生根据画面上观察到的

信息，猜测片中人物间的相互关系、说话场合、对话内容、事件的前因后果，从而讲述出故事的来龙去脉。二是无结果视频。给学生播放一段情节跌宕起伏的视频，在临近结尾处暂停，让学生通过自己的理解和猜测来编造故事的结尾。由于从不同的角度去观察事物往往会得出不同的结果。因此，学生们的说法和答案往往是五花八门的，他们自然就兴趣盎然，急于知道正确的答案。这些练习充分利用了学生的好奇心理，发挥了他们的想象力，极大地提高了他们参与教学的积极性。通过发言，学生的口语得到了训练，并且通过用葡萄牙语进行表述所获得的成就可以进一步激励学生的外语学习兴趣，增强他们的学习动机。

（二）丰富教学信息

语言学习的过程，也是了解和掌握对象国文化背景知识的过程。掌握葡萄牙语国家文化背景知识的程度直接影响到葡萄牙语知识的使用能力，是能否得体地运用葡萄牙语的前提。运用多媒体技术海量传递信息的突出特点，在教学中向学生适时适度地加入有关历史、风土人情、生活习惯、文化艺术、行为规范、价值观念等内容，丰富教学信息，帮助学生拓展文化视野和提高文化交际的意识。丰富教学信息可采用的主要方法有：

1. 看演示文稿，理解话题。例如，在讨论巴西贫民窟时，教师在备课期间可以利用PowerPoint演示文稿做成电子教案，把有关巴西贫民窟的形成原因、现状、影响等方面的图片、动画、语言、音乐、电影片段等链接到演示文稿中，以动态的形式清晰、生动地呈现在学生面前，学生们既感到新奇又很兴奋，争着用葡萄牙语讨论有关贫民窟的话题。这样对于他们表述的比较难的概念、行为或相关的背景知识能起到全方位的提示作用，从而使学生较好地理解话题。

2. 做演示文稿，谈论话题。由于多媒体与先进通讯技术的结合实现了网上多媒体信息的传递和多媒体信息资源的共享，因此，教师可以充分利用网络这样一个庞大的信息库，引导学生去搜寻相关的背景资料，开拓文化视野，增长知识。如让学生搜集资料做演示文稿，并让他们以口头报告的形式在课堂上与全班同学分享，其他同学在观看后可以结合自己准备的材料给予相应的评论和补充。这样既可以促进学生自主学习的能动性，又可以提高学生的口语表达能力，还可以使他们养成由点及面的良好学习习惯。

（三）扩展训练形式

教学的多媒体技术既可以呈现文本，还可以呈现图片、动漫、影视片段等。同时，它又可以按照需要，方便地将呈现内容的形式作以改变。另外，运用互联网技术，可以瞬间获取到所需要的内容。多媒体技术的这些优势，使葡萄牙语口语教学扩展了训练形式。常用的训练形式有：

1. 角色扮演。运用多媒体呈现一定的或者文本材料，或者图片，或者动漫，让学生根据呈现的材料，扮演其中的角色，即兴进行口头训练。在训练中，学生可以变换不同的角色，进行多样的训练。

2. 画面配音。运用多媒体呈现一些图片，或者动漫，或者静音的影视片段，让学生即兴配音。由于多媒体可以海量地传递信息，且可以迅捷地改变材料的呈现，这样的训练内容是非常丰富的，且是新鲜的。

（四）纠正语用失误

在听说训练中，语音语调尤为重要。多媒体教学中使用的材料，音调纯正、地道，内容生动多样，可以吸引学生的注意力，从而使学生在观看材料的同时，潜移默化地学习了标准的语言语调，提高了听力理解能力，便于纠正语用失误。这种训练的常用方法有：

1. 经典播放与模仿。语言的习得是一个不断练习的过程，要将所学到的知识反复运用，直至熟练，这也就是所谓的"复现"。单词需要复现，语音语调需要复现，语法句法也同样需要复现。这样，选取些经典的音频、视频材料，反复播放，并让学生跟随模仿，就便于学生掌握正确的语音、语调、语法、句法，纠正他们的语用失误。

2. 微格教学。微格教学即微型教学，也就是抓住口语教学的重点内容，如常用句型，或者多数学生常有的语音、语调错误等，在有针对性地播放经典材料、老师示范的基础上，让学生训练，并将训练录音录像，然后与播放材料比照，找出差误，这样反复练习地教学。这种练习让学生自己，或者学生相互，或者师生共同纠错，且可重复进行，在纠正语用失误上具有其他教学难以比拟的优越性。

三、多媒体技术应用在葡萄牙语教学中的常见误区与矫正

多媒体技术给葡萄牙语教学插上了有力的翅膀，确有传统教学无法比拟的优越性，具有突出的功效。但是，随着多媒体技术在葡萄牙语教学中的广泛运用，不可避免在多媒体技术运用上存有些误区问题，使多媒体的运用导致了教学的负效益。对此必须引起足够重视，并予以矫正。

（一）以多媒体代替教师的主导作用

在葡萄牙语课堂上教师所具有的人性作用是计算机所不可取代的，人与人之间的自然语言是最有亲和力、最灵活的交流方式，师生之间课堂上的互动是最有效的教和学的途径。但是，有的教师一味地追求用多媒体教学课件，把本应由教师讲述的内容变为多媒体演示，把师生之间在特定的情境中富有情感的口头交流变成冷冰冰的人机对话。尽管多媒体是先进的现代化教学工具，但它仅是辅助教师教学的，它仍然是教学工具，是为教学服务的，它不能替代教

师在课堂上的教学活动,更不能代替教师在教学活动中的主导作用,否则,难以做到良好的启发引导,也大为降低学生参与教学的质量。我们认为,是否使用多媒体应取决于葡萄牙语课堂教学的需要。在教学中,教师应通过对教学过程的设计和灵活多变的操作,恰到好处地发挥教师的主导作用和多媒体的辅助作用。

(二)将运用多媒体当作教学的唯一目的

多媒体的运用可以把抽象的语言、概念转化为鲜明、生动的视听形象,加大教学的直观性,扩展教学信息量。但是,有的教师在课堂上是靠不断变换的画面,运用各种各样的声响效果来吸引学生。这样,他们在制作课件时,较多地考虑的是如何使自己的课件设计显得精美,达到好的视听效果,而对于教学的重点、难点和课堂教学方法不去深究。这样,尽管使用了多媒体教学,但往往是教学活动的重点偏离了教学大纲,形成了"教学围着课件转,老师演示学生看"的现象。多媒体教学的关键在于课件,衡量多媒体运用是否恰当的标准,并非在于课件使用的量,而是视其是否有利于课堂教学任务的完成。如果多媒体的运用导致学生在课堂上注意力不是集中在教学内容上,而是集中在声音、图像、画面的新奇感上,则看似所学不少,实则所学有限,最终影响教学的实际效果。因此,我们必须针对不同的教学内容和目的,精心设计、运用多媒体,将多媒体当作教学的手段而非教学的目的。

(三)多媒体取代了其他必要的教学手段

有些教师把计算机屏幕当作黑板,课前将整个操练材料、问题和答案,甚至整个教案都输入计算机,在课上一一展示。这样的教学易造成学生视觉感知僵化,对教材的重点、难点的把握受到影响。教学方法是多种多样的,各种方法各有利弊,即正所谓:"尺有所短,寸有所长"。传统的教学媒体,如录音机、教学挂图、简笔画等在课堂教学中的功能仍是不可忽视的,教师应根据教学需要选择合适的教学媒体和手段,让多媒体与传统的教学方法合理配合,这样才能相得益彰。

参考文献

[1]宋蕾,王海华.高校多媒体教学的利与弊[J].中国科教创新导刊,2008,(30).

[2]黄若妤.对大学英语多媒体教学改革的探索[J].外语界,2000,(1):32-37.

[3]陈晓惠,陈义明.多媒体英语教学环境的构建与应用[J].四川教育学院学报,2008,(8):103-104.

[4]崔刚.合作式教学在多媒体教学中的运用[J].清华大学教育研究,2003,24(1):104-108.

[5]顾世民.计算机网络环境下的自主学习模式与课堂教学模式的综合应用[J].外语电化教学,2007,(115):67-72.

互动式练习软件在丹麦语高年级词汇练习中的应用

北京外国语大学　陈婷

[摘　要]Hot Potatoes是可在网上下载的教学互动练习编写软件,在国内部分城市的英语教学中已被采用。该软件互动性强,便于使用,通过该软件可设计出选择题、填空题、字谜题、配对题、重组题等五种有关丹麦语词汇练习的题型,极大提高学生学习效果。互动式外语教学软件的开发与利用为未来非通用语教学的建设和发展开拓了新的思路。

[关键词]丹麦语教学　互动式软件　外语教学

随着社会经济条件的日趋成熟以及多媒体计算机辅助教学技术的不断发展,普及应用多媒体技术已成为高校教学的一种发展趋势。多媒体计算机辅助教学因其具有生动形象、互动性强、高效率等优点在外语教学中已被广泛应用,尤其是幻灯片、视听媒体等工具已成为不可或缺的教学手段。如何在教学过程中更充分地利用计算机和互联网辅助学生进行非通用语学习成为我们探索的一大重点。

一、词汇练习在高年级教学中的重要性

就零起点的学生学习外语而言,通常存在一个普遍现象:从入学到一年级结束是飞跃期,期间听、说、读、写的能力进步非常快,二年级相比一年级进步较为缓慢,大部分学生能用初级词汇进行日常对话,表达相对简单的观点,有些学生虽然已经能比较流利地进行表达,但使用的词汇比较单调,学生们感到进步不如一年级明显,

学习遇到了瓶颈。就丹麦语而言,其语法与英语较为接近,因此学生在两年的时间内足以掌握丹麦语的基本语法,要在高年级阶段提高学生的语言层次使其进入新的飞跃期,关键在于迅速扩充词汇量。

扩充词汇量的通常办法是扩大阅读量。丹麦语专业三年级阶段共开设文学史、写作、外电分析、笔译和口译课程,虽然这些课程主要侧重培养人文能力、分析思辨能力和翻译技能,但这些课程所使用的大量阅读材料也为扩充词汇量提供了良好机会。然而,若缺乏系统科学的专门词汇练习,仅靠老师上课零散地讲解新词,必要时让学生解释词汇或考察单词,并不足以使学生掌握大量新单词,更难使被动词汇变成主动词汇。①要使表达更具体到位,学生必须掌握大量的词汇,所以在结束两年的基础阶段教学后进行有效的词汇训练是决定高年级语言教学成果的关键。丹麦语并非拼读语言,拼写和发音经常不一致,例如单词selvfølgelig共12个字母,发音的字母只有6个。丹麦语读写不一致的这个特点对学生记忆词汇造成了很大的障碍,因此更要强调词汇训练。

研究词汇习得的各种理论归纳起来都离不开语义学和心理语言学,或者说是以二者中的一种为基础的。在研究词汇习得的领域内,语义学主要把语言作为研究对象,研究词语的意义和词汇之间的关联对记忆词汇的影响;心理语言学则把语言使用者对词语理解、记忆和遗忘的心理过程作为研究对象。丹麦语言学者Birgit Henriksen通过对语义学和心理语言学的研究,综合出五个对词汇记忆具有最重要影响的因素(Holmen, A. Lund, K. 2004:71-106):①出现频率:同一词语出现次数越多,学习者越有可能把该词语记牢。②在认知

---

① 主动词汇(active vocabulary)和被动词汇(passive vocabulary)的概念由语言学家Batia Laufer提出,主动词汇是指不仅能听懂、读懂,被动接受还能主动运用在口语和写作中的词汇;被动词汇是指仅能听懂、读懂,被动接受的词汇。

过程中处理词汇的深度：学习者对词语进行深入的分析和思考有助于加深对该词语的记忆。主动运用词语进行交际或者进行字谜、类比、配对等练习都能使学习者在脑海中对词汇进行深度加工。③在语义网络中记忆词汇：建立起词语的语义网络（由近义词、反义词、内涵、外延、子概念等组成）不仅有助于加深对该词语的理解，还对学习者吸收属于该网络的新词汇大有裨益。④词汇练习的多样化：针对同一词语的多样化的练习有助于提高学生的学习兴趣，同时多样化的练习能确保学习者通过不同的思维角度接触同一词汇，进而加深记忆。⑤词语的明显特征：若学习者感到某词语的发音、拼写很特别，或该词语在学习者脑海中产生一幅固定的图像，该词语则更易记忆。

二、互动式软件Hot Potatoes的特点

运用互动软件Hot Potatoes设计的多种词汇练习就是以上述理论为指导思想而开发的。Hot Potatoes是可在网上下载的教学互动练习编写软件，在国内部分城市的英语教学中已被采用。该软件可设计出以下五种题型：

① JQuiz(简答题与选择题，包括单选和多选)：学生就老师设定的问题在答题框内回答或选择，优点在于马上可以得到反馈，若答案错误，马上能看到正确答案。

② JCloze(填空题)：相当于传统的完形填空题，老师可以选择是否给出"提示"和"词表"。学生可以选择做完每题后对答案，或做完一个段落的填空后对答案。

③ JCross(字谜题)：即纵横字谜题，使用软件自动排版功能可省去传统上计算字数和纵横方格位置的困难，只需输入提示句和解答，软件会自动将所有输入的解答词汇自动排入适当的方格中并且

给每个词汇编号,形成纵横字谜。

④ JMatch(配对题):即"连连看",不但可连词语、句子,还可以在选项中加入图片、声音或网页链接,使得互动练习更为生动。

⑤ Jmix(重组题):可把打乱顺序的字母、单词或句子重组为单词、句子或段落。

以上各题型都附带计时器,可以选择使用计时器规定学生在一定时间内完成练习,软件根据给学生上交的答案打分。每种类型题可分别形成一个网页文件(.html文件),可拷贝给学生,供学生在计算机上练习,也可发布到互联网上,使学生可以在线进行练习。升级版本的Hot Potatoes还附带整合工具(The Masher),老师可把不同类型的题整合在一起,形成一个完整的页面。

三、运用Hot Potatoes软件设计词汇练习

使用Hot Potatoes软件设计高年级词汇练习时不仅应参考上文所提到的影响词汇记忆的五大因素,还需结合考虑词汇本身的特点和记忆难点。目前丹麦语高年级词汇练习主要针对外电分析课,练习的单词来自于丹麦电视、电台和报刊新闻媒体。这些单词数量较大,平均每周大约有70至80个生词,覆盖面很广,从生活到环保、政治和经济,因此如何根据不同词汇类型的特点更好地利用Hot Potatoes的各种题型成为设计词汇练习的关键。

JQuiz可设计为翻译简答题,老师在设置问题时输入汉语或丹麦语词汇,由学生翻译成对应的丹麦语或汉语词。该类练习尤其适合训练学生记忆组织机构等固定名称或常用短语,提高学生的翻译反应速度,比如OECD(欧洲经济合作发展组织)、中共中央政治局(Politbureauet for det kinesiske kommunistparti)、vedvarende energi(可再生能源)等。除此之外,由于JQuiz练习可设置多个答案,因

此给学生提供举一反三的思考机会。例如,当问题框中出现"发表宣言"这个词时,学生可以联想到两个学过的丹麦语表达方法:1. offentliggøre en erklæring, 2. afgive en erklæring。如果学生只给出一个正确答案,在点击"check"对答案时,可以看见老师设定的所有答案。

JCloze可设置为完型填空练习,老师可以提供一段在课堂上讲解过的报刊文章段落,把各种词性的生词设为填空,在"词表"中提供大量单词。学生在做题时,必须根据该空位在句子中的位置来判断词性,并根据上下文意思猜测待填词的词义,在此思考过程中,学生对该词语的记忆自然加深了。

设置纵横字谜关键在于利用词语的语义网络。丹麦语言学者Birgit Henriksen在1989年出版的《外语教育研究》[①]一书中详细论证了纵横字谜如何使学生在认知过程中关注词语的语义网络从而使词语成为"长期记忆":若提示问题和目标词语所在的语义网相关,即老师在提示问题中给出近义词、释义或反义词等,学生会动用"长期记忆"中的"语义记忆"(semantic memory)来找出目标词,从而使目标词和已有的记忆产生联系;若提示问题是关于人们对目标词所共有的感官经验,那么学生则会动用"长期记忆"中的"事件记忆"部分(episodic memory)与目标词产生关联。根据Henriksen的上述理论,在设计JCross习题时,例如对字谜体中的目标词devaluere(货币贬值)可以给出提示问题:Det betyder det samme som "nedskrive".(和"nedskrive"意思相同。)或:Det gjorde Thailand i juli 1997.(译文:泰国曾在1997年7月1日作出该举措。)

JMatch配对题适用于练习区别丹麦语中一些容易造成混淆的词组或固定搭配,例如tilstå和erkende都可翻译为"承认、认识到",

---

① Grundbog I Fremmedsprogspædagogik. København, Gyldendal, 1989.

然而前者只用于承认错误，后者既可表示与前者相同的意思，还可表示"理解"与从句连用，因此可以把这两个词和搭配的宾语设计成配对题：tilstå —sin fejl（承认——错误），erkende —at samarbejder nødvendigt（认识到——合作是必要的）。

　　重组字母或单词的练习在丹麦语高年级词汇练习中应用很少，一方面由于在高年级阶段多数单词较长不便于进行字母重组，另一方面由于丹麦语构词法与英语较为接近，学生普遍英语基础较好，极少出现在词组中颠倒词语的错误，因此也无需练习单词重组。综合运用前面提到的四种题型，尽可能使相同的词汇出现在不同的练习中，提高词汇的出现频率也有助于学生掌握单词。

　　在外电分析课试用Hot Potatoes词汇练习一学期来，学生对该练习反映良好，根据每周单词测验和期中百词赛的结果显示，学生对外电分析课的生词掌握明显比其他课程如文学课、翻译课等的生词更牢固。在外电分析课中，学生对没有纳入Hot Potatoes练习的生词显然不如对纳入练习的生词熟悉。

四、结语

　　使用Hot Potatoes练习词汇的效果是显而易见的，但制作一次包括各题型的练习耗时较长。由于丹麦语是新建专业，每四年招收一批学生，以目前的师资力量尚不足以完成制作大量词汇练习的工作，仅能选择学生所在年级的单一门课作为Hot Potatoes的试点，笔者已将现有的Hot Potatoes练习作为题库保存下来，随着本学年课程的推进将不断更新题库，为本专业未来的教学工作做准备。另外，使用Hot Potatoes编写练习可生成网页文件，因此这些练习可直接纳入由丹麦语教研室开辟的网络学习平台（www.danskvedbfsu.com）中，未来可望实现学生在线自主学习，为新专业教学的建设和发展开拓新的思路。

参考文献

[1] Holmen, A. Lund, K. Studier I Dansk Som Andetsprog. Denmark: Alfabeta, 2004.

[2] Henriksen, B. Elevcentrerede arbejdsformer i den kommunikative fremmedsprogsundervisning. Grundbog I Fremmedsprogspædagogik. København, Gyldendal, 1989: 62-78.

波斯语教学的网络利用尝试

北京大学　时光

[摘　要]目前网络教学模式在大学中日益普及。本文以基于网络化教学平台"北大教学网"的波斯语教学实例为依据,分析运用这一平台进行非通用语教学的长处与不足。

[关键词]波斯语　网络教学　教育技术应用

2008年9月,北京大学现代教育技术中心与计算中心联合推出了"北大教学网"(course.pku.edu.cn),它采用美国的Blackboard系统构建,是一个集网络教学、数字资源管理、在线视频课堂和校园社区诸功能为一体的综合性网络平台。它的建立与运行,集中了各类课程资源,很大程度上改变了北大师生授课与学习方式。教师利

图一　北大教学网"基础波斯语(四)"课程网页截图

用教学网可以更好地了解学生对课程的特别需求,管理课前课后学生作业、分组讨论等内容,加强了师生之间课后课外、校内外与校际间的交流。

一、波斯语教学面临的问题

(一)教材偏少、内容时代性不强

波斯语教材少、版本单一是教学中存在的一大问题。目前,国内出版的波斯语基础语言教学的教材只有《波斯语教程(一)》、《波斯语教程(二)》(李湘编著,北京大学出版社,2009年)、《波斯语教程(三)》、《波斯语教程(四)》(滕慧珠编著,北京大学出版社,2005年)。课本中的一些课文内容,为对象国的一些寓言、诗歌作品,对学生的吸引力不是很强,而且部分难易搭配并不是非常合理。课文中的一些人名地名缺乏详实的背景知识介绍,一些不常用的生词对学生来说既难以记忆,也不实用。

(二)课堂上学生练习口语听力的机会偏少

外语基础课中,由于上课人数、上课时间的限制,学生在课堂上练口语的机会不多。在笔者教授的班级中,虽然只有十几名学生,但是根据自身的上课经验,两小时的教学中,每位学生平均用波斯语回答问题的次数基本不多于5次,每次一般也不超过半分钟,在课堂上学生对所学语言的实际运用能力的练习偏少。而在听力训练中由于在基础过程中学生的语言能力还不是非常强,教师在课堂上无法全部采用全外语授课,需要用中文对生词含义、课文难点、句型句式、语法规则等做出一定的解释,在另一方面弱化了学生们听力的训练。

(三)学生重视语言学习,忽视语言外知识

一些外语专业的学生外语运用很好,但是对语言外专业内(包

括外语对象国或使用地区的历史文化、文学、宗教等)的知识掌握不够丰富,这是在外语学习中一个普遍存在的现象,而如果学生对对象国的文化感兴趣,拥有浓厚的学习热情与学习语言的正确方法,便能够更为迅捷地掌握此门外语。一些非本专业的其他外语专业的学生或非外语类专业(如语言学、考古学、历史学、国政学等)学生出于自己专业学习的实际需要或自身的兴趣学习非通用语时,能够比非通用语专业学生学得更快更好,这便是原因之一。此外,根据近年来毕业生在其单位的工作情况,一名外语专业的学生,如果既能熟练掌握语言,又精通对象国的文化,毕业后在工作中表现出来的优势会非常明显,所以把语言看成是一门工具,掌握语言以外的知识,在外语学习中也是极为重要的。

二、利用网络可以合理增补教学内容

北大教学网给师生们提供了一个良好教学平台,针对教学中存在的问题,利用发达的网络信息可以一定程度上增补教材中出现却未能涉及的内容,如通过电脑演示、网络资源,通过电子化讲义对波斯语字母书写、生词的发音与构词法做出更全面直观的讲解,使学生直观地了解。同时,结合伊朗的历史、地理、宗教等知识或当前时政更全面地解释相关生词。此外,在教学中还可以用外语补充介绍课文中文章、诗歌的作者、创作背景或与文章内容有关的信息,培养学生对其语言对象国文化历史的关注。

课程案例:基础波斯语(4)

上课内容:《波斯语教程》(二)第29课"小朋友的大朋友"

上课对象:外国语学院西亚系波斯语08级本科生

上课时间:2010年4月

ایروان – 埃里温

شهر ایروان (در ارمنی Երևան: یروان) بزرگ‌ترین شهر ارمنستان و پایتخت این کشور است.

از ۴۰۰۰ سال پیش از میلاد مسیح، انسان‌ها در محدوده ایروان زندگی می‌کرده‌اند. استحکامات عصر برنز شامل شنگاویت، کارمیربلور، کارمیربرد و بردادزور در این منطقه یافت شده‌اند. اکتشافات باستان‌شناسی قلعهٔ اوراراتویی به نام اربونی را که در ۷۸۲ پیش از میلاد و بنا به امر شاه آرگیشتیس اول بنا شده بود را نمایان ساخت که در محل ایروان فعلی و برای محافظت از حملات قفقازیان شمالی قرار داشت. کانال‌های آبیاری و مخزن آب اوراراتویی نیز در این محل کشف شده‌است. قلعه تیش‌ایبانی (کارمیربلور) به دست سیت‌ها در ۵۸۵ پیش از میلاد تخریب شد. مابین قرن ۶ و ۴ پیش از میلاد، ایروان یکی از مراکز مهم قلمرو ساتراپ ارمنی در امپراطوری هخامنشی بود. دوره زمانی بین قرون ۴ و ۳ پیش از میلاد نیز به عصر سیاه ایروان معروف است چراکه دانش تاریخی درباره آنچه در این دوره بر ایروان گذشت در دسترس نیست. اولین کلیسا در ایروان، کلیسای سنت پیتر و پاول در قرن ۵ ساخته شد که در ۱۹۳۱ فروریخت.

در دوران عظمت اعراب، ایروان در ۶۵۸ به دست آنها افتاد. از آن زمان به مرکزی استراتژیک به عنوان گذرگاه کاروان‌های تجاری اروپا و هند مبدل شد. از قرن هفتم به بعد نام ایروان به این شهر اطلاق شد و بین قرن‌های ۹ و ۱۱ و بیش از حمله سلجوقیان، ایروان بخش امنی در پادشاهی باگراتونی بود.

图二 关于埃里温的介绍

"小朋友的大朋友"一课中介绍了建立伊朗近现代第一所聋哑人学校奠基人贾巴尔巴格契邦的生平。本课课文中提到伊朗人贾巴尔巴格契邦出生在今天的亚美尼亚首都埃里温，但是成年后来到伊朗西北部城市大不里士，第一所聋哑学校建在了伊朗首都德黑兰，由于课文中没有其背景知识的介绍，学生直接阅读课文如果不了解背景肯定对此会产生疑惑，因此本人在实际授课过程中在电子讲义中补充介绍了一些当时历史情况以及贾巴尔巴格契邦本人的照片，使学生在阅读课文前对其背景知识有了基本的认识。

作为国际政治的热点地区伊朗、阿富汗等国的新闻频繁在媒体中出现。在教学网"讨论版"发布有关语言对象国的外语新闻、视频、电影等多媒体信息，改变了传统非通用语基础课教学方式，在课堂课后形成教师与学生的互动，学生们在了解时政的同时，也无形中锻炼了自身的听力（图三）。同时，在教学网"学习工具"板块中发布一些与教学语言相关的软件或电子版文学历史语言著作，供学生下载，丰富了学生的课外知识。

图三 "基础波斯语"师生交流讨论版"对象国信息"网页截图

此外,通过让学生在教学网提交作业,方便了教师,也使学生掌握了在电脑上操作专业语言的技能。波斯语字母采用阿拉伯字母书写,使用电脑打字需要调整或安装专门的输入法。我专业本科生虽然已经历了近两年的波斯语学习,熟练掌握了波斯语书写,但是对波斯语打字非常生疏。笔者认为,熟练掌握波斯语打字对于学生单词的记忆、写作能力的提高以及今后的工作都有极大的帮助。因此,本学期开始后,我们让学生通过北大教学网提交课后作业。同时,对波斯文电脑输入的一些技巧(如标点、标音符号、格式调整等)做了一些基本的介绍。经过一学期的实践,学生们的打字速度、正确率有了明显的提高。同时,在教学网上批改作业也改变了波斯语教学中提交纸质作业的传统,而且统一打分系统以及作业提交记录也使该课程平时成绩的计算做到了公正与透明(图四)。

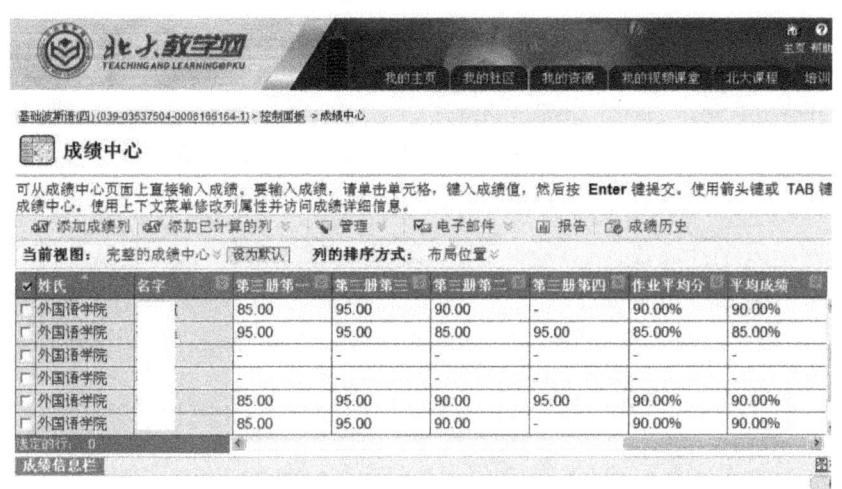

图四 学生平时作业成绩统计网页截图

三、使用网络教学的心得与建议

总体来说，网络教学为师生提供了更多的课堂资源，不再受教学大纲、书本内容与授课地点的限制。当然，波斯语教学也有其自身特点，与其他学科相比较，波斯语教学作为外语教学，无法完全采用远程方式授课。鉴于小班上课、学生数量少、师生面对面交流机会多等特点，北大教学网中拥有的视频课堂、分组讨论等功能在课程上显得不是非常实用，因此，笔者本人在教学中也未使用这些功能，而是结合课程本身的要求，合理利用教学网中的资源，结合本课程的实际需要来完成教学任务。经过一学期的实践，根据北大教学网自带的课程统计数据显示，截至2010年6月本课程中学生使用、浏览最多的部分依次为：

区域ID	讨论版	内容区	通知	交流区	成绩中心	工具区
百分比	28.16%	25.2%	20.97%	7.81%	6.84%	3.57%

其分布比例与北京大学外国语学院其他的外语专业基础语言课

程的基本相似。这说明讨论版与内容区为教学网使用重点。

四、结语

  非通用语教学普遍存在师资力量较薄弱、学生数量较少、缺乏专业人才与技术支持等情况,使得大规模、成体系、专业化地进行网络教学开发还存在各种困难。在波斯语教学范围内,目前成熟的网络教学资源十分匮乏,这就需要目前国内为数不多的几所开设波斯语专业的高校携起手来,扩大交流合作,共同开发利用网络波斯语教学资源,不断提升教学水平,以增强学生的学习兴趣,更好地提高教学质量。

参考文献

  [1]北京大学"教学新思路"第二期教学实践论文集[C].北京:北京大学现代教育技术中心,2010.
  [2]马淑霞.网络教学和传统课堂教学的结合[J].广州大学学报(社会科学版),2002(12).
  [3]赵颜,黄永中.非通用语网络教学资源平台的开发与实现[J].中国教育信息化(高教职教),2008(5).

人才培养与师资队伍建设

外语非通用语人才培养模式的实践探索

北京外国语大学　苏莹莹

[摘　要] 北京外国语大学从1961年建立亚非语系，发展到今天的亚非学院，已经走过了半个世纪的历程。亚非学院的非通用语人才培养模式，也从单一的非通用语人才培养模式，发展到了目前的"复语型、复合型"人才培养模式，应该说，每一次改革的进行都是北外亚非学院为满足社会需要、适应社会发展变化所作的积极探索。在今天新的国内外形势和社会需求下，只有转变观念，勇于创新，与时俱进地进行新的人才培养模式的探索与实践，才能立于不败之地。

[关键词] 人才培养模式　教学改革　非通用语建设

一、20世纪北外亚非学院人才培养模式的历史沿革

北外亚非语系创建于1961年，发展到今天的亚非学院，历经了五十载春秋。半个世纪以来，学院非通用语人才培养的模式，经历了几番较大的变革与尝试。从建系初期到20世纪末，亚非学院非通用语人才的培养模式经历了三个主要阶段。

（一）单一的非通用语人才培养模式

从建系初期到70年代末期，亚非语系的人才培养目标是"高质量的掌握一门亚非非通用语的外事翻译和外事干部"。当时的形势是各外事部门急需非通用语种干部，从无到有，要立即上任担当重任，因而学校的培养目标也很明确，加速培养、输送人才。当时的培养目标是"培养出掌握地道、漂亮的亚非口、笔语的人才"。第一

批本科毕业生几乎全部分配到中央各国家机关、军队外事部门和高等院校，填补了这些单位亚非语种人才的空白，满足了形势的需要。

（二）"非通用语+英语"的双语制人才培养模式

20世纪70年代后期到80年代中后期，随着文革结束，改革开放政策的实行，我国确立了以经济建设为中心的发展方向，与发达国家交往增加。社会对亚非非通用语人才的需求也发生了变化，只掌握一门非通用语已不能满足社会需求，必须也能运用英语这一通用语。亚非系就此进行人才培养模式的改革，即从单一的亚非语改为主修一门亚非语言，同时学英语的双语制。毕业时学生既掌握了一门亚非语言，英语又达到了大专水平。

（三）定向培养制度

至80年代中后期，随着国家经济的迅速发展以及与西方发达国家交往的激增，英语人才需求量大，亚非非通用语人才需求相对减少，出现了亚非语人才流失以及毕业生质量下滑的现象。为了确保向用人单位输送高质量的亚非语言人才，亚非语系从1989年开始实行定向培养计划，以"定向委培"的方式来培养非通用语人才。这一培养模式的确立，取得了值得肯定的成功。但随着时间的推移，新的问题及矛盾也逐渐暴露。由于每个学生都定了向，明确了毕业后的就业单位，缺少奋斗向上的动力。随着社会形势的发展，用人单位思想的转变，定向培养制度弊病的日益显现，95级（99届）成为亚非语系最后一届定向生。

二、新世纪"复语型、复合型"非通用语人才培养模式的探索

进入21世纪以来，随着国家综合国力的稳步上升，周边外交的不断扩大，以及中国语言与文化海外推广的积极开展，外语专业的重要性及其所发挥的作用日益得到国家的重视。在这种新形势下，

我们深刻地认识到,一个单纯掌握语言技能的"外语熟练工"已经不能满足时代发展及人才市场的需求。我们所培养的学生既要有过硬的语言基本功,更应该对对象国及其所处区域的文化有较为全面、深入的了解。他们将来不仅仅是翻译,更应该是国别研究和区域研究的专家。为了更好地适应国家经济建设和社会发展的需要,北外在总结非通用语人才培养工作和调查研究的基础上,确定了培养复语型、复合型的非通用语人才的新模式。

所谓"复语型",对亚非学院而言就是"非通用语+英语"。多年来的实际情况说明,用人单位非常重视非通用语学生的英语水平,"非通用语+英语"的双语人才符合社会的实际需要。数年前,亚非学院曾向多家用人单位征求有关非通用语人才培养的意见和建议。他们的要求是一致的:掌握一门非通用语,英语达到大专或本科水平。我们曾经做过这样的统计,学院2005届、2006届,韩语、马来语、老挝语、泰语和缅语专业毕业生使用本专业就业的占38.1%,使用英语就业的占7%,使用英语和本专业两种语言就业的占55%。[①]

与"复语型"相比,"复合型"的改革更是势在必行。早在2002年初,李岚清副总理在北外视察工作时就明确指出:我国已在2001年加入世界贸易组织,国家将在更深层次、更广范围参加国际经济与合作交流的活动。在国际交往、学术交流和国际合作等方面,由于存在语言交流不畅的问题,因此不能充分展示我们的学术成就和各方面的活动。北外应为此作出更大贡献。北外要继续发挥办学特色和优势,为国家培养高、精、尖的外语人才;要适应改革开放和加入世界贸易组织的需要,培养大量的社会急需的"外语+专业"的复合型外语人才。这些精辟的论述对非通用语复合型人才的培养和定位

---

① 杨晓京:"关于非通用语教学改革和完善人才培养模式的思考",在"北京外国语大学非通用语专业教学改革研讨会"的发言,2007年1月6日。

具有积极重要的指导意义,为我国的非通用语教育指明了方向。[①]

1999年,北京外国语大学开设了外交学和国际经贸两个专业的辅修课程。非通用语的学生若修满规定学时,成绩合格,就可以获得辅修证书。同年,还开设了英语辅修课程,符合要求者,可获得本校颁发的英语大专证书。2002年开始,北外开设了外交学、国际经贸、国际金融、工商管理四个双学位专业。学有余力的学生毕业时,除了获得本专业的学士学位证书还可获得北外颁发的双学位证书。双学位的推出,深受学生的欢迎。北外教务处对2001级在校本科生的一项调查表明,80%的学生愿意在大二时选修双学位课程。[②] 从2002年至今,亚非学院各专业学生选修双学位的比例均在60%以上,顺利取得双学位的比例大约占选修总人数的50%左右。虽然学生毕业时获得的并不是两个学士学位,但是双学位证书在学生就业时还是起到了非常积极的重要作用。以马来语专业为例,2006届毕业生中,有三人分别被中国银行总行、中国银行北京分行及交通银行北京分行录取。录取时,除了他们优异的非通用语和英语成绩之外,这三位学生在大学期间所获得的国际金融方面的双学位证书也得到用人单位的充分认可和重视。用人单位认为,金融知识的辅修学习非常有利于毕业生快速适应工作岗位,有利于他们的职业发展。

实践证明,这种复语型、复合型的培养模式,使学生通过4年的学习,不仅具有扎实的非通用语基本功,而且具有较好的英语基础和宽广的专业基础知识,能更好地适应国家经济建设和社会发展的需要。当然,在提倡和鼓励学生参加辅修及双学位课程学习的同

[①] 冯玉培:《关于培养非通用语复合型人才的思考》,载《教学研究论文集》(北京外国语大学亚非语系编),2002年版。

[②] 冯玉培:《关于培养非通用语复合型人才的思考》。

时，必须十分注重非通用语教学质量的稳定和提高，积极引导学生正确处理好非通用语、英语辅修、双学位三者之间的关系，绝不能以牺牲非通用语的教学质量为代价来培养复合人才。

培养"复语型、复合型、宽口径、厚基础的高素质外语人才"已经成为当今外语教学界的共识。在确立"复语型、复合型"人才培养模式的同时，北外还积极创造条件，推行国内外联合培养的非通用语人才培养模式。北外亚非语系同国外高校的合作交流始于1987年。目前已经和泰国、马来西亚、韩国、文莱、越南、土耳其、斯里兰卡、伊朗等国的数十所高校与机构签署了协议书、备忘录，建立了合作交流关系。多层次、全方位的对外合作与交流，有力地推动了亚非学院各专业的教学和科研工作，学院力争使多个专业的学生在校期间能够赴所学语言国家学习半年至一年。通过留学不但可以使学生们在更为有利的语言环境下掌握对象国的语言，还能零距离地感受对象国的风土人情和典章制度，从而对对象国的政治、经济、社会、文化等方方面面有更加深刻的理解。针对国内外联合培养非通用语人才的模式，北外还具体提出了"7+1"模式，即努力与国外相关大学签署合作协议，争取把非通用语学生送到国外学习一个学期。也就是说，每个非通用语学生在北外学习4年期间，7个学期在北外，1个学期在海外。为此，我校教务处制定了一系列涉及学生双学位、辅修、专业英语四、八级考试和暑假班等规章制度，设法将大三的一个学期腾空，为有条件的专业出国学习创造有利条件。经过这些年的实践，我们认为"7+1"模式在派出时间、派出期限、派出人数等方面都需因语种不同、因对象国具体情况不同而灵活调整，而在国内外教学过渡衔接、国外课程安排、教学效果测试等具体环节则需进行妥善安排和严格管理，以使国外的学习更好地促进学生整体专业水平的提高。

三、北外亚非学院为"复语型、复合型"人才培养所做的努力

首先是转变教育理念。长期以来,在外语教学方面,北外形成了独具特色的优良教学传统。在听、说、读、写、译五个方面,坚持"严格要求,精细训练",实行小班互动的听说教学模式,在实践教学活动中培养学生的外语应用能力。就亚非学院而言,要求毕业生掌握高水平的亚非语言,能在口、笔语上娴熟使用地道、漂亮的对象国语言。这个目标应该坚持,贯彻始终。但是仅仅达到这一目标显然是不够的,还必须具有一定广度和深度的专业知识。我们必须培养既精通一门亚非语言,又具备较强的英语运用能力,同时还具有亚非地区政治、经济、文化、历史、社会、宗教等方面的专业知识的人才,也就是复合型、复语型的亚非语言人才。较长一段时期以来,北外非通用语专业人才培养模式的局限性具体表现在:在专业范围内,以外语技能为核心构建的课程体系,几乎涵盖了专业教学的全部。这种课程体系,由于在整体上着重于技巧的熟练,缺乏知识构建的连贯性,缺乏学术的内涵和深度,缺乏认知能力和思辨能力的系统培养,在很大程度上制约了学生的求知欲和学术潜力的发展。[①]正是由于这些局限性的存在,使北外的毕业生普遍存在着知识面不够宽广,思辨能力薄弱,学术视野较窄,适应性较弱,潜力后劲不足的缺陷。对这些不足的清醒认识使我们感觉到革新人才培养模式,落实改革措施的必要性和紧迫性。

其次,为了实现人才培养模式的革新,我们要认真反思,梳理问题,深入探讨,要从人才培养方案的修订、教材改革、课程建设及教学方法改进更新等各个方面,探索新的道路和方法,在

---

① 钟美荪:"理清思路,找出差距,认准方向,深化改革:北外非通用语专业教学改革思路探讨",在"北京外国语大学非通用语专业教学改革研讨会"上的发言,2007年1月6日。

继续保持学院优良教学传统的同时，弥补我们在人才培养方面的缺陷和不足。

(一) 人才培养方案的修订

多年来，在改革精神的指导下，北外曾多次修订《本科人才培养方案》。近5年来，经过充分的思考和讨论，结合社会发展的实际需要以及各专业自身的特点，学院于2005年、2007年两次修订了《亚非学院本科人才培养方案》，详细修订了各专业的培养方案和本科阶段的全程教学大纲。根据学校的整体原则和相关具体要求，《亚非学院2007版非通用语专业本科教学培养方案》针对专业课程设置，主要进行了以下各方面的改革：

1）在保持学生在校期间总课时数基本稳定的前提下，科学合理地适度减少学生课堂学习的时间，增加课外实习或实践的比例。

2）要求各专业在大一学年增开用中文讲授的"语言对象国基础国情文化课"。在2007版《亚非学院各专业本科人才培养方案》的修订过程中，各教研室多次开会讨论，对已有课程的设计进行优化，对新开课程的必要性和可行性进行充分的探讨。大家一致认为有必要在一年级用中文开设"语言对象国基础国情文化课"，它对我们人才培养目标的实现将起到重要的作用。此门课程的开设既符合"复合型、高素质外语人才"的培养目标；又切合一年级新生的实际情况，有利于培养他们的"专业感情"；还将为本科高年级提高阶段用对象国语言开设的国情文化系列课程奠定良好的基础；更重要的是，有利于培养学生们对"科研"的兴趣，使其养成良好的科研习惯和学术规范。这门课倡导启发式教学，除了教师的课堂讲授，还充分组织课堂讨论。此外，教师还为学生提供一系列的中、英文参考书，鼓励他们多读书、勤思考，在听课、读书的基础上，针对各自感兴趣的题目进行研究，并将研究成果与同学们进行交流，达到资源共享的效果。

3）在整体培养方案中加大中国语言文化方面内容的比重。新修订的培养方案调整了原有中文课程的设置，加大了中文课程在各专业教学中的地位和作用，以适应北外培养具有深厚中国文化底蕴和素养的外语人才的需要。在新的培养方案中，以中国语言文化为内涵的课程不仅作为全校各专业学生的通识教育通选课，还纳入了各个外语专业"专业选修课"的范畴，大大强调了中文课程的必要性和重要性。这是一次前所未有的革新。

4）充分尊重每一个学生的个性发展和专业发展方向，开出真正意义上的专业选修课。在此次新修订的07版培养方案中，增加了选修课（包括全校通选课程和专业选修课程）的比例，并强调各专业必须设置相应的专业选修课程，使选修课程比例达到教学课程总数的20%。其中，专业选修课占专业课程总课时数的10%以上。这一改革的目的是为了增加学生自主选择的机会，更好地体现学生的个性化修读计划。[①]

（二）教材改革

多年来，学院非常重视非通用语教材的建设工作，以提高教学效率、巩固教学质量为目的，开展各专业基础阶段、提高阶段教材的编写与修订，努力形成配套的亚非语种教材系列，涵盖各语种主要基础课程及高年级主干课程；建立教材更新、修订机制，确保教材的时效性和实用性。近年共出版主干教材及其他各类教材三十余种。

但是在看到成绩的同时，我们也看到还有不少专业的教材存在明显不足：选材陈旧、过时，并且大多数属于早有定论、现成的东西，很少包含富于启发性、探索性的内容；高年级的教学内容不能

---

① 苏莹莹："从《本科人才培养方案》的修订看北京外国语大学非通用语专业本科课程改革的设想与实施"，《回顾与展望：纪念改革开放30周年北外教学改革研究论文集》，北京：外语教学与研究出版社，2009年5月。

反映最新的社会科研成果和前沿知识,不能拓宽学习者的视野,人文方面的深度和广度都不足等。①这些问题明显制约和影响着非通用语人才培养的规格和质量。而且,学院的不少专业都存在师资力量薄弱,师资队伍比较年轻,经验不足,积累不够等问题,这些也都影响着教材编写的质量和进度。为了更好地完成非通用语教材编著工作,有几个方面是应该充分重视的:

1)在教材编写方面,要改变过去以语言技能为框架,过分重视语法、词汇为中心的状况,转向包含语言技能、国别文化、地区文化等多方面的内涵。

2)及时更新教材中陈旧过时的内容,提供正在发展的鲜活的内容,在选材上应选择能够体现当时时代精神的文学精华。

3)亚非非通用语教材在"量"上应该适度增加。当然这个增加不是盲目增加,而是有科学性地增加。在充分考虑非通用语教学零起点的实际情况下,在遵循循序渐进的科学原则下,要改变长期以来"少而精"的一贯做法,每周一篇寥寥数页的文章,会使学生感到枯燥乏味而失去兴趣。没有一定的"量"也达不到一定的"质"。要把课堂学习和课外学习很好地结合起来,调动学生课下自学的积极主动性,把围绕同一主题的不同文体、不同立场、不同语言风格的文章尽可能多地提供给学生,对课堂学习内容和课下学习内容的要求可以有所区别。只有让学生接触阅读大量的外语材料,才能从中吸收各种有用知识,拓宽思路,提高学生的学习能力和思辨能力。

(三)课程建设

在课程建设方面,在继续保持、巩固和发扬非通用语语言基本功扎实、口语交际能力强这一传统优势的基础上,以适应社会发展,

---

① 钟美荪:"理清思路,找出差距,认准方向,深化改革:北外非通用语专业教学改革思路探讨"。

开展国际文化交流,高素质的国际化人才的需求为导向,进一步更新、充实教学内容,优化课程体系。要改变过分重视词汇知识和语法的讲解与传授,而忽视实际语言运用能力的培养倾向,注重培养学生外语语言的实践能力和运用能力。科学合理地设计语言技能类、语言应用类和语言文化类课程,增加应用型知识、人文科学知识课程,把传承中外优秀文化贯穿于外语教学的全过程,使之成为提高学生综合人文素养的重要课程,以达到"厚基础、宽口径、高素质"的培养目标。

学院还努力建设学院一级的通开课程。在学院范围内开设东亚、东南亚、南亚、西亚和非洲地区通开课程,引导学生进行语言、文化、社会、政治、经济等方向的地区研究。策划并启动"通开课程建设项目",开展本科生阶段的地区研究教学,讲授较为系统的地区研究专门知识,介绍地区研究的基础方法,培养学生从事国别及地区研究的科研意识。

加强对学生的通识教育也是亚非学院近两年来的工作重点。我们清楚地认识到:培养具有文化素养、文化品格、全面发展的人才,在重视专业教育的同时,还要注重文化素质教育、人文教育。以中国文化为例,通过学习中国的历史文化、文学艺术、哲学伦理能使学生深入了解中国传统文化的博大精深。通过上述课程的学习,使学生从宏观上感受、把握传统文化的内在实质,切实提高学生的人文素养,使之成为中国传统文化的传播者。

(四)教学方法的改进

时代的变迁,社会的发展,对教育者而言,必须进行教学方法的改进与更新。亚非学院改革传统教学法的工作主要包括两个方面:

1. 改变"满堂灌"的教学方法,让学生的学习从被动变为主动。亚非语教学在过去很长一段时期里基本上是"教师讲,学生听"的教学模式，即以教师为整个课堂活动的中心，学生参与很少，主要是听课记笔记。必须承认，这种教学模式直至20世纪末仍在许多专业的课堂教学中运用。随着"精讲多练"、"学生为主，教师为辅"的一些新的教学理念的提出，"满堂灌"的教学方法逐步改变，课堂上师生互动性有了很大的提高。越来越多的老师已经清楚地认识到：一位成功的外语教师在课堂教学中只是起到教学指导的作用，讲解必须精粹，让学生有充分的时间和空间去独立学习，自由思考，逐步形成自己的独到见解和新颖创见。

2. 单一的教学手段有待补充和完善。长期以来，亚非非通用语的教学手段一直比较单一。近十年来，随着多媒体技术的发展和普及，多媒体辅助手段逐步在课堂中发挥重要作用。多媒体教学以其灵活互动的教学手段和良好的教学效果已经广泛应用于学院各专业的外语教学活动。有不少教师在多媒体课件制作上非常用心，使课件真正起到启发学生思考，突出教学重点，引导教学环节有序进行等重要作用。

3. 无论是观念的转变，还是具体的落实，最核心和重要的是师资力量的建设。高校进行任何一项改革，师资队伍建设既是最大的原动力，也是成败的关键。我们认为，理想的亚非语师资队伍的组成应该是：外语教师＋对亚非问题有专项研究的老师。应逐步改变师资队伍全部是外语教师的状况，培养、引进对亚非地区政治、经济、历史、文化、宗教等各个方面从事专业研究的人才，开设各专业的专业知识课程。希望能建设一支"外语＋专业"的优秀师资队伍。

学院还制定了相关规章制度，营造学术氛围，鼓励教师从事学术研究，从注重单一的外语教学转向教学、科研并举，从侧重语言文学方向的研究，向人文社会科学更深更广的层次发展；在搞好教学的同时，努力推出高质量的科研成果。

四、结束语

在长达半个世纪的办学实践中，北京外国语大学亚非学院不断创新，勇于实践，主动适应国家经济建设和社会发展的需要，积极调整和改革人才培养方案，致力于高素质的非通用语人才培养。实践证明，亚非学院非通用语人才培养模式在不同的时期适应了国家建设与社会发展的需要，对国家建设和非通用语的学科发展也起到了很好的推动作用。

地方性越南语翻译人才培养模式探索

广西大学　陈碧兰

[摘　要] 随着中国—东盟自由贸易区的顺利建成，中国和越南的交往日益加深。在新的形势下，高校的越南语教学面临着改革的迫切需要。本文以广西大学的越南语本科教学模式的改革和研究为基础，论述培养高素质的越南语翻译人才以服务地区经济、社会发展之需要的必要性，论及教学改革中所采取的举措，遇到的困难以及采取的相应对策，以期对越南语的教学提供一条新的途径。

[关键词] 越南语翻译人才　人才培养模式　教学改革

随着中国—东盟自由贸易区的顺利建成和中国—东盟博览会永久落户广西南宁，广西与东盟国家的经济、政治、文化交流日益密切，区位优势更加明显。然而就广西目前的人才情况而言，现有东盟各国语种的外语人才远远无法满足合作与交流的需要。如何结合本地区经济、文化发展的需要，加快包括越南语翻译人才培养在内的外语人才培养模式的改革，成为需要我们认真思考的问题。本文将以广西大学越南语专业为例，探讨地方性越南语本科翻译人才的培养模式，满足中越关系发展对越南语翻译人才的巨大需求。

一、翻译人才培养模式与教学改革的具体措施

广西大学于2007年秋季开始招收越南语专业本科生。此时区内、国内开设越南语专业的本科院校不下十所，且一些院校办学时间较长，在国内享有较高声望。由于在越南语本科教学方面起步较

晚，广西大学必须借助于良好的外部条件，依托中国—东盟关系空前发展的大好时机，借鉴其他高校办学的成功经验，充分利用办学资源和优势，探索出一套科学的人才培养模式，为地方经济、文化发展和东盟翻译人才市场输送高质量的越南语翻译人才，形成鲜明的办学特色。

（一）改革课程体系，形成分层次教学模式

面对社会对非通用语（越南语）翻译人才的迫切需求，我们要大胆创新，提出科学的教学目标，即：以严格的语言基本功训练为前提，注重听、说、读、写、译各项技能全面发展，重点培养和训练学生的翻译实战能力，注重培养学生的跨文化交际能力。课堂教学以学生为主体，在教学中多开展以任务型教学法为主的、形式多样的教学活动。结合生源情况，根据中越两国经济文化交流和发展对翻译人才的需要，合理设置课程体系，形成分层次的教学模式。与翻译相关的课程安排如下：

开设课程	开课时间	教学内容
口译入门	二年级下学期	口译基本理论和技能（记忆，数字，笔记、浅易内容口译）
汉越口译	三年级上学期	演说技巧，口译员心理素质，专题口译（工业、农业、教育、科技、经济、环境等）
国际商务谈判	三年级上学期	国际商务谈判技巧，商务礼仪，模拟商务谈判训练
笔译（汉译越）	三年级下学期（注：在越南开课）	汉越笔译技巧训练，注重内容的时效性和实用性（经贸、旅游、文化、教育、科技等）

汉越英口译	四年级上学期	以汉越口译为主，辅以英越或英汉口译。国内外翻译理论。模拟东盟及国际会议专题口译（东盟高官会、东盟投资峰会、环境保护、毒品泛滥、人口增长、经济交往等）
同声传译	四年级上学期	同传基本理论、技能综合练习（视译、概括、综述、解释、预测、略译等）
笔译（越译汉）	四年级上学期	国内外翻译理论，越汉笔译技巧训练，内容注重时效性和实用性（经贸、旅游、文化、教育、科技等）
经贸越南语	四年级上学期	商务汉语和商务越语的语言特色，各类商务信函

在培养越南语翻译人才的教学模式中，在基础阶段（一、二年级），对学生进行全面的、严格的语言基本技能训练，培养学生实际运用语言的能力，帮助学生打下坚实的语言基本功。在高年级阶段（三、四年级），继续加强语言基本功的训练，开始科学地、系统地学习翻译理论，进行翻译实战训练，口译和笔译课程训练各有侧重点，内容紧密联系实际需要，注重授课内容的时效性，授课形式丰富多样，以帮助学生应对将来工作的需要，增强就业竞争力。

翻译与文化、语言与文化密不可分。优秀的译员必须对本国文化和译入语文化有着高度的敏感性。因此，在实际教学中，我们始终将文化意识的培养贯穿于语言技能和翻译技能的教学过程中。在课程设置上，我们为学生开设越南历史与文化、越南概况、中国文化、西方文化等一系列相关课程，目的在于帮助学生扩展知识面，增强文化差异敏感性，提高跨文化交际的能力，为胜任将来的翻译工作打下坚实的基础。

越南文化是一种多元文化。祁广谋教授的专著《越语文化语言学》中写到:"越南语是越南文化的载体和表现形式,也是越南文化的传播手段和创造工具。"(祁广谋,2006)。越南语是越南民族最重要的交际工具,越南人民借助这个工具在历史发展进程中创造了独具特色的越南文化。语言不能孤立地存在于特定的民族文化系统之外,因此,一名优秀的译员除了熟练掌握该门外语的语音、词汇和语法系统外,还必须对语言对象国的自然、地理、历史、民族、宗教、政治、经济等有较为深入的了解,这样才能胜任翻译工作。越南文化对越南语的影响是多方面的,不但影响到语言系统本身,还体现了越南民族的文化传统和文化心理,越南人称自己是con rồng cháu tiên(龙子仙孙),就深刻反映了越南民族对"龙"和"神"的敬畏与崇拜。越南语对越南人的民族思维和语言表达习惯亦产生很大的影响。例如越南人在文学作品、诗词歌赋中十分青睐用类比的手法,选用的比喻形象就体现了越南民族对世界的认知,表达方式灵活多变。

众所周知,越南文化在历史上与中国文化有着千丝万缕的联系,在历史发展进程中,越南语经过漫长的发展和演变形成了自己独特的体系和特征。然而,我们的越南语专业学生是在汉语环境下学习越南语,势必受"母语负迁移"的影响,即母语与目的语的不同之处对于目的语学习的干扰作用,母语负迁移往往以干扰错误的形式存在于目的语中。研究表明,母语负迁移存在于二语学习的方方面面。翻译作为涉及双语信息转换的过程,尤其会受到语言迁移的影响,译者会不同程度地使用母语的表达习惯,译文中往往带有明显的母语痕迹。以越南语中的汉越词为例,汉越词蕴含着丰富的文化内涵和灵活的语义特点,据越语学家考究,越语词汇库中就有大约70%的词汇是通过不同的渠道从汉语转借而来(Mai Ngọc Chừ et. al.,2006)相对于纯越语词来说,汉越词更高雅庄重、概括性高。

然而，随着时间的推移和语言的演变，有的汉越词的根词词义扩大或缩小，有的词义发生转移，有的甚至与根词的语义完全不同。汉越词的语义演变现象很复杂，给译员带来的困难是可想而知的。因此，在教学和翻译训练中，要加强学生对汉越词这把"双刃剑"的认识，使语言学习的"负迁移"向"正迁移"转化，提高语言学习效果和翻译质量。因此，对越南文化多层次、多方面地了解会很大程度上扫除二语习得的障碍，最后提高翻译的水平和质量。在课程设置上，与文化相关的课程和知识对翻译教学和训练是非常必要和有益的。

（二）坚持"越南语+英语"的双语教学模式

自办学之初，广西大学就提出了坚持"越南语+英语"的双语教学模式，并在教学中大力实践。坚持双语教学模式的主要原因如下：

首先，自越南政府实行革新政策以来，英语在越南已逐渐取代俄语、法语等外语的优势地位，跃居第一外语的位置。越来越多的西方企业进入越南，也使英语成为必要的交际工具。英语被广泛地应用于商务信函、法律文书、旅游推介材料、产品广告、求职信等等。英语在越南高校的地位更是举足轻重，河内国家大学与国际上一些知名大学合作，推出全程英语授课的课程，培养国际型人才。可见，英语作为国际通用语言在越南经济、文化、科技、教育等领域的地位之关键。如果我们培养的越南语专业学生没有一定的英语交际能力，无疑会给他们未来的工作带来很大的阻碍。而如果学生具有较强的英语交际能力，无疑会给他们今后的求职和工作带来意想不到的好处。

其次，中国大学生都经过了至少六年中学的正规英语学习，有较扎实的英语基础，但不可忽略的现实是，中国学生的英语实际交际能力较差，"哑巴英语"、"应试英语"的现象仍较普遍，大学英语

四、六级考试仍发挥着"指挥棒"的作用。作为未来的跨文化交流使者，如果在大学期间能更有效地培养英语交际能力，激活中学时期所学的英语知识，学以致用，学生将会终身受用。为此，在教学中，英语始终贯穿越南语专业四年大学的学习，学习跨度长，学习时间充裕，课程丰富，课型以本校英语专业的主干课程为主。值得一提的是，我们充分利用本校丰富的英语资源，每个阶段都安排英语外教给越南语专业学生授课，对学生英语语感的培养起到了潜移默化的作用。学生通过和英语外教课内、课外的交流，加强了语言学习效果，提高了英语交际能力，加深了对欧美文化的了解。近三年来，广西大学2007级和2008级越南语本科生的大学英语四级通过率均为100%，2009级为96.4%，2007级和2008级学生的大学英语六级通过率分别为50%和67%。学生参加区内外英语竞赛也获得较好名次。取得这样的成绩，对于中小学英语教育水平相对落后的西部院校来说，实属不易。扎实的英语基础和较强的英语交际能力对学生将来无论是考研还是从事外事活动，都将会是"如虎添翼"。越南语作为学生的专业，如同强健的双腿，英语作为第二外语，如同翅膀。双腿强健，学生可以走得稳健；加上翅膀的助力，学生可以飞得更高。我们的教学实践和改革的亮点之一就是在四年级时为学生开出试验性创新课程——汉越英交替传译。该课程将三种语言的口译训练合理地糅合在一起，各有侧重点，在口译教学和模拟训练中，以汉越口译为主，辅以汉英或越英口译的训练，注重内容的实用性和实效性。这门课程对教师和学生都提出很大的挑战。

实行"越南语+英语"的双语教学模式，要处理好两个语种孰轻孰重的关系。越南语是学生的专业，是"主业"，越南语永远是教学中的重点，教学活动必须围绕着该重点来展开。对于越南语专业学生来说，英语是极具优势的辅助型外语，能帮助学生在今后的学术研究或实际工作中加入英语的大家族中来。

(三)注重培养学生的自主学习能力

学生进入大学后都是从零起点开始学习越南语。越南语的发音、语言结构特征、越南的文化传统等都会在学习过程中给学生带来一定障碍或困难,外语习得的困难甚至超过母语习得。要想在短短的四年大学时间里掌握并能熟练运用一门外语,胜任未来译员的工作要求,仅仅依靠有限的课堂时间、教师的讲授,是绝对不可能达到学习目的的。因此,在教学中,教师必须打破传统教学观念的束缚,培养学生的自主学习能力,最大限度地发挥学生学习的自主性、能动性和创造性。国内外的研究也表明,外语学习的成功很大程度上取决于学习者的自主学习能力。

自主学习不单纯是指学习者的个体行为,它更依赖于来自教师的指导和群体的合作。实践中,教师可开展讨论式学习,组织翻译课堂上的对子活动、模拟新闻发布会等活动,注重教学内容的应用性和实用性,如中越的文化习俗、经贸往来、环境保护、人口爆炸、毒品泛滥等热点话题。实践表明,外语课堂活动必须有效地向外延伸才能取得最佳的学习效果。在越南语学习和实践方面,广西有极佳的地缘优势。大量的越南政府代表团、旅游团、商人来广西,对翻译的需求量很大;中国—东盟自由贸易区的建成和中国—东盟博览会给学生一个学以致用的平台;中越之间日益广泛的交流给学生提供了实际运用语言的机会。因此,学生可以充分利用良好的外部条件实践课内所学的语言知识和翻译技巧,提高外语交际能力,提高翻译实战能力和技巧。

二、面临的困难和相应对策

越南语翻译人才培养模式是新形式下有益的探索和实践,它将社会发展的需要和高校人才的培养有机地结合起来,必将对传统外语教学模式提出挑战。

(一) **实际困难**

在实际教学实践和改革中，我们遇到了很大的困难。广西大学的越南语本科专业起步较晚，师资力量仍很薄弱，图书、音像资料缺乏，教学实践尚属探索阶段。

首先，困难之一是无先例可循。目前国内开设越南语的高校有三十余所之多，有的高校如解放军外国语学院、北京大学、广西民族大学、广东外语外贸大学等，越南语办学历史悠久，经验丰富，教学团队充实，各有特色。我校提出的越南语办学模式，即培养为区域经济社会发展服务的、高素质的翻译人才模式，是在高校外语教学的基础上，结合当今翻译这一个新兴产业的实际需要，满足社会发展对人才的需求，培养新型的实用型和应用型人才。然而，该教学模式无先例可循，无前人可鉴，因此，注重语言基本功、以翻译为导向的教学和人才培养模式只能在实践中不断摸索、改进。

其次是缺乏合适的、与时俱进的教材。由于是非通用语的教学，在国内相比于英语、日语、法语等语种而言，越南语的教材在选择面上还是比较窄。翻译教学中，我们正在使用或参考的国内正式出版的教材主要有赵玉兰编著的《越汉翻译教程》，梁远、温日豪编著的《实用越汉互译技巧》，杨棣华、陈碧兰等编著的《广西口译实务》等。每一套教材都不可能包罗万象，更不能实现全部的训练目标。因此，在三、四年级的翻译教学中，教师必须自己多方收集图书和音像资料，用于翻译教学，这给教学带来了很大的压力和困难，同时也是对教师的巨大挑战。

第三，翻译学习和训练时间十分有限。学生进校后从零起点开始学习越南语，其间要学习多门公共课程。到了高年级阶段才能进入专门的翻译训练，训练任务重，训练内容多，翻译教学和训练更对学生的语言能力提出了很高的要求。但是，有限的学习和训练时间在很大程度上给越南语的翻译教学带来了困难。众所周知，外语学习和翻译训练需要时间来作保证。训练和学习时间不足势必会影响到训练的效果。

（二）对策

针对以上提到的困难和挑战，在教学实践中我们有必要采取相应的对策。

首先是转变观念，在课堂教学中灵活运用各种教学方法和教学手段。由于传统的语言教学模式单纯注重语音、词汇、语法系统而忽视对学生外语交际能力的培养，在新的形势下它呈现出很大的弊端，如学生只会生硬记住词汇的表面意思而忽略了词汇的语用意义和文化内涵，学生的"哑巴外语"现象严重，不能承担跨文化交流使者的任务。因此，我们的教师要转变观念，脱离传统语言教学的束缚，积极吸取国内外先进的外语教学经验，理论联系实际，发挥自身优势，在教学中始终将培养学生的语言交际能力作为教学的出发点和目标，课堂教学"以学习者为中心"，将先进的外语教学理念融入实际教学中，教师是课堂的组织者和导演者，学生是课堂活动的主角和实践者。在高年级阶段，翻译训练的主体是学生，教师起着引导者的作用。课堂活动形式灵活，训练内容紧密结合未来工作之需要，例如教师可以采取小组讨论、对子合作、模拟会议等形式组织课堂教学。

其次，针对教材缺乏的困难，除了教师根据教学实际自编教材外，我们鼓励教师走出课堂，积极参与到社会翻译活动中，以实际翻译经验促进翻译教学，将真实的翻译资料用于翻译教学，使翻译教学能够真正体现社会的需要。教师必须脱离象牙塔的束缚，更要摆脱对某套教材的依赖性，利用参加翻译实践之便广泛收集翻译资料，用于课堂教学。笔者有较丰富的口笔译实践经验，常将真实的翻译材料用于课堂教学，言传身教，收到了很好的教学效果。

最后，鉴于学生翻译训练和课时的有限性，我们更要加强学生自主学习能力的培养，鼓励学生参与到翻译实战中，将课堂训练有效地延伸到课外，不断提高语言交际能力，提高翻译技能。课内、课外相结合是翻译训练的有效保障。学生的课外翻译自主训练中，教师要发挥好引导作用，有时还要为学生设计好一定量的课外翻译训练内容，同时要实施监督。现今的国际互联网技术十分发达，为学生的自主学习创造了良好的外部条件。广西与越南交往日益频繁，为学生走出校园参加翻译实践提供了很好的平台。

三、结束语

中国—东盟自由贸易区的建成和泛北部湾经济圈的建设和开发给广西带来了前所未有的历史机遇，更给广西高校的越南语教学带来了机遇和挑战。高等教育必须立足社会、服务社会，才能实现自身的良好发展。在新形势下，广西大学培养高素质的越南语翻译人才的教学模式无疑是有益的探索和研究。其中必然会遇到很多实际困难，但是有先进的外语教学理论作指导，有合理的课程设置，有教师和学生的积极参与，该教学模式应该能在实践中不断发展并取得良好的成果。

参考文献

[1]Đại học Quốc gia Hà Nội，Kỷ yếu Hội thảo Nâng cao chất lượng đào tạo toàn quốc lần thứ III. 2002.

[2]Gile, D. 1995. Basic Concepts and Models for Interpreter and Translator Training[M]，Amsterdam/Philadelphia：John Benjamins.

[3]Holec, H. 1981. Autonomy and Foreign language Learning [M], Oxford: Pergamon Press.

[4]Littlewood, W. 1999. Defining and Developing Autonomy in East Asian Contexts[J]. Applied Linguistics, 20(1): 71-94.

[5]Mai Ngọc Chừ, Vũ Đức Nghiệu, Hoàng Trọng Phiến. 2006. Cơ sở ngôn ngữ học và tiếng Việt[M]. Hà Nội: Nxb Giáo dục.

[6]陈碧兰,梁双.非通用语种教学新尝试:东盟语种(越、泰语)+英语[J].东南亚纵横,2010(2):55-58.

[7]祁广谋.越语文化语言学[M].洛阳:解放军外语音像出版社,2006.

注:本文为广西教育科学规划课题"地方性越南语翻译人才教学模式的研究和实践"的研究成果之一。课题编号:2008年度C类03号。

非通用语人才培养模式问题的几点思考

上海外国语大学　冯超

[摘　要] 我国非通用语教学已经走过了六十余年的岁月，经历了一个由单一培养模式到复合培养模式的发展历程。2001年以来，教育部先后批准设立了一批国家非通用语种本科人才培养基地，国家对非通用语的重视程度大大提高了。如何依据本校实际情况制定出体现各自办学特色的本科生人才培养模式，培养出知识过硬、素质全面的合格非通用语人才，日益成为各基地非通用语专业建设的重要内容。本文试图以各基地建设的成功经验和存在的问题为模板，探讨21世纪非通用语人才培养模式的要求、内容及发展前景。

[关键词] 复合型人才　非通用语教学　人才培养模式

非通用语指非通用外语，包括英、日、俄、德、法、西、阿拉伯语以外的所有外语，含亚非语言文学、印度语言文学、欧洲语言文学三大二级学科。非通用语的名称是伴随着满足新中国成立之初外交发展需要而出现的。1962年，外交部在上报的北京外国语学院外语专业设置的报告中，将英、俄、法、西、阿拉伯语以外的语种称为"小国语"，后来逐一改为"非通用语"。这不仅仅是一词的改动，使表达上更为准确，更重要的是体现了周总理尊重小国，坚持大小国家一律平等的原则。也就是从那时起，"非通用语"的称谓一直沿用至今。在过去计划经济体制下，我国的非通用语教学采取的都是单一的外语专业培养模式，这种模式曾为国家培养过许多合格的、德才兼备的各级专门外语翻译人才。随着中国加入世界贸易组织,成功举办奥运会和上海世博会,非通用语又迎来了一次蓬勃发展的契机。

一、非通用语复合型人才培养模式的提出及必要性、可行性

当今世界科学技术突飞猛进,知识正在成为真正的资本和首要财富,科技进步对经济增长的贡献率已达到首屈一指的地位。一个国家的综合国力和国际间的竞争能力越来越取决于教育的发展。外语教学虽然不像高、精、尖科技那样直接和知识经济相关,但外语教学本身是传播知识、信息以及媒介的关键工具,是构成国际市场流通,增强综合国力的重要桥梁。非通用语(小语种)当然也包括其中,并且是不可或缺的重要组成部分,起着举足轻重的作用。21世纪是知识大爆炸的信息社会,是呼唤新型综合素质人才的历史时期。培养新型综合素质人才已成为大势所趋。如何在新时代加强外语人才培养的力度,破解执行过程中出现的各种困难,成为全国各大外语高校当前迫切需要解决的重大命题。高等学校外语教学指导委员会早在1998年8月发布的一份《关于外语专业面向21世纪本科教育改革的若干意见》中就已指出了外语人才培养模式与社会发展和经济发展不适应的问题,通过对国家部委、国有企业、外经贸公司、部队和教育部门的问卷调查表明,对于单一外语类毕业生的需求量已降至为零,而期望外语专业本科生具有宽泛知识的则占66%。目前全国开办非通用语课程的高校都认识到外语人才培养模式改革的重要性,并且都已达成共识,认为非通用语作为我国学习人数较少的弱势语种,应在复合型人才培养方面多下功夫。

(一)非通用语人才培养的现状

非通用语专业的建设受到了国家和教育主管部门的高度重视,

迎来了难得的发展契机。教育部直属高校和各地高校都新开设了许多非通用语专业，并在相对集中的非通用语种群挑选具有较长办学历史的高校建立国家非通用语种本科人才培养基地。我国自2001年以来，批准成立国家非通用语种本科人才培养基地（以下简称"基地"）9个。教育部还定期选派专家组对各基地的建设情况进行检查评估。从总体上说，经过数年的发展和建设，目前我国非通用语专业更加齐全，几乎覆盖了所有国家的官方语言。本科人才培养的效果大大增强了。研究生培养也取得了显著成效，尤其是硕士层次的培养已经渐成气候，博士层次的培养还刚刚起步，拥有博士点的高校还不多。

复合型外语人才培养模式已成为高校非通用语教学改革的必由之路。各基地都倾注了大量人力物力积极探索适合本校情况的培养模式。解放军外国语学院以培养军事外语和军事外交人才为主。根据人才培养的总目标，他们采取了复语制培养模式，即"非通用语+英语+技能"模式，大力拓展学生的知识面，优化学生的知识结构，提高学生的综合素质，激发学生的创新意识。北京外国语大学确立的人才培养目标是：为我国外交、对外经贸、对外文化交流、教育、科研、国家安全、旅游等部门培养复语型、复合型、高素质的非通用语人才。广西民族大学采用的非通用语人才开放式培养模式在教学中也发挥了积极的作用。该模式强调了以学生为核心的教学思想和由封闭到开放的系统化的教学方式方法。在传统的教学大纲基础上，更重视语言环境和未来职业环境因素对外语人才培养的影响。为适应高等外语教育的发展和人才竞争的需要，上海外国语大学对传统的外语教育观念和外语人才培养模式、目标予以大胆改革，提出了培养适应社会需要的复合型国际化外语人才的新路子，着力建设复合型专业，把单科性外语专业院校变成为多科性应用学科类外国语大学。中国传媒大学非通用语突出办学特色,狠抓双语教学,把英语教学贯穿于四年非通用语教学始终,学生毕业时英语水平达到英语专业四级或八级水平。广东外语外贸大学积极适应社会的发展需要,结合自身的实际情况,对非通用语专业进行教学模式的改革和课程设置的调整,不断完善并坚持长期以来施行的"专业+英语"的双外语教学模式。近年来,随着大学学科门类的不断增加,非通用语专业更是充分利用日益丰富的教学资源,进一步完善了"非通用语+英语+辅修专业"的人才培养模式。经过实践检验,各高校在非通用语复合型人才培养方面取得了丰硕的成果。各高校的非通用语人才培养模式都根据自己的实际需要,具有不同特色,但是对于模式内部深层次的研究和实践还不成熟。

(二)实行非通用语复合型人才培养模式的必要性和可行性

1. 非通用语复合型人才培养模式符合我国社会主义市场经济体制和国家发展目标的要求

在全球化理念日渐深入人心的今天,我国参与国际竞争需要大量既有专业知识又要具有较高外语应用能力的高素质人才。社会主义市场经济体制对复合型人才培养模式提出了更高的要求,光凭外语包打天下的日子已经一去不复返了。对于非通用语的人才培养来说,如何适应这一发展趋势变得更加迫切。从高校非通用语专业来说,长期以来各语种就已产生分化倾向,近年来呈现愈演愈烈之势。就业前景和形势乐观的语种,学生的学习积极性普遍高涨,而社会认知度不高的语种,学生把大量精力都放在英语学习上去,而对本专业学习的目标限制在保持及格而已。最后的结果是导致部分非通用语种教学质量大大下降,人才断档现象严重。目前要试图改变这种恶性循环的状况,必须在复合型方面做文章,提高人才竞争力。

2. 非通用语复合型人才培养模式符合我国外语教学跨越式发展的必然要求

长期以来我国外语教学陷入了一个误区，就是缺乏人文素质的重点关注，一度存在着就外语而学外语的弊端，很多毕业生把外语作为一门工具来看待和使用，这样就把外语限制在一个很窄的范围内，很难有所突破。如果不改变这种状况，外语的作用就会淹没在其他专业的海洋中。诚然，外语是一种技术性较强的专业。但是，外语又是沟通各种知识的桥梁和纽带。如果把外语和专业知识结合起来，融会贯通，是可以大有作为的。非通用语要想走出外语教学型应用性人才培养模式藩篱的束缚，必须融入对象国知识、国际关系、经济学、政治学等学科的知识。

近年来国家加大非通用语专业建设力度以来，国内众多高校迅速开设了非通用语新语种，有的高校还扩充了培训规模，增加了招生数量。一方面，非通用语迎来了繁荣发展的机会，是可喜可贺的。但另一方面也导致了全国非通用语扩张式发展模式与客观竞争之间出现了新的矛盾。如果长此以往，各高校不注重突出自身专业特色，带来的重复建设问题和强者不强、弱者更弱等局面就会随之而来。从非通用语本身来看，除了少部分院校实力得以突破，大多数高校还停留在本科教学的层面上停滞不前。师资力量也比较薄弱，有些语种只有两到三名教师，隔年招生或四年招生一次。非通用语专业具有研究生培养资格的高校，资源配置极不均衡，地区差异较为明显，专业分布状况也不太合理。如果整合现有教学资源，大力扶植已开设的非通用语专业，探索复合型人才培养模式，势必更促进我国外语教学研究跨越式发展。

3.非通用语复合型人才培养模式符合时代进步和就业的需求

非通用语专业的学生虽然社会需求少，但与通用语相比，具有需求单位集中的特点，主要分布在外交、外贸和文化交流等部门。

目前正值我国成功申办奥运会和世博会的历史机遇面前，非通用语专业将发挥它独特的不可替代的作用，我们有些非通用语专业人才在国际交往中代表我国的形象处理各项重要外交事务，如果我们的外交人员只掌握语言技能，而不熟悉所在国的风俗习惯、国情文化特点等综合知识，其后果可想而知。

从就业角度分析来看，职场越来越需要具有良好外语基础，同时又通晓相关专业知识的多面手型人才。在竞争日益激烈的就业市场中，人才需求方向出现较大分化，甚至在某些领域内对高学历层次的要求渐渐出现弱化的趋势，而对工作经验、团队合作意识、可塑性、协调组织能力等方面的要求却日渐突出。在北京外国语大学开展的一项针对28家重点用人单位的调研中，对于"您对非通用语种专业毕业生英语水平的要求"，有21家单位选择了"专业优先，英语兼顾"，仅有5家单位认为"专业好即可"。就2008年外交部等外事部门在选拔非通用语种公务员笔试中，英语考试成绩开始计入总分。这些都说明，作为一名非通用语专业毕业生，学好第二门语言尤其是英语对于求职的重要性。

二、培养非通用语复合型人才的途径和方法

非通用语作为小语种，如何破解发展过程中出现的"瓶颈"问题，就笔者看来，需从两个层面入手。

首先，宏观层面上看，今后应把培养目标放在三个战略层次上，第一层次上要重点打造我国非通用语教学研究基地，第二层次上要重点培养我国非通用语国家专门研究人才基地，第三层次上要重点培养我国非通用语开放式国际化人才队伍。这三个层次互为支点，使我国非通用语朝着良性立体化发展轨道前进，只有这样才能跟得上我国外语教学跨越式发展的步伐。

其次，微观层面上看，复合型外语人才是在学科交叉这一背景下提出的，所谓复合，并非简单的拼接和组合，而是学科的整合、渗透和深度交叉。在非通用语的人才培养模式上，可以大胆突破常规，在外语与专业的复合上可以有不同的模式，如外语+专业，外语+专业倾向，外语+专业知识等。例如：非通用语+英语+专业知识，非通用语+英语二外+专业知识都是可以采纳的操作方法。关键在于各高校如何根据自己专业设置的特点和发展方向制定切实可行的具体措施。笔者通过教学实践中的经验和切身感受，认为当前微观层面的非通用语复合型外语人才的培养应从以下几个方面着手：

1. 培养非通用语复合型外语人才的落脚点是外语人才，以巩固基本功和提高外语能力指标为基础，注重培养学生的听、说、读、写、译等综合能力

从外语的传授功能来说，它既可以培养掌握外语的专业人才，也可以培养懂得专业的外语人才。对外语院校来说，它应该主要培养复合型外语人才，在这里外语的教学是主要的，为了达到这一点必须做到：

（1）重视基础阶段教学，打好外语基本功

笔者认为语言基础的五大基本功——听、说、读、写、译，一定要打牢、打实。听、读是吸取知识的过程，说、写是使用知识的过程，翻译则是检验知识的过程，而这五大基本功的突破口就是记忆和训练，即技能培养为主，理论分析为辅，要想打好语言基本功，在教学方法和教学手段方面应处理好以下四个关系：①教与学的关系；②课堂与课外的关系；③勤学苦练与灵活学习方法之间的关系；④传统教学手段与现代教学手段的关系。

(2)突出专业核心课和专业倾向课中外语知识的学习和训练

在外语教学中开设专业课或专业倾向课时学习专业固然重要，学好外语仍然是第一位的，决不能低估此类课程中外语训练的重要性。要继承过去文学教学中的一切行之有效的教学手段和教学方法，补充新型教学方法，加强外语训练和运用能力的培养。在专业倾向课或选修课的教学过程中，采取以专题讲座为主、以传统语言技能训练为辅的方式，进行课堂讲解，引导学生参与科研，巩固语言基础。在配套教材的编写和选用方面，大胆创新，课文素材和内容要与时俱进，紧跟语言现象新发展、新变化的脉搏，既让学生了解对象国国情知识，又能扩展词汇量（特别是专门领域的术语）、促进外语技能的再提高。

2. 培养非通用复合型外语人才的关键是加强师资建设，培训复合型教师队伍是当务之急

培养复合型人才给我们的师资队伍提出了严峻的挑战。必须承认，与美国等西方发达国家相比，由于过去我国外语教育长期存在的旧模式，当前我们的师资队伍无论从知识结构还是技能结构上都难以胜任这样的任务。如果要解决这个问题，一是引进大批复合型非通用语人才队伍；二是利用现有师资队伍，加快学习，更新自身的知识和技能，勇敢地迎接外部世界的挑战。对于打造较多接触国际社会和参与国际竞争的外语教师队伍这一目标来说，答案只能是后者。为此，要拟定新的教师培养计划，通过国内外的培养，有计划、有步骤地更新现有教师的知识和技能结构，鼓励教师跨专业深造，提高学历层次。培养复合型的外语师资队伍，青年教师要尽早确定研究方向，力争专业与语言复合，能在两个战场上作战。要引进一些既掌握外语又掌握专业的人才来充实外语复合型师资队伍。要通过联合办学、师资交流和国际化培养等方式交流师资，开设富

有特色的专业核心课和专业方向课。目前教育部高等学校外语专业教学指导委员会已经开始动手做了一些有益的尝试。如北京大学和解放军外国语学院分别承办的两届非通用语青年骨干教师培训班，采取专家授课和研讨结合的形式，培训内容紧密围绕高校教师队伍建设，开展现代教育理论、现代教学内容、方法和手段等方面的教学培训，系统讲授外语非通用语种教学管理、科研管理、教学评估等前沿知识以及把握教学设计、教学组织和教学环节的原则，通过分析本科生学位论文指导案例讲授论文指导和论文写作的原则与技巧，提高参训人员的教学和科研能力。培训班形式受到了广大非通用语教师们的欢迎和响应，培训中一线骨干教师们就如何成为高水平复合型非通用语优秀教师展开了热烈讨论，明确了今后努力的方向，取得了预期的成效。

3. 培养非通用语复合型外语人才的中心是整合现有教学资源，合理调配课程设置，加强督导工作

复合型外语人才并非是专业知识和技能知识的"杂家"，而是尽量培养满足各领域需求的"一专多能"型人才。不同培养层次上有不同的解释，在本科和高职高专培养层次上，所谓"一专"，即指出色的外语能力，这是学校教学成果、个人专业水平的集中体现，也是毕业生能否取得工作机会的重要衡量指标。"多能"则所指广泛，沟通能力、团队合作能力、思想道德素质、责任意识、敬业精神、意志品质和心理健康等方面都是用人单位考虑的重要指标。在研究生培养层次上，所谓"一专"，即指扎实牢固的语言基础，具备学术研究的外语技能，对象国某个领域的知识储备。"多能"则指具备一定的跨专业研究问题的能力，运用所学外语研究对象国各个专门领域的能力。

基于上述培养目标，非通用语复合型人才培养的重点工作是加

大专业选修课和辅修专业的开设力度，争取选修和辅修课程占有一定比例。选修课的课程设计和教学方法要符合培养目标的要求，力争做到科学合理。过去全国高校外语非通用语的教学大都倾向于语言技能本身的训练，忽略了语言背后人文知识和文化内涵的关怀，发展视野较为狭窄。为适应时代变化和全球化发展的需要，应考虑增设相关学科课程如对象国政治、历史、经济、法律、外交、文化等课程，开设对象国礼仪、外贸业务以及旅游风情等模块，增加一些通识通选课程，利用学科优势，进一步建设语言文化比较研究课程，逐步形成较为完善的非通用语复合型人才培养教学体系。课程体系建立后，配套教学计划和教学大纲须及时更新，在有章可循的前提下做好督导工作，以时刻检查教学效果。除此之外，还可以与国外高校和研究单位建立各种各样的校际合作关系，通过交换培养、师资互换、合作研究等方式开展各种卓有成效的具体项目合作事宜。根据每个语种的情况，采取3+1或2+2模式与国外高校联合培养本科学生，增强学生的国际化背景。现在有部分高校已经走出去，并取得了很好的效果。

三、新形势下非通用语复合型培养模式的前景和展望

在探索复合型非通用语人才培养模式的道路上，我们不能再走弯路，首先，把复合型外语人才解释得过宽无益于当前外语教学改革，但在复合模式上一定要因地、因校、因系、因专业制宜，要百花齐放、百家争鸣。其次，在复合程度和进度上亦不应强求一致，更没有必要进行攀比。各高校可根据自身所处地域、地区特点制定发展战略，重点推进强势非通用语种，切不可盲目追求"大而全"，而是应挑选已有特色语种专业进行深度整合，发挥集合效应，早日形成自己的品牌。

复合型人才培养既可以从专业内部挖掘潜力，也可以从外部寻找扩展空间。调整非通用语种学科布局，加强国别研究和区域研究，在有条件的高校非通用语专业中建立一批对象国研究中心，共同组建区域研究中心，中心研究方向覆盖对象国语言、国情、政治、经济、外交、文化、历史等领域，打造优势人文社科研究基地，拓展非通用语发展空间。

参考文献

[1]黄秀莲，郑相斌.外语非通用语人才开放式培养[M].北京：北京大学出版社，2004.

[2]贾德忠.加入WTO后我国非通用语专业发展思路初探[J].中国高教研究，2002(5).

[3]闵惠泉，邓炘炘.国际关系与语言文化[C].北京：北京广播学院出版社，2003.

[4]潘克建.关于全球化背景下我校外语非通用语本科专业课程设置和教学的几点设想[J].东南亚纵横，2004(12).

[5]张晓勤.彰显特色 提升优势 精心打造非通用语种专业品牌[J].高教论坛，2005(1).

[6]郑锡伟.外语非通用语本科人才跨国培养模式探析[J].广西民族大学学报，2007(5).

从越南语教学看高校职能的实现

云南民族大学　曹燕

[摘　要]高等学校的社会职能包括通过教学培养专门人才、通过科研发展科学以及为社会提供服务等。在高校职能实现的过程中，教师的作用十分重大。本文通过结合云南民族大学的实际，从越南语专业的教学实践出发，探讨如何在教学中实现高校职能，更好地服务于社会和人才培养。

[关键词]高校职能　实践探索　越南语人才培养

高等学校的社会职能概括起来，就是培养人才（传授知识）、发展科学（科学研究）和服务社会。在现代大学的职能体系中，培养专门人才是现代高校的基本职能，是高校的根本使命；科学研究活动既是现代高校培养人才不可缺少的途径，也是现代社会科技、经济发展对高校提出的客观要求；社会服务是高校培养人才、发展科学职能的自然延伸。作为一名越南语专业的教师，笔者试图结合云南民族大学实际，从越南语教学的实践出发，探讨如何在越南语教学中实现高校的职能。

一、根据高校学生的学习特点展开越南语教学

随着抽象逻辑思维的发展，大学生观察力的目的性、计划性、组织性已大大增强。大学生的注意力稳定，记忆的准确性、持久性和敏捷性都已发展完善，整个记忆达到逻辑记忆发展的顶峰。大学生的抽象思维能力特别是辩证思维能力得到高度发展，思维的逻辑性、独立性、批判性、灵活性、敏捷性、创造性逐步完善。大学生

学习的独立性增强，对事物常常有自己的想法，对教师的依赖减少；大学生学习的自主性增强，能自己管理自己的学习（包括生活），选择自己的专业发展方向；大学生学习的探索性增强，能主动搜集感兴趣的资料，或自己动手做实验，做相关的研究。根据大学生的这些特点，应从以下几个方面来展开越南语教学：

（一）充分发挥学生的主动性

云南民族大学对刚入学的新生都要进行学前教育，其中的专业学前教育就是引领学生去认识专业、了解专业。每个专业的教师都会为此做好精心准备，为本专业的学生讲授专业学习的重要性、实用性和趣味性。只有学生认同了，才能调动起他们学习的兴趣，更好地发挥学生的主动性。

在日常教学中，为了充分调动学生的学习主动性，首先，教师要尽可能地丰富课堂内容和作业形式。如开展课堂小演讲、表演、竞赛、游戏等，让学生真正成为学习的主人，让学生在自主探索的过程中，充分表现自我，不断体验成功，在轻松的氛围中始终保持对越南语学习的兴趣，获得良好的学习效果。其次，在专业教师的指导下，组织学生观看越南电影、电视。再次，积极举办中越学生友好交流活动、文化节、口语角等丰富多彩的活动。文化节上学生穿着越南服饰，展示越南的手工艺品、饮食文化，再加上专业语言演讲比赛、民间游戏、联欢晚会等，丰富多彩的活动给学生提供了尽情展示自我的舞台，给学生创造了与越南在昆留学生交流的机会。以上活动激发了学生学习的兴趣，有助于学生了解专业，认同专业，热爱专业，从而更好地发挥主动性去学好专业。

（二）尽力满足学生的求知欲

大学生有强烈的求知欲。高校教师要不断充电，提高学历，完善自身知识结构，及时更新知识面，才能满足学生的这一需求。在教学过程中，教师要活用教材，教学不应以本为本，应以纲为本，不拘泥于课本，要把课本中所提供的素材进行筛选整合，活用教材。每种教材都有自己的编写思路，当然也就有各自的不足，我们的目标是让学生掌握语言知识，培养他们运用语言的能力，而不是学会哪本教材。只要是学生感兴趣的，有利于提高教学质量的，都可以拿来用。课堂上，教师应安排好每一堂课，让学生能够享受每一堂课，而不是疲倦地被满堂灌。课外，教师还应善于借助互联网，充分发挥其庞大的信息功能，来帮助学生学习越南语，扩展知识面，从而满足学生的求知欲。如越南之声广播电台网http://tnvn.gov.vn/，学生可在线收听越南之声广播电台的节目；在越南之声电台电子报刊网http://vovnews.vn/，学生可通过阅读来了解越南政治、经济、社会、文化、体育等方面的新闻和信息，同时，还可以在线学习越南语。

（三）鼓励学生大量阅读，引导其有效地进行自主学习

大学教学不同于小学、中学的教学，在课堂教学之余，大学生有大量自由支配的时间，教师应发挥好灯塔的作用，根据学生掌握语言的程度，向其推荐难易程度适中的课外书籍进行阅读。教师的正确引导可以让学生少走弯路，充分利用好这些课余时间，学到更多课堂上没学到的东西，达到事半功倍的学习效果。

首先，要让学生意识到大量阅读的重要性。阅读之所以重要，在于它是对语言吸收行之有效的途径。阅读需要"量"，没有大量的语言"输入"，就不可能有相应的语言"输出"。大量的阅读，可以使读者被语言"潜移默化"，从而获得良好的语感，良好的语感正是学好越南语必不可缺的条件。其次，要让学生掌握好阅读的方法。阅读时，要一口气读下去。即使遇到个别生词，只要不影响整体内容的理解，就不必停下来查词典，因那样会打断思路，影响阅读速

度,甚至扼杀阅读的兴趣。生词可以记下来,回头再来查词典,做好词汇的积淀。再次,引导学生选择好阅读的内容。在教学中,教师可结合教学内容,根据学生掌握语言的程度,推荐给学生一些可读性强、容易读、有助于扩大知识面的材料或书籍,如传说、笑话、旅游城市、名胜古迹、饮食文化、风俗习惯等方面的内容,让学生课后自行阅读。最后,还应发挥学生的主观能动性,激励学生自己去找寻感兴趣的、与越南相关的资料来阅读,然后在课堂上与别人一起分享。根据不同年级学生的情况列出每一学期的必读书目,并计划将其内容适当纳入考试范围,也是督促学生阅读的一项新举措,这将系统地、更有效地促进学生搞好课外阅读,扩大知识面,提高文化素养。

(四)从中越两种语言的异同来实施重点强化教学

以汉语为母语的中国学生,在越南语的学习过程中,常会受到汉语某些语法范畴的影响,将汉语的语法范畴、观念自觉不自觉地转移到越南语的理解上。这就要求教师按照对比分析理论,通过描写、选择、对比、预测、分析等步骤,对汉语和越南语进行科学的分析,找出两者之间的区别,以帮助学生做出有意义的概括,培养学生越汉语言系统差异的敏感性,以减少母语的负迁移。

首先,教师要帮助学生对比汉语和越南语的语音。汉语和越南语都是由声母、韵母和声调三部分组成的,汉语4个声调,越语6个声调。两种语言中,有很多音都是相近的,声调也易于掌握,但也有个别的音会让学生犯难,如ư、đ、g和以 c /k/、t /t/ 结尾的塞韵母等,这些音和汉语是完全不相关的,且发音较难。在学习之初,常常会有学生对这些音的发音掌握不好,有的甚至学完了所有语音,都还不能正确发出这些音。因此,在这方面,教师要给予学生更多的耐心和帮助。

其次，汉语和越南语在语法范畴上最大的不同在于定语和状语的位置。汉语是定语在前，中心词在后；而越南语则是中心词在前，定语在后。越南语中状语的位置可置于句首或句尾，较为灵活，但不能像汉语一样置于句中，与汉语同中有异。由于受汉语的影响，在学习之初，学生经常会习惯以汉语的思维来表达，但经过长时间反复地强调、纠正，再三地练习，这个问题基本能够得到解决。

再次，就是对汉越词的学习。汉越词学时易，用时难。学好汉越词是学好越南语的一个重要环节。越南学者黄文行认为，越语中汉越词大约占60%，在政治、经济、法律等领域则高达70%-80%。大部分汉越词和汉语词的意思一样，这对于中国学生来说很好理解，也容易掌握；但是，也有一部分汉越词和汉语词的意思不同，如khốn nạn /xon^{335} nan^{221}/（困难）意思是"笨蛋"；有一些汉越词是越南人自己发明的，汉语不曾使用。如在越南语中，lý thuyết（理说）意思是"理论"；Hoa Kỳ（花旗）意思是"美国的官方名字"等。掌握好了汉越词，能举一反三，就可以记住越南语中的很多词汇。

最后，就是学生难以把握好越南语中复杂的称呼体系。由于中国和越南文化的差异，在语言的表达上也有所不同。如称呼就是最为典型的例子。中国习惯以姓来称呼，而越南则用名来称呼，且越语的人称词丰富无比，称呼极为复杂。越南语包括社会称谓和亲属称谓，根据不同的性别、年龄、社会地位、家族中的辈分等使用不同的人称词。对这一复杂的称呼体系，学生往往要花很多时间，才能记个大概，但用的时候还是会闹笑话。

（五）有效的"3+1"人才培养模式，为越南语专业人才培养奠定了良好的基础和条件

"3+1"人才培养模式是云南民族大学在经过了较长时间办学经验累积的基础上，不断摸索，不断充实起来的教学实践模式。"3+1"

模式是指越南语专业的学生在国内学习三年,在越南留学一年。在国内学习三年,掌握了基本的越南语知识后,到河内的高校留学一年,进一步学习越南的语言文化知识,在当地的语言环境中继续提高专业水平。自2002年以来,云南民族大学就与越南的知名高校保持着长期的友好合作关系,确定了国外教学实践基地,按"3+1"模式培养越南语人才。通过一年在越南的学习与实践,学生学到了更多有关越南的知识,越南语专业水平,特别是听、说能力得到了很大程度的提高。

二、搞好科学研究,提高师资水平,培养学生能力,服务社会需要

教学与科研结合是高等教育发展的客观规律;科研是提高师资水平的基本途径;科研是培养学生能力、发展智力的重要手段;科研是发展新学科的基础;科研是学校直接为社会服务的主要渠道;科研是加速学校管理现代化的重要条件。

(一)教师方面

科学技术和经济的飞速发展,对高等教育提出了更高的要求,高等学校要培养高层次人才。然而要培养出高层次的人才必需进行科学研究,科研直接影响到学校的学科建设整体发展水平。通过科研,让教师能够及时了解本学科在国内外的发展趋势,介绍学术动态和研究方法,以开拓学生视野,提高教学水平;通过科研了解社会的需求,使讲课能够紧密联系实际,同时,将科研成果及时地转移到教学中来,为开设新的课程,或充实有关章节做好充分准备;通过科研,能强调教师的科学思想和创见,能够展望学科的前景,并指出尚存在的问题。

(二)学生方面

把科研引入大学教学过程,能够在较大程度上激发学生的主观

能动性和创造力,培养学生的创新精神和实践能力,富有探索性和创造性的研究是磨砺大学生思维的工具。参加科研活动,会遇到一系列的理论与实际问题,这就迫使大学生突破原来的知识范围,比较自然地围绕一个明确的方向构筑起有效的知识结构。科研活动还能够满足大学生高层次的心理需要,增强他们敢于攻坚、勇于突破的信心。更重要的是在于大学生可以通过科研活动认识到自己的不足,建立进一步学习的自信。

云南民族大学重视学生的社会实践及学术科技创新活动。为深化、推进学生的学术科技创新工作,学校规定在册学生均可参加学生的科研项目申报。学生的科研申报项目分哲学类、经济类、法学类、社会学类、教育类、管理类、服务类、理工类等八类进行申报,申报项目要突出创新性、原创性和科学性,并应具有高级专业技术职称的教师或教研室推荐、指导。项目申报需经校学生社会实践活动办公室(校团委)审查,学生社会实践活动专家评审委员会评审通过后,方可立项。学校根据申报项目的创新性、实用性及学术价值,对立项项目分别给予不同等次的经费支持。对学生科研项目申报中的优秀作品,学校将推荐参加省级、全国"挑战杯"大学生课外学术科技作品竞赛及其他大学生学术科技赛事。2009~2010学年我院有40项学生科研项目获得了立项,结题31项,共评出6项优秀、8项良好和17项合格。其中09级亚非语言文学专业越南语方向研究生的两项:《中国苗族与越南赫蒙族农业生产方式的对比研究》被评为"良好",《中越傣泰民族的传统教育探究——以越南奠边省边境县、云南西双版纳、德宏为例》被评为"合格"。但以目前情况来看,学生参与科研立项的人数极少,还未能调动起广大学生的积极性。因此,教师应在科学研究方面多给予学生以引导,让学生接触到科研工作,并有意识地参加一些科研活动,体验到参与其中的乐趣和收获,培养他们的能力,发展他们的智力。

三、鼓励学生积极参与社会实践，积累服务社会的经验

随着生理、心理上的发展与成熟，高校学生具备了从事社会实践所需要的身体条件和心理水平。高校学生的基本社会特征主要表现为：

其一，感受时代精神的敏锐性。大学生正处于世界观和人生观逐步形成的时期，对社会和人生的认识不断扩大和加深。他们热情洋溢、思想活跃、精力充沛，能够迅速地体察到时代的变化，较快地同时代精神产生共鸣。同时大学生通过集体生活能够及时汇集和传播各种信息，他们更容易理解时代精神的本质特征，并转化为自觉行动。他们有思考意识，思想纯洁，易冲动。其二，参与社会活动的积极性。大学生不是被动地参与社会实践活动。其三，群体成员的互动性。大学生同学间的感情较纯洁，关系很好。其四，内部结构层次的复杂性。年级、专业、智力水平、知识结构、地域文化差异，使学生层次结构复杂。正是由于社会知识的缺乏以及学生群体内部层次的复杂性，他们并不是总能准确无误地把握时代精神，需要加以正确引导。

四、加强学生的思想教育，让学生树立正确的人生观、价值观

大学生的情感在很大程度上受到理智的制约，情感与理智之间的关系开始趋于平衡，但还不够成熟和稳定。情感与理智之间的摇摆不定是大学生情感发展的最基本特征。随着知识经验的日益丰富，大学生开始作为独立的社会成员参加广泛的社会活动，使他们的精神生活和情感世界更加丰富。但由于大学生的价值观尚未定型，对事物的认识和态度易受外界影响发生变化，从而导致情感的摇摆不定。从整体而言，虽然大学生在情感上还带有爆发性、易外露的特点，但很多时候他们已能够有意识地控制自己的感情，以较平缓的

形式表露出来。因此,高校教育除了教授专业知识外,还要承担着对大学生心志的培养。

在新生刚进校时,校团委就组织开展"新生团教活动",加强学生的团员意识教育。在大学期间,各学院党委每学年均组织"入党积极分子培训班",对有入党愿望的学生加强党的理论知识培训,让学生树立正确的入党动机,在学习、生活中严以律己,积极向党组织靠拢。同时,抓好对学生党员的培养,加强学生的党性教育,充分发挥学生党员在学生中的先进性。高校学生必修的政治理论课,专业教师平时的言传身教,也都将对学生产生着积极的影响。高校教师要努力做到教书育人,让学生打好政治理论基础,学好专业知识,成为一个理论修养好,专业素质过硬的合格人才。此外,教师还应以长辈、朋友的身份去关心爱护学生,倾听学生的心声,关注学生的成长,为学生的全面发展创造条件,让学生树立正确的人生观、价值观,更好地服务社会。

从事高校越南语教学、培养越南语人才的任务是艰巨的,高校越南语教师应认真遵循高校教育的规律,爱岗敬业,不断改进教学方法,搞好教学与科研工作,教书育人,真正做到在专业教学中实现高校职能,为中国—东盟自由贸易区建设尽自己的一份力。

参考文献

[1] 郭铭华. 论母语在外语教学中的作用[J]. 外语与外语教学, 2002(2).

[2] 教育部人事司,教育部考试中心. 教育学考试大纲(适用于高校教师资格申请者)[M]. 上海:华东师范大学出版社,2002.

[3] 兰强. 关于"汉越词"[J]. 读书,2006(1).

略论非通用语专业师资队伍建设

北京外国语大学　孙晓萌

[**摘　要**]目前，我国非通用语教师队伍素质良好，外语基本功和教学技能扎实，是我国非通用语人才培养的重要力量。但尚存在各院校师资规模分布不均匀，差异较大，梯队建设、教师学缘、学历结构不尽合理，知识结构单一，学术视野相对狭窄，队伍不稳定，人才流失现象严重等问题。对此，应该积极创造条件，提高非通用语教师学历层次，改善知识结构，优化非通用语师资队伍结构，重点培养新的学科带头人，鼓励非通用语教师进行跨学科学术研究和学术交流，加强非通用语教师师德建设，培养敬业精神和奉献精神。

[**关键词**]非通用语　师资队伍建设　人才培养

师资队伍建设是学科建设的核心，没有一流的队伍，就不可能有一流的学科，外语非通用语学科建设的关键也在于加强师资队伍建设。非通用语教师队伍具有良好的素质，他们爱岗敬业，具有扎实的外语基本功和教学技能，以及开展科学研究的能力，是我国非通用语人才培养的重要力量。而他们培养的非通用语人才，成为我国与非通用语国家在外交、经贸、文化等领域进行交流与沟通的重要桥梁和纽带，在我国的对外交往中发挥了重要的作用。

进入21世纪以来，国家对非通用语人才的需求不断增大，单一型的外语人才已经不能适应国家经济建设和对外交流的需要，取而代之的是宽口径、多功能、复合型的外语人才，而教师是培养非通用语人才的生力军，因此如何建立一支一专多能、宽口径的外语非通用语教师队伍，以适应国家发展的需要，成为了各外语高校亟待解决的问题。

一、非通用语专业师资队伍现状

从师资力量方面看,各院校的师资规模分布不均匀,差异较大。根据教育部高等学校外语专业教育指导委员会的不完全统计,截至2007年,标本所取7所开设外语非通用语专业的院校共有师资294人。其中,解放军外国语学院121人、北京大学58人、北京外国语大学58人、广西民族大学22人、广东外语外贸大学17人、上海外国语大学11人、中国传媒大学7人。教师队伍的年龄结构、职称结构和学历结构情况如下:

教师队伍年龄结构			
年龄	比例	人数	备注
35岁以下	37%	109	1972年以后出生
35—45岁	34%	99	1961~1971年出生
45岁以上	29%	86	1960年以前出生

职称结构			
职称	比例	人数	备注
教授	21%	62	含研究员
副教授	28%	81	含副研究员
讲师	47%	140	
助教	4%	11	

学历结构			
学历	比例	人数	备注
学士	14%	41	含大学毕业没有授学位者
硕士	64%	189	
博士	22%	64	

二、非通用语专业师资队伍存在的主要问题

（一）师资队伍梯队建设不尽合理

在非通用语种的历史上，20世纪60年代初曾经有过一次发展高潮，无论是开设的语种数量还是从业教师的人数都有过迅猛的增长。近50年过去，第一批非通用语教师已经纷纷退休，在一些师资队伍建设不完善，没有形成良好梯队的院校，这个问题表现得尤为突出。以某个开设非通用语专业的院系为例，在年龄结构方面，2009年学院共有专业教师41人，35岁以下青年教师30人，占73%，40岁以上教师6人，占15%。青年教师思想活跃、进取心强、学历层次较高，但教学经验显得不足。因此如何做到新老交替、平稳过渡，确保非通用语教学的质量是亟待解决的重要问题。职称结构方面，13人具备教授、副教授高级职称，占32%，讲师21人，占51%，助教7人，占17%，呈现出中间大，两头小的局面，其中尤其突出的问题是教师队伍中具有教授、副教授高级职称的教师比例小，年龄偏大；高职称的中青年教师所占比例小，学科、专业带头人的后备力量略显不足，不利于增强学科的整体优势和活力，直接影响到师资队伍梯队建设。近年来该学院也试图采取多种方式解决师资队伍梯队建设方面存在的问题，但囿于编制和待遇等问题，始终没有得到根本的解决。

（二）非通用语专业教师学缘、学历结构欠合理

学历结构是教师队伍整体素质和学术水平的重要指标，与过去相比，非通用语教师的学历层次有了大幅提高，大部分开设非通用语专业院校中的教师具有硕士或以上学历，但博士学历所占比例较少。此外，50岁以上的教师学历层次较低，多为本科毕业。学缘结构是指一所大学全体教师最终学历的构成状态，世界一流大学的教师学缘大多来源广泛，结构合理。北京大学推行的人事制度改革中，

也将改善学缘结构作为一项重要的举措，由此可见，学缘结构的优化，直接关系到师资队伍整体素质和整体实力的提高，进而影响到高校教学科研水平和办学质量的提升。但由于非通用语所具有的特殊性，非通用语教师学缘结构偏窄和"近亲繁殖"是一种普遍现象，致使非通用语师资队伍专业面狭窄，削弱了教师的竞争意识，不利于人才脱颖而出，也不利于思维的创新和学术争鸣。创新思维乃是新时代对现代国民素质的基本要求。思想的火花，通常是在不同思想的相互碰撞中产生的。但由于你我同窗，师从一人，彼此之间，长期磨合，在学习环境、知识构成、思维方式等方面，往往具有较大的"同质性"，无益于思想、学术的交流与提高。

在最近几年中，多所院校的非通用语教学单位都遇到了师资年龄结构偏低、学历层次偏低、知识结构狭窄，无法胜任"复合型"和"复语型"培养目标的要求。这样的局面有历史原因，也有非通用语种在自身发展过程中形成的思维定势等原因，比如一些教学单位只重视基本语言技能的培养，并未对师资的学历层次提出更高的要求。此外，非通用语教师承担着较为繁重的本科教学、科研工作，无暇考虑提高学历等问题。因此，优化非通用语教师学缘、学历结构需要一定的周期和过程，需要循序渐进，科学定位，而不能刻意强求一蹴而就式的虚假繁荣。

（三）教师知识结构单一，学术视野相对狭窄

从目前我国外语非通用语教师的现状来看，大多沿袭了单一传统的语言、文学、历史和概况等研究方向，这与非通用语师资队伍梯队、教师学缘、学历结构欠合理等因素不无关系。同一专业的非通用语教师之间如果从事研究的方向不同，则形成"各自为营"、"单打独斗"的局面，如研究语言文学的教师不关心对象国的历史、概况，反之亦然。各语种专业之间更加鲜有机会相互交流，长此以往，

形成了人为的"专业壁垒"。教师的知识结构单一,学术视野相对狭窄,不仅影响专业技能、专业知识和相关知识课程的开设,而且还严重制约了科研的拓展,更为重要的是,影响非通用人才培养的质量,与"宽口径、多功能、复合型、复语型"的人才培养目标相悖。

(四)教师队伍不稳定,人才流失现象严重

近年来,非通用语教师队伍的人才流失现象严重,导致人才断层,青黄不接,造成师资队伍梯队建设的困难。某外语高校自20世纪60年代建系以来,共有30名非通用语教师先后调离工作岗位或辞职,其中个别专业在十年间培养、贮备的4名师资全部流失,被迫在一段时间内暂停招生。究其原因,主要是与通用语教师相比,待遇较低,在经济大潮的影响下,部分非通用教师的价值观出现动摇。其次,非通用语专业的对象国多是条件相对落后的第三世界国家,图书资料匮乏,调研进修机会较少,获取信息的途径不通畅,不利于知识的更新和积累,教学和科研工作的顺利开展面临诸多实际困难。再则,非通用专业毕业生就业渠道有限,不可避免地造成学生的学习态度消极,专业思想不稳定,形成"教"与"学"之间的矛盾,教师无法在教学工作中实现自身价值,认为所教无用,从而极大地影响了教学热情。此外,教师数量少、工作量大、教师资源配置不合理的现象在我国非通用语专业中十分突出。教师们一直疲于一线教学,很难有暇顾及教学改革和科学研究,由此带来科研成果少、难于发表、职称晋升难等一系列问题,挫伤了非通用语教师的积极性,直接制约着非通用语教师的可持续发展。

三、非通用语教师师资队伍建设的发展对策

(一)积极创造条件,提高非通用语教师学历层次,改善知识结构

在保持外语优势的基础上,从学科发展的战略高度引导非通用语教师的教学和科研向更广阔的人文社科领域及国别、地区研究方

向发展，如鼓励青年教师攻读"语言文学"、"历史学"、"文化研究"、"国际问题研究"等方向的博士学位，完成师资队伍从单一外语教学向综合性教学、研究的转型，提高教师的学历层次，更新和扩展知识结构。在鼓励学术自由创新的大学教育整体框架中，非通用语教师既要照顾到基础语言课教学，同时也应当选定一个适合个人兴趣或专业需要的研究方向。该方向最好是与非通用语专业有直接关系，但又能触类旁通的，具有区域视野或者跨学科的前瞻性特点。

以北京外国语大学亚非学院为例，在提高教师学历层次方面，学院采取了国内培养、国外培养、国内外联合培养等多种途径，思路具有一定的创新性和前瞻性。

一是国内培养。由本专业具有博导资格的教师指导青年教师攻读博士学位。为了解决"知识结构单一、学术视野狭窄"等问题，整合、利用国内其他院校的教学资源，最大限度优化本专业博士生的课程设置。教师在继续深造时，选择跨学科攻读学位，在此过程中，非通用语教师并未背离其所学的专业，而是具有了一把"双刃剑"。如一位斯瓦希里语教师攻读比较文学和跨文化研究的博士学位，学习的过程本身就要求教师突破固有的、局限于专业对象国的文学领域，以比较的视野和比较的思维来实现不同文学和文化知识的融会贯通。

二是国外培养。教师赴专业对象国攻读语言文学、历史、文化研究等方向的博士学位。由于国内非通用专业高层次师资培养的资源不足，渠道有限，积极发挥对外交往中建立校际合作关系的优势，通过留学基金委、驻外使领馆等渠道，选派青年教师赴对象国攻读博士学位，以提高他们的专业水平，加深对对象国国情的深入研究。

鉴于亚非学院的专业对象国多有被殖民的背景，亚非研究的话语权与信息资料多集中在西方发达国家手中，因此北外亚非学院打破将非通用教师派往对象国的传统思维定势,将教师派往国际一流的亚非研究机构和学府深造、攻读博士学位,从而真正实现与亚非研究学术前沿的直接对话,了解亚非研究的国际发展最新动态,使今后国际亚非研究的大舞台上发出中国学者的声音成为可能。

三是国内外联合培养。国外培养,尤其是将非通用语教师派往国际一流的亚非研究机构和学府深造需要较为高昂的资金成本和时间成本,投入较大。以伦敦大学亚非学院为例,博士学位的攻读需要4至6年的时间,每年的学费和生活费约为2万英镑,此外教师在读博期间完全脱离本科一线教学岗位,使本已捉襟见肘的非通用语师资队伍面临更多的困难。因此学院鼓励教师走国内外联合培养的道路,读博期间一年赴国外学习,即有效地避免了"近亲繁殖",在一定程度上优化了学缘结构,又拓宽了非通用语教师的知识面和学术视野,推动非通用语教学和科研向着国际化的方向健康发展。

(二)优化非通用语师资队伍,重点培养新的学科带头人

通过建立健全教师培训制度,提高专业教师人数和教师学历层次,优化教师学历、学缘结构;科学合理地配置教师,完善专业梯队建设,优化年龄结构;采取以老带新,以强带弱措施,组织青年教师在退休教授的带领下,参与教学、科研课题的选定和研究,完善学术梯队建设。加大人才引进力度,引进的专业教师必须具有博士学位及相应的国际化视野,以保证非通用语教师队伍的学缘和学历结构,符合非通用学科专业建设和发展需要。聘请国内外知名学者担任客座教授,定期开设学术讲座,指导外语非通用专业的教学和科研工作,开拓青年教师的学术视野和科研水平。

近年来,大批年富力强的中青年教师成为外语非通用语专业的教学和科研主力,在实行培养与引进人才并举的同时,应特别重视学科带头人的培养。所谓学科带头人,是从优秀教师、骨干教师群体中脱颖而出的，具有较强的教学、科研能力，又具有较高凝聚力，能把握本学科的最新发展前沿，具有很高的学术水平和学术交流能力的人。如能培养出学术造诣高、思想作风过硬的德学双馨的外语非通用语学科带头人以及语言文学、对象国社会、政治、经济、历史和文化等知识结构齐整的学术团队，对培养高素质的非通用语人才具有决定性意义。

（三）鼓励非通用语教师进行跨学科学术研究和学术交流

大学教师面对的是具有一定知识基础和独立思考能力的大学生，学生对于所学的知识已经不满足于"知其然"，而是要"知其所以然"，因此要求非通用语教师必须具备口径宽泛、知识杂博、一专多能的"杂家素质"。对于一个非通用语教师来说，如果能够多进行跨学科学术研究、学术交流，对于扩宽知识面和学术视野都是大有裨益的。以北京外国语大学亚非学院为例，跨出亚非国家语言的教学范围，选择人文社会科学的某一学科展开研究已经成为学院今后发展的必然趋势。亚洲是我们的家园，对亚洲的研究已经成为国家周边外交之急需，非洲是中国的战略盟友，中非论坛的成功给中国向非洲的发展提供了新的机会。目前国家有关部门急需关于亚洲、非洲的研究成果，对亚洲和非洲的研究决不仅仅局限于亚非语言，关于亚洲和非洲的许多重要的历史文献是西方语言书写的，因此要求非通用语教师不仅要熟悉对象国的学术研究成果，也要熟悉西方亚洲非洲研究的成果；要从学术理论上同后殖民主义理论对话；要在全球化的背景下展开亚非研究。如果能将西方的东方学成果和亚洲各国的研究成果汇集在一起，将在中国学术界独树一帜，从而以东方学研究构建新的学术生长点。

大多数的高校都有实体或者虚体的研究所与非通用语专业相关联，有的是区域性研究的研究所，有的则是针对一个国家社会文化的研究所，这些研究所正是实现教师跨学科、跨国进行学术交流宽广的平台。如北京大学非洲研究中心就是一个跨学科、跨院系的综合性研究机构。成员由北京大学各院系研究所从事非洲政治、经济、文化、历史、社会、语言和文学等领域的教学和研究人员组成。此外，鼓励非通用语教师参加国内外各类学术会议，尽可能参加跨学科的学术交流，以开阔科学研究的视野。在申报科研项目时，鼓励设立跨学科的综合项目、交叉项目，鼓励非通用语教师以项目为纽带，跨学科、跨院校进行合作。

（四）加强非通用语教师师德建设，培养敬业精神和奉献精神

师德是教师的灵魂。我国历来有注重师德的传统。古人十分重视师德，汉代学者杨雄就讲过："师者，人之模范也。"教师是人类灵魂的工程师，在当代社会，教师的第一职责应是教学生如何做人，第二是教学生如何思考，第三才是传授知识。高素质教师首先应具备良好的职业道德，即"师德"，历代教育家提出的"为人师表"、"以身作则"、"循循善诱"、"诲人不倦"等都是教师良好人格的品格特征体现。良好的师德大体可以概括为：无私奉献，甘为人梯；忠于事业，热爱学生；为人师表，教书育人；求真务实，不断创新。加强高校师德建设是教师职业的必然要求，教师职业不同于一般职业，师德是教师劳动特点的要求。教师劳动的对象具有极强的可塑性，教师的一言一行都有教育和表率作用。因此，要利用多种形式加强对非通用语教师的师德教育，引导他们树立正确的世界观、人生观和价值观，增强教师教书育人的责任感和使命感，鼓励他们热爱、献身非通用语教育事业。非通用语教师队伍中有相当数量的党员教师，要充分发挥他们的先锋模范作用，同时做好教师党员的发展工作，使非通用语教师的思想素质和业务素质同步提高。

此外，建立一支稳定的、高水平的非通用语教师队伍是非通用语人才培养成功的关键所在，因此要在政策的制定和实施方面给予非通用语教师一定的倾斜，如在职称评定方面给与相应的照顾，使教学科研都符合条件的教师顺利晋升；在编制方面，适当增加非通用语教师的数量，为他们顺利开展教学科研工作，提高学历层次，改善知识结构创造良好的氛围和条件；在科研立项、教学成果的评优评奖、出国进修提高等方面给予必要的特殊照顾。只有在思想上严格要求、生活上关心爱护、工作上提倡奉献、业务上促进提高、发展上创造机会，才能真正建设一支思想道德素质和业务水平都过硬的非通用语师资队伍。

参考文献

[1] 姜景奎. 外语非通用语教学与研究论[C]. 北京：北京大学出版社，2006.

[2] 刘润清，戴曼纯. 中国高校外语教学改革[M]. 北京：外语教学与研究出版社，2003.

教材建设研究

论韩国语教材建设中存在的问题及其对策

大连外国语学院　郑杰

[摘　要]随着韩国语教育的发展,韩国语教材也不断得到丰富和发展,但目前仍存在诸多急需解决的问题。为推动韩国语教材建设,应从建立全国性的韩国语教材协调机构、教材编写和科学研究相结合、充分调动相关领域的专家参与教材编写、建立监控体系并逐步走向制度化等方面进行努力。

[关键词]韩国语　教材建设　对策

中韩建交以后,在中国逐渐掀起了学习韩国语的热潮。随着韩国语教育的迅速发展,推动了韩国语教材建设,仅仅十几年间,韩国语教材出现了从无到有,从少到多,从单一到多领域百花齐放的局面。目前的教材建设虽然取得了可喜的成绩,但是喜中带忧。笔者通过这些年的教学经验,以及对教材的关注和调查,发现很多教材存在着共性的问题。本文试通过总结这些问题,进而提出相应对策,从而促进韩国语教材建设向更好更健康的方向发展。

一、国内韩国语教学现状及教材使用情况

从1992年到2009年17年间,中国开设韩国语专业的各类学校达到130多所。其中四年制本科院校就已经达到76所,这76所四年制大学韩国语在校生人数约3万名。而开设韩国语专业的两年制、三年制专科学校也有60多所。此外还有很多学校把韩国语定为第二外语或者选修科目,而社会上韩国语强化课程班,以及通过网络、电子教材等媒介进行韩国语自学的人也越来越多。面对数量如此庞

大的韩国语学习者，各种教材的开发就显得尤为重要。

教材是韩国语教学的基本要素，是教学之纲之本，在培养韩国语人才这一复杂系统中有着举足轻重的作用。首先，韩国语教材是开展教学活动，进行教学改革，实现培养目标的基本依据。高校韩国语教材不同于一般韩国语书籍，它根据特定的培养目标和课程大纲，是为一定年级、一定水平的学生掌握韩国语某一专项技能或知识而编写的书籍。一本高质量的韩国语教材能够稳定教学秩序，提高教学质量，创新教学内容，全面提高学生的能力和素质。其次，韩国语教材是韩国学知识积累、储存及传播的重要手段。一本优秀的韩国语教材，不仅仅教授语言知识，而且也应该是韩国学知识的载体，在教授语言的过程中，起到普及韩国学的作用。

仅就国内各大高校韩国语专业教育而言，目前使用的教材版本繁多，其中有北京大学出版社组织编写的《普通高等教育"十一五"国家级规划教材》，世界图书出版公司科研社组织编写或引进的教材，解放军外国语学院、延边大学、复旦大学等组织编写的教材。这些教材有的是组织国内专家编写的教材，有的是本校自己开发的教材，也有引进韩国原版的教材等等。由于编写者和组织者的不同，这些教材在内容和体系编排以及取得的教学效果等方面都存在着较大的差距，甚至语法术语都不尽统一。另一方面，我国的韩国语教育者也看到了教材的匮乏，积极投身于教材建设的行列，取得了较多的成果，这是可喜可贺的。但是由于各种内外因素的影响，教材建设队伍中出现"速食主义"现象，教材从构思到出版缺少酝酿、调研和系统的规划，导致很多教材出版后经不住推敲，甚至在出版后还存在着低级的文字性错误，编写上也没有遵从认知规律等等。为了提高国内教材水平，笔者在这里将国内出版的韩国语教材存在的主要问题总结如下：

第一，简单重复性建设严重。很多教材只是在既有教材的基础上，简单地进行了"大拼盘"，将各种韩国和国内教材进行了重新组合，拟以新的标题。我们提倡去粗取精，提倡吸收现有教材的优点，但那绝不是简单的组合和拼装，而应该是对现有教材的提升，应该把教改和科研的先进成果应用进去，把韩国学的最前沿成果融入教材。

第二，教材质量不高。据笔者对市场上多本教材的研究和观察来看，普遍存在着质量不高的问题。一本教材的出版至少应该有"调研—定位—构思—收集素材—确定大纲—反复研讨—编写—初稿—校内试讲—审校和修改—咨询专家意见—修改—出版"这样几个步骤，但是现在往往几步并为一步走，中间缺失很多环节，试想这种情况下诞生的教材怎能保证质量？而现实情况是，暂且放下文字理论性这种错误不说，有些教材内容与生活脱轨、老化现象严重、编写程序不科学合理、编写体例死板单一。岂能期盼这样的教材启发学生思维，甚至启迪人生？

第三，缺乏较高、深层次的教材。教材市场上目前初级教材较多，中级、高级或是其他专业领域的教材较少，例如：翻译、同传、经贸、法律、旅游、写作等专业书籍难以满足学生的学习需求。今后还需编写人员厚积薄发，编写出更高水平更高层次的教材，填补教材建设领域的空白。

二、编写韩国语教材的基本要求

编写教材是一项细致而艰巨的科研任务，编写人员应对教材编写有明确和高度的认识，韩国语教材编写应坚持以下几项基本原则和要求：

第一，教材编写应力求资料准确、丰富。"准确"是教材编写之根本，不仅指文字和文字表述等表层，更是指理论和观点等深层面的准确。如果在教材中出现理论和政治错误，其恶劣影响是可想而知的。这就要求教材编写人员必须具有相关领域的扎实基本功，并且在编写之前作充足的调查和资料收集工作。"丰富"是教材存活的"土壤"，内容丰富多彩的教材才会引发学生兴趣，具有生命力。所谓丰富，即指教材内容应涉猎广泛、通古及今、与时俱进、生动活泼。内容狭隘、脱离生活、刻板的教材既不利于激发学生兴趣，也不利于传授文化等方面的知识。

第二，编写韩国语教材还需多方合力。这里的"多方"指韩国专家、朝鲜族教师和汉族教师发挥各自优势，从不同的角度和层面为教材把关。韩国专家在保证语料的准确、鲜活、地道等方面发挥积极作用；汉族教师从中文角度出发，可以在教材表述简明准确、文字通顺流畅等发面发挥重要作用；而朝鲜族教师精通两种语言，在各个方面可以起到协调和沟通的良好作用，从而使三方的合力达到最大值。

第三，新编教材要注重在研究的基础上创新。新教材不应该是简单的重复性建设，应该是现有教材的扩展和提高，是现有教材体系的补充和完善。教材建设应该与教学改革相结合，及时将教改成果尽快落实到教学实践中去。同时也应该与科研成果相结合，将相关领域最新的研究成果反映到教材中去。

三、韩国语教材建设意见

为推动韩国语教材建设，编出更好更多的教材，笔者认为应该从以下几方面努力：

第一，建立起全国性的韩国语教材协调机构。目前的韩国语教材出版模式是以出版社为主导，高校教师广泛参与的形式进行的。

由于出版社过分重视市场，同时各个出版社之间也缺乏必要的协调和统一，所以重复建设较多。同时，由于一些领域过于专业，经济效益不佳，出版社较少问津，所以韩国语教材建设的薄弱领域也一直存在。鉴于此，我们呼吁在全国建立起韩国语教材协调机构或组织，能够在全国范围内主管和协调韩国语教材建设，形成该机构组织指导下的、出版社为主导的、高等学校和广大教师广泛参与的教材建设模式，这样才能使教材建设既遵循教育规律，又充分利用市场规律，得到健康良好的发展。

第二，教材编写和科学研究相结合。教材的编写要与相应的科学研究相结合，及时反映科研新成果。目前的教材面临着编写与科研相脱节的矛盾，编写人员较少从事专门科研，而科研人员又仅仅专注于其科研领域，较少问津教材编写，即便编写教材也很少能有效地将科研成果融入教材。科研成果与教材的结合是今后教材发展的必然趋势，只有这样，教材和科研成果才能发挥更大的价值。

第三，韩国语教材编写应引起专家的重视。我们积极呼吁韩国学领域的专家们都参与到韩国语教材建设中来，把优秀的韩国学科研成果尽快融入教材，尤其是一些发展较快的领域，更应充分调动专家、高水平科研人员参与教材的编写。在提高教材适用性的同时，不断提高教材的科学性，使更多的科研成果能够及时运用到教学中去，满足社会对韩国语专业人才培养的需求。教材在组稿、编写时应及时了解该领域前沿内容，了解该领域前沿的专家和学者，积极组织相关研究人员参与编写。

第四，中韩两国共同开发视听说教材。多年来，韩国在推动中国的韩国学研究和韩国语教育方面投入了很大精力，特别是资助中国举办了多次会议，但是效果并不理想。笔者认为主要是在教材建设方面投入不足或未找到好的切入点。我们认为韩国应支持中国在编写听说一体的教材方面有更大的投入,应当组织中韩两国专家共同编写出一套好的视听说教材,然后到韩国录像、录音。如果能开发出一套这样的教材,将对中国的韩国语教育起到巨大的推动作用。

第五,韩国语教材建设需要有一个监控体系,乃至逐步走向制度化。在目前我国的韩国语教材市场还不够繁荣、还不规范的情况下,需要一个高水平的监控体系,乃至建立起教材建设规划管理制度。应逐步改变过去各自为王,随心所欲,完全跟着市场走,乃至粗制滥造的混杂的教材建设状态,要在监控体系下,有组织、有秩序、讲科学、高质量地开展韩国语教材建设。

参考文献

[1] 楼才汀,白光义. 大众化教育阶段的高等教育教材建设[J]. 中国大学教学, 2007,(4): 94.

[2] 郑成宏. 当代中国的韩国学及现状与趋势[J]. 中国社会科学院研究生院学报, 2003,(1): 86.

[3] 蔡美花. 东亚韩国学方法之探索[J]. 东疆学刊, 2008,(4): 1.

[4] 陈亚玲. 教材的作用、选用与使用[J]. 盐城工学院学报, 1999,(2): 64.

[5] 兰石财. 陶行知的教材思想及其现实意义[J]. 学陶论坛, 2007,(1): 21.

[6] 王进军等. 外语教材发展的历程及其规律探析[J]. 中国俄语教学, 2009,(2): 53.

以科学设计和多维合作促进基础老挝语教程的编写出版

解放军外国语学院　覃海伦

[摘　要] 老挝语基础教程的编写出版落后于其他小语种，应引起全国老挝语教学工作者的高度关注。本文认为首先应在思想上统一认识，意识到编写一套统一、通用教材的必要性，并提出编写此套教材的意见和建议。在合作方式方面，建议从校内、校际和国际三个层面进行合作编写；在具体编写方面，则提出详细的框架体系设计，充分考虑学员的能力锻炼和素质养成，以为学员打下坚实的老挝语基础。

[关键词] 老挝语教材编写　原则与框架体系　教材建设

一、引言

　　自1987年中国非通用语教学研究会成立以来，全国非通用语教学走过了不平凡的历程。特别是随着非通用语本科人才培养基地的相继建立，全国非通用语专业的地位不断提高，发挥的作用日益突出。从事非通用语教学的各位老师充满热情地投入到教学工作当中，取得了丰硕的成果。特别是朝鲜语、缅甸语、越南语等语种的教材建设已经非常完善，除了基础外语教程外，不少专业已经拓展到了国情类、应用类教程的编写和出版，有些教材已引起了相关对象国的关注并广受赞誉。这些成绩也带动了其他语种奋起直追，掀起了一股非通用语编材的热潮。

二、老挝语教材出版的现状及促进基础老挝语教程编写出版的必要性

在非通用语教学界各类教材如雨后春笋般纷纷在全国展示自己丰姿的大背景下，老挝语教材建设一度显得低迷不振。可喜的是，近年来老挝语教材的出版开始出现了新气象，适应新课程的开设而编写出版的教材陆续出现在人们面前，如《老挝语口语》（解放军外国语学院、广西民族大学、北京外国语大学均有编写）、《老挝语翻译教材》（北京外国语大学编）、《老挝语应用文写作》（解放军外国语学院编）、《老挝语听力教程》（解放军外国语学院编）、《老挝语语法》（北京外国语大学编）等。这大大提振了老挝语同仁的士气，也激发了大家完善老挝语系列教材建设的信心和决心。但是，从中我们也发现了一个非常令人遗憾的现象，那就是作为主干课的基础老挝语教程没有完成新编和出版，给人一种新枝竞争吐绿而主干老态空心的形象。经过笔者的了解和自身的体会，感觉这其中的原因主要有以下几点：一是教员认识上的问题，认为没有编写的必要，可以利用老挝国立大学针对外国人编写的老挝语速成教材和北京外国语大学出版的基础老挝语教程，或者是各个学校的自编教材，这也符合目前的教学实际；二是编写难度大，基础老挝语不但内容容量大，而且相比其他教材结构复杂、层次多样，编入课文的文章要求语言准确、流畅、优美，篇章结构清晰严谨，对语言点的解析要非常细致入微，练习的设计要难易适中，题型多样，这就使得编写极为繁琐，特别是对语言点、语法点的解析没有权威的书籍可作参考，基本上是根据编写者的经验和体会进行总结分析，不少编者显得信心不足；三是编写周期长，基础老挝语一般应有三到四册，要完成全部三到四册的编写再到出版是一个长期的过程，鉴于其他教材的速成性和相对简单等特点，编者们的取舍倾向自然也就可以理解了。

作为老挝语教学工作者,应该以对学生负责的精神和为学科建设尽心竭力的主人翁意识,认真思考基础老挝语这门课程的教材编写和出版问题。作为学生入学后第一次接触并连续保持三四个学年的课程,其基础地位和重要性是不言而喻的,而相关的配套教材显然不是可有可无的。首先要统一认识,笔者以为那种因为有现成教材而不必再编写的认识是站不住脚的,我们应该看到现有教材的适用性是有局限的。老挝国立大学编写的速成教材内容少而相对简单,对词语、词组和语言点的解释在范围和深度上有很大不足。而北京外国语大学出版的教材内容则显陈旧,不适应新时期信息更新、语言发展变化的教学需求。广西民大的陶红老师认为编写长期固定的教材是不可行的,不鼓励编写,同时提出"选编教材以不断更新"的概念(陶红,2006:92)。这个观点笔者不敢苟同,"长期固定"的概念有待界定,对于基础老挝语教程而言,不能二三十年不变,也不能一两年又作重大改动,必须要有一个相对固定的时期,这有利于语言知识的有序积累和体系的构建。对于某些每四五年招一届学生的院校来说,两届学生毕业后(也就是大概十年的时间)更新一套教材是符合语种建设实际的。同时,陶老师提出语言跟不上时代的问题,笔者想这应该不是基础老挝语的硬伤,是可以解决的,因为基础老挝语教授的是常用的、趋于稳定的语言知识,注重打牢学员语言基础,提高学生运用语言的技能,语言更新是一个渐近的过程,相对而言是很小的一部分,是可以在课堂上由老师进行补充更新的。其次,关于编写的困难,应该拿出一步一个脚印的实干精神、不怕批评的勇气和舍我其谁的信心,尤其是年轻教员,更要发挥初生牛犊不怕虎的精神,借鉴其他语种的编写经验,集众家之所长,科学设计编材结构,合理安排分工,高质量完成教材编写。

三、基础老挝语教程编写的校际及国际合作

笔者认为，基础老挝语是每一所非通用语院校都要开设的必修课程，教材的编写应有统一的编写大纲、统一的目标体系，对教材着重培养学生哪方面的能力，如何实现能力累积和转化，如何设计练习有个统一的认识。每个老师的能力是有限的，视角也会有所不同，正如上文所说，对语言点的解析能不能到位准确，恐怕一个老师的看法还不足以保证。加强教材的合作编写对基础老挝语教程而言显得尤为重要，单枪匹马的编写对教材的质量和水平一定会产生消极的作用，造成很多不足甚至错误。我国教育界很早便提出开放式办学的理念，这其中最重要的一点就是可以实现资源共享，"……其本质在于使受教育主体打破各种现代大学教育制度的限制，获得更为广阔的发展空间和可能性条件，以实现个体智力与体力、理智与情感的和谐发展。"(洪庆根等，2009：94)教材的合作编写，实现编写者资源的共享，应是合作办学的原有之意。

合作编写可以在三个层次上进行，第一个层次是在每个院校专业教学组内部成员的合作编写，一至四册教材的同一板块内容始终由同一个人完成，如生词的摘选和释义、词语和词组的练习、语法体系的编排等等，这样有利于该编者掌握相关内容的编写递进顺序、层次，避免重复和遗漏，更好适应学生由易到难、由浅到深，系统化、体系化的习得规律，从而使得教材的编写流程更趋规范。以往在编写一套多册教材时，有过一人独立负责一册教材编写，互相之间没有通气的情况，最后出现各册教程生词释义重复率高、练习方式五花八门、对同一语言点解释差别极大甚至矛盾、语法体系逻辑顺序混乱等现象，极大影响了教材的严肃性和权威性。这样的编写其实只是形式上的合作，不可能形成有机的整体。我们在下面再就如何科学地进行编写进行探讨。

合作编写的第二个层次可以是校际合作。中国非通用语教学研究会2008-2012年四年发展规划指出,"中国非通用语教学研究工作的指导方针是:自主创新,沟通发展,搭建平台,引领未来……沟通发展,就是促进各会员单位之间的横向联系,促进研究会和各研究分会之间的纵向联系,鼓励联合开发资源,共同推进外语非通用语教学研究事业的发展。"文人相轻一直是文人给社会形成的一种消极形象,作为一种社会现象是客观存在的,但在非通用语教学界更多的是团结合作、相互尊重和信赖。我们提倡批评和自我批评并勇于接受他人的批评,这与"相轻"完全是两个不同的概念,其中的差别在于对待批评的态度上,我们是要面对批评并准备采取措施加以改善的。由于全国从事老挝语教学的同仁为数不多,相互之间也都非常熟悉,在平时的交流中也相互指出了对方院校老挝语教学的不足,但却极少明确方向并付诸实施,现在是采取行动,弥补这些缺陷的时候了。从目前全国五所学院老挝语老师的实力来看,确是各有所长,互补优势十分明显。同时,合作编写的可行性也得到了初步印证。一来五所学校的老师大部分都相互认识或了解对方的情况,建立了比较深厚的情谊,在彼此感情上能够接受合作编材的倡议,而不会有各自为政、独享成果的想法。2010年5月,在解放军外国语学院牵头下,全国14个非通用语种的教员参加了相关语种《双语词典》、《军语词典》和《外交词典》的编写,老挝语教学界的老师更是体现了前所未有的参与热情,北外、广西民大、云南民大的老挝语老师不计利益得失和排名先后,愉快地接受了解放军外国语学院的合作编写邀请,体现了极强的合作意愿。二来各学校有号召力、影响力很强的老前辈仍然奋战在教学岗位上,或退休后仍发挥余热,不断耕耘,是教材编写质量的可靠保证。第三,各个学校的互补优势还体现在北外有编写出版《基础老挝语教程》的经验,原有教材中的词汇解析和运用、语法讲解、练习等是十分值得借鉴的，目前解放军外国语学院已初步完成新版《基础老挝语》的编写，为共同合作完善奠定了一定的基础，云南民族大学年轻教员多，参与热情高，广西民族大学有外教资源可以利用进行审核。这在合作编写上是一笔不可多得的财富，是弥足珍贵的。

合作编写的第三个层次是国际合作，这也是必要和可行的。我国内的教员毕竟不是长期在老挝国内生活，对活生生的语言无法全面、精确把握，吸引地道母语的研究学者参与编写和审校是非常有益的。目前主要考虑与老挝国立大学合作，这主要是因为老挝国立大学是老挝最好的大学，长期开设对外老挝语教学，积累了一定的经验，教材也已形成一定规模，其中的会话、基本用语等十分地道，可以充分利用。同时，邀请老挝国立大学老师参加到编写和审校中来，也能提升其在中国的影响力，是一项互惠互利的举措。2007年，笔者在老工作期间，老挝凯山·丰威汉国防学院派出科研部部长、副部长共3人参与《老汉汉老军事词典》的审校工作，体现了老方很高的科研热情和帮助中方友人的深厚情谊。目前，解放军外国语学院一名在老工作的老师正与老挝国立大学联系《基础老挝语》合作编写事宜。如果一切顺利，立即就合作细节展开讨论，敲定教材的框架结构、内容选择、分工形式、多级审校等，最终将教材交付出版。

四、科学设计基础老挝语教程编写的框架体系

在上述提到的程序中，科学设计教程的框架体系，是体现教程科学性、合理性和适用性的根本保证，要全面考虑使用过程中教与学的因素以及两者最佳的结合点，依据学生兴趣特点、外语习得规律和老挝语自身的特点，参照基础外语教材编写的普遍性原则，突

出《基础老挝语教程》的特点和个性。

（一）参照大语种基础外语教程框架设计的普遍性原则

作为一套基础外语教程，其框架结构与英语等同类教材应该是相似的，其训练提高的目的和方法应该是相通的，完全可以借鉴。根据大语种长期的编材经验，每一册教材中应有以下几个大的板块：课文、生词注释、课文语言点解析、语法讲解、练习等。

第一册的课文主要是语音和短句，第二至四册的课文则应遵循逐渐增加内容长度，增加难度的原则。初期的课文不应太长，可以适当分成几个内容相关或相近的独立短篇，如一篇以"家"为题的课文，可以选择"房子"（介绍房屋结构）、"我的家"（介绍家人）、"我的家乡"等几篇内容相关的短文。课文总长度应充分考虑到与阅读教材的区别，控制的原则是为精读多练铺路，避免把过多的时间用在讲解课文内容上。

生词注释看似简单，实际上对编写者的能力是一个很大的考验，直接把词典中的释意照搬照用是不够的。以前的教材有一个共同的做法，就是为了把单词意思说清楚，往往对一个老挝语生词用五六个汉语近义词加以说明，而近义词之间往往有习惯用法、修辞等方面的差别，学生在看到这些解释时往往一知半解，对单词的记忆形象非常模糊，在使用时也经常不得要领。如ສາພັນ这个词在词典里的解释有"连接，联合，关系，交情，结盟"等，并且是列在一个义项里的。汉语中的这几个词不能说意思不相近，但使用时差别是非常大的，显然不能完全套用，老挝语词的中心意思最贴近哪个汉语释义，恐怕很难从中看出来。如果照编在课文当中，是有害无益的。笔者认为应该把最明确的意思提取出来，最多保留两个释义即可。如ສາພັນ这个词只保留"关系"一个解释，这个词的形象就会鲜明得多。上课时可以通过例句加以说明，把其他的意思拓展开去，让学生在联想中理解掌握，而不宜在单词注释中眉毛胡子一把抓，让学生找不着方向。

语言点解析是基础老挝语教程的点睛之笔，学生能不能掌握课文，能不能理解其中的语言点，能不能有效运用，关键在这一环节。虽然语言点解析是从课文中提取出来的，不易形成体系，整体上会显得比较凌乱，具有随意性，但从四册教材的整体编排上，仍然应该遵循由易到难的渐近性、由词语到段落的层次性原则。第一、二册侧重于单词使用、近义词辨析等方面，第三、四册着重对短语、疑难句、特殊文化背景下的语言运用等进行解释说明。不但要帮助学生对课本进行理解，更重要的是让学生在实际运用语言时起到有效参考作用。

每所院校一般都会开设专门的语法课，但语法也应该在基础老挝语教程中进行渗透，以便从一开始就规范学生的语言习惯和语言建构。因此，基础老挝语教程中的语法讲解应成体系而不必太深入。第一册应保证标准语音和简单会话的训练，可不考虑语法介入，第二册以词类和词法为主，简单讲解老挝语词的种类、转换方法以及词的合成方式等，第三册对短语、句子成分和简单句进行分析，第四册在课文内容逐渐加难、长度加长的情况下，针对复杂句式和句群进行解析。这样，就能从整体上给学生建构初步的语法体系。

练习是对所学语言知识和技能的检验、巩固和提高，也是必不可少的。一定要改变过去练习题型单一的传统，从练习形式的多样化保证学生得到充分、多方面的练习，有利于素质的多维养成。笔者认为应该包括以下几个题型：选择题、填空题、改错题、完形填空题、短文阅读理解题、翻译题等等。

还可以考虑附加一些趣味性强的幽默小短文，让学生在课后自行学习，这些小短文中一定要有课文中出现的新词，加强学生的理解和记忆。

（二）突出基础老挝语教程编写的独特个性

我们也要看到，老挝语与大语种相比，也有自身的特点，不能全盘照搬大语种教材的编写方法。主要差别体现在语言点、语法和练习方面。受英语等语种教材的影响，我们在编材时往往趋向于从语法方面对课文进行解析，但老挝语的情况有些不一样，老挝语语法比较简单，没有时态、形态等的变化，所以有的学院根本不开设语法课，只在精读课里顺带提及，没有系统讲授。但这并不等于我们认同这个观点，只是不必非要从课文里细抠语法点，可在语法板块独立阐述。课文中的语言点还是很有发掘余地的，如对单词注释中没有完全解释清楚的词语进一步通过举例加以辨析，对近义词的用法和使用偏好进行区分，对词语的习惯搭配进行归纳，对课文中出现的难点进行说明等等。

教材编写中最必要突出个性的是练习，练习的各个形式都应采用，但应有所侧重，首先选择题不应过多，英语的选择题题量非常大，是因为英语词汇量丰富，同近义词繁多，可辨析的空间非常大。而老挝语词汇量少，合成词多，同近义词少，可供选择进行辨析的词语并不多，如果过多地设置选择题，非要凑够四个选择项，几个选项之间没有形成模糊对比，而是一目了然，对学生的辨析能力培养是没有助益的。从这几年的教学经验来看，改错题、翻译等练习方式还是比较适合的，可锻炼学生举一反三、灵活运用的能力，同时学生也能很好地掌握课文中的词汇，对于小班教学的老挝语来说是非常适合的。因为这类练习没有唯一的标准答案，学生可以自由发挥，在不同水平的答案之间进行比较、鉴赏，促进互动活跃地开展，从而共同得到提高。因而，这部分的练习可适当增加题量。同时，在不同学期和阶段，都可以根据课文内容，设定相应的口语表达能力、书面能力练习，为保证每一名学生得到练习和指导，在设计时要精心，要了解他们的社会阅历、知识结构和爱好兴趣，贴近他们的能力水平，科学设计练习内容，以充分挖掘他们的潜能，促使他们发挥参与练习的积极性和主动性。

五、基础老挝语教程的选材

基础老挝语教程在选材上至少要考虑内容、体裁、长度和来源四个方面。首先，内容一定要积极向上、语言朴实易懂，代表的是现时期活生生的语言，不能有很明显的旧时代语言特点。低年级在短篇课文的基础上，还要有会话，这些会话是针对短文内容展开的，一可促进对短文内容的理解，二可锻练学生的口语能力，但要注意不能编成口语教材，会话设计只为本篇课文内容服务。其次，选取文章的体裁不能面面俱到，避免编成写作教材，低年级教材主要侧重于趣味性强而通俗易懂的故事、记叙文等，高年级可侧重于艺术性强、语言流畅优美的小说、散文、评论性文章等。第三，文章的长度要适中，老挝国立大学编写的教材文章相对比较短，不适合我国大学开设的一周6-10个课时的授课需求，但也不能太长，编成阅读课教程。既要保证一定的语言信息量，又要避免在正常的课时内不能完成授课任务，以做到精讲多练。第四，老挝的文化发展水平低，可用于教材编写的范文选择范围窄，老挝中小学语文课本中用的课文难度低，阅读量小，即便是中学生用的教材，课文难度还是相当低，不适合我国大学生使用，最好不编入教材中，可作为课外补充读物丰富学生的词汇量，加强学生的语感。低年级教材可部分使用老挝国立大学编写的教材课文（需征得老方同意），高年级则主要从名作、影响力大的报刊杂志中选取合适的文章。

六、结语

目前，全国各所院校的老挝语年轻教员逐渐成为教学科研的主力，教材编写热情非常高涨。《基础老挝语教程》的编写和出版应该走在其他教材的前列，真正为老挝语学科建设打下坚实的基础。也希望在《基础老挝语教程》编写出版的推动下，带动其他系列教材如视听说教材、阅读教材、文学作品选读以及国情类系列教材的编写出版。在大家的共同努力下，老挝语配套教材的编写出版定能呈现欣欣向荣的景象。

参考文献

[1]洪庆根，黄友谊，高华军，秦元伟.军队院校教育思想观念新论[M].北京:国防工业出版社,2009.

[2]刘捷.主流教材的内涵与特征[J].教育科学研究,2010(10).

[3]陶红.浅谈广西民院非通用语基地建设特色[A].姜景奎主编.外语非通用语种教学与研究论[C].北京:北京大学出版社,2006.

[4]张恰.国外主流的教材设计思想述评[J].外国教育研究,2006(2).

[5]石筠弢.教材多样化简论[J].课程·教材·教法,2000(09).

非通用语论坛

波兰语的国际区域教学交流

北京外国语大学　赵刚

[**摘　要**]近几年来中韩日三国在波兰语专业教学科研方面的合作取得了实质性进展,对于其他欧洲非通用语专业的发展具有一定的借鉴意义。加强与周边国家和地区相关专业教学点之间的合作,进行经验交流,共享教学资源,是一种值得探索的新模式。

[**关键词**]欧洲非通用语　波兰语　交流与合作

随着中国国家实力的提升和国际交往的日趋频繁,欧洲已经成为中国外交版图中的一个重要方面。开展欧洲各国的语言教学,对于培养相关语种人才,增加中欧交往的深度和广度,无疑有着难以替代的作用。波兰语教学与语言文化研究,在中国已有近60年的历史。1954年在北京大学建立的波兰语、捷克语专业,是中国欧洲非通用语教学的起源。经过56年的发展,目前中国高校设立的欧洲非通用语语种专业已经达到24种,涵盖了欧盟国家所有的官方语言。各语种的毕业生在中欧政治、经济、科技、文化、教育等领域的交往与合作中,发挥着重要的作用。

众所周知,今日欧盟诸国,一方面通过加强在欧盟框架内的协商与合作,努力建立欧洲统一大市场,提高欧洲在国际舞台上的地位;而另一方面,各国又特别重视保护、发扬、推介自己的本民族文化,强调本民族历史文化的独特性。在此背景下,大多数国家对本民族语言的对外教学高度重视。目前,欧洲各国在兴起汉语热的同时,也非常渴望实力日益增强的中国能够关注、了解、学习他们的语言文化。由于客观条件的限制，以及一段时间内认识上的偏差，欧洲非通用语种教学在中国的发展还比较缓慢。从总体上说，欧洲非通用语各专业目前仍普遍面临师资队伍薄弱、青黄不接、教学资源匮乏、科研水平较低等问题。

一、缺乏交流是制约欧洲非通用语学科发展的重要因素

在众多制约学科发展的因素中，缺乏学术交流的机会，对于学科的长远发展，对于教师开拓眼界、拓宽思路，对于教学水平的提升都有着十分不利的影响。没有充分的交流，教师在教学和科研中积累的经验就无法得以传播；没有充分的交流，教学中出现的带有共性的问题和困难就难以彻底解决；没有充分的交流，也无法激发教师鲜活的思想和大胆的创新。而在目前状况下，欧洲非通用语各专业除了意大利语等个别专业在全国有较多学科点外，大部分在全国只有1-2个学科点，从事该语种教学科研的教师寥寥无几，一些专业甚至全国只有一二位教师。这种人才稀缺性曾长期被认为是从事小语种专业的优势（没有人竞争）。但是没有竞争同时也意味着缺少交流的机会，极大地限制了有关专业的发展。从事这些专业的教师极少有机会进行同行间的交流，甚至无法召开教学科研方面的研讨会，科学研究也无法进行有效的团队合作。

要改变这种状况，增加国际间的交流与合作，是一个很好的途径。一些非通用语专业教师，在与对象国的教育文化部门的交往中，已经建立了比较成熟的合作关系，经常参加一些对象国组织的学术会议或者参与一些科研合作项目。但除此之外，加强与周边国家和地区本专业教学点之间的合作，进行经验交流，共享教学资源，是一种值得探索的新模式。

二、周边国家欧洲非通用语种开办的现状

亚洲，特别是东亚各国是当今世界经济发展的中心，这一地区的国家，大都高度重视发展对欧关系。据我们了解，在周边的日本、韩国、越南、印度，甚至蒙古、朝鲜等国家以及我国的台湾省，都或多或少地开设有欧洲各非通用语的专业教学或选修课程。以韩国外国语大学为例，该校就开设有波兰语、罗马尼亚语、捷克语、斯洛伐克语、匈牙利语、塞尔维亚语、乌克兰语、希腊语、保加利亚语等欧洲非通用语种；日本的东京外国语大学开设的欧洲非通用语种也包括意大利语、葡萄牙语、波兰语、捷克语等；台湾政治大学开设了波兰语、捷克语等语种。这些国家和地区开设欧洲非通用语教学的历史大都比中国短，但他们在教学和科研方面各有特色，有很多经验值得借鉴，一些问题也值得我们深思。中国周边的这些亚洲国家，尽管语言各不相同，但同处东亚地区，或多或少受到中国文化的影响，在外语习得方面，在文化接受方面，与中国学生有不少相同或相近的地方。开展与这些国家相关语种专业的合作与交流，可以促进中国欧洲非通用语教学水平的提升，增加各专业教师的交流合作机会。

韩国外国语大学是一所私立大学，该校开设的欧洲非通用语种较全，且招生规模较大。据我们了解，以该校的波兰语专业为例，每年招收一个本科生班，人数约20人，有5位韩国籍老师和一位波兰外教。从参加"外国人波兰语水平测试"的成绩看，该校波兰语专业学生的波兰语水平与中国学生有一定差距，且其毕业生用波兰语专业就业的比例明显低于中国学生。东京外国语大学的波兰语专业设立于1990年，是中韩日三国波兰语专业中最年轻的。该校波兰语专业面向全校学生开放，学生可自由选择，但最终完整修完波兰语专业课程，并用其就业的学生比例较低。从"外国人波兰语水平测试"的结果来看，东外大的波兰语教学水平还有一定的提升空间。

但应当承认，东外大的波兰语专业具有较强的科研实力。

三、中韩日波兰语专业之间的合作现状

2007年，韩国外国语大学波兰语专业创办20周年之际，韩外大邀请了北京外国语大学、东京外国语大学的波兰语专业教师及部分波兰高校的代表，参加在韩国外国语大学龙仁校区举行的庆典活动及学术研讨会。此次会议上，来自中韩日三国的波兰语学者和在三国工作的波兰籍教师分别介绍了本国波兰语专业的发展历史和现状，对亚洲各国学生学习波兰语过程中出现的问题和面临的困难进行了研讨。2009年11月，中韩日波兰语国际学术研讨会在日本东京召开。会议的主题包括"东亚学生学习波兰语的优势与问题"、"波兰语在东亚地区的历史"等。会议上共有来自日本、中国、韩国的波兰语学者，以及来自波兰的专家学者宣读了10余篇论文。2010年6月11日至12日，中韩日波兰语国际学术研讨会在北京外国语大学举行。来宾分别来自日本东京外国语大学、韩国外国语大学、蒙古国立大学、波兰克拉科夫雅盖隆大学和中国哈尔滨师范大学。因此，这实际上是一次有5个国家参与的区域性国际学术会议。波兰驻华大使、波兰驻日本使馆和驻韩国使馆的代表分别与会。会议内容包括主题发言、代表发言、大会讨论、波兰语示范课、波兰语教学法演示等环节。会议由波兰雅盖隆大学前副校长、对外波兰语教学的知名专家弗瓦迪斯瓦夫·米奥东卡教授发表了题为"全球化、信息化背景下的波兰语对外教学"的主题发言。波兰语示范课由中国教师主讲，教师和学生在课堂上互动自然流畅，效果良好，得到了与会代表的高度评价。

四、目前主要的合作形式与内容

通过三次学术交流，中韩日三国波兰语界对彼此的情况已经有

了比较深入的了解，正在考虑进一步加强彼此之间的交流与合作，共同促进三国波兰语专业教学和科研水平的提高。经过实践，三方目前正在开展或计划开展的合作形式包括：

（1）成立SPTK（"亚洲三国波兰语会议"）的机制，其主体为中韩日三国，该机制采取开放态度，也欢迎亚洲其他国家的波兰语专业加入。（2）共同组办国际学术研讨会。三国目前约定，SPTK机制每两年组织一次三国波兰语国际学术研讨会，三国轮流主办。每次会议分别确定不同的主题，主要围绕相关语种的学科发展现状、教学中出现的问题、波兰与本地区各国双边关系的历史等课题进行研讨。从已经举行的三次会议来看，涉及三国波兰语专业学科发展现状的论文和发言约占三分之一；有关三国学生学习波兰语过程中碰到的困难与问题方面的论文约占三分之一；涉及各国与波兰交往史的论文也占很大的比重。（3）三国商定，SPTK将共同出版学术刊物，每一届研讨会的主办方将负责会议论文的收集、整理、编辑和出版工作。（4）学生交流。三国商定，SPTK机制支持三国波兰语专业的本科生和研究生之间的交流。交流将采取互换的形式，相同年级的学生可以到另外两个国家的波兰语专业学习1-3个月，所修课程在本国将得到认可。交流的费用主要由学生自己承担。（5）教师交流。SPTK积极支持三国波兰语教师之间的交流，鼓励各校波兰语教师到另外两个国家的波兰语专业举行讲座或讲学。（6）课程交流。SPTK正在积极创造条件，实现三国之间课程的视频实时播放，使三国学生可以共享各自的教师资源。（7）共同组织波兰语水平考试。2007年，波兰教育部"外国人波兰语水平认证委员会"派出考试小组，分别在北京外国语大学和东京外国语大学组织了"外国人波兰语水平测试"。中国的波兰语专业学生第一次参加了此项考试。共有16名三年级下学期的学生报名参加，其中8名同学报名参加B2

考试，7人通过；8名同学报名参加B1考试，全部通过。经过近年来与日韩同行的交流，大家认为可以在此方面进行合作。（8）科研项目合作。中韩日三国波兰语专业教师计划联合申请各自国家或者波兰的科研项目。目前在考虑的项目包括波兰与东亚地区交往史研究、东亚地区波兰语教学史等。

五、结语

对于目前在中韩日三国之间开展的波兰语教学、科研合作，波兰政府、波兰高等教育机构和一些文化推介机构高度重视。在北京召开的第三届中韩日波兰语国际学术研讨会上，负责波兰文图书版权交易资助的波兰图书基金会的主席参加并进行了演讲。波兰使馆为大会提供了部分资金上的支持，波兰外交部还在其网站上开设专栏，专供中韩日三国波兰语专业发布自己的教学、科研等实时动态。应该说，近几年来中韩日三国在波兰语专业教学科研方面的合作已经具有了一定的实质性内容，对于其他欧洲非通用语扩大国际合作，具有一定的示范意义。北外欧语学院的捷克语专业在中韩波兰语专业建立联系之后，也开始了类似的交往和合作。

东亚地区各国在欧洲非通用语教学方面面临着不少相同或相近的问题与挑战。通过各国之间的合作，相互交流经验，解决问题，提升教学和科研水平，是地区合作的最终目标。至于应该采取怎样的合作形式，则需要各专业在合作过程中不断进行探索和创新。

马来语教学和科研的资源整合

中国传媒大学　张静灵

[摘　要] 资源整合有助于丰富教学内容，改进教学方式方法，拓宽教学和科研视野。文章从新闻翻译到影视作品翻译、从语言学习到对象国概况研究、从校内资源共享到校际之间的交流与合作等方面介绍了中国传媒大学马来语专业在教学和科研方面进行的资源整合尝试。

[关键词] 马来语教学　资源整合

资源是创造人类社会财富的源泉。一提到资源，人们总会想到土地、森林、矿藏等自然资源。与此同时，资源也指社会资源，如人力资源、信息资源等。精通外语的人才就可以被称为资源，而掌握非通用语的人才更可以被看作是稀缺资源。如何将稀缺资源"挖掘"出来，是如今我们急需思考的一个问题。只有整合非通用语的教学和科研资源，优化非通用语的教学模式，才有利于培养更多优秀的非通用语人才。本文通过对马来语教学和科研过程中的一些实例来探讨如何进行资源整合。

一、从新闻翻译到影视作品翻译

任何语言的学习都不单单是掌握单词和语法，只有对语言背后的社会与人文有一定的了解，才能更好地融入该语言的语境之中，对话才能产生共鸣。对于学习非通用语的学生们而言，参与翻译活动是他们实践专业最有效的途径之一。不论是作为奥运会的志愿者，还是接待外宾，抑或是陪同参观访问，翻译和语言的交际能力是非常重要的。理查兹（A·Richard）认为，翻译作为一种跨文化交际活动，不仅涉及两种语言，同时也涉及两种文化。表面上看，翻译是语际间的转换，实际上却是跨文化传达。因此，对非通用语学生的笔译和口译能力进行锻炼是非常有实际意义的。以马来语专业为例，以往的毕业生中，与马来语打交道最多的除了教师和外交人员，就是在中国国际广播电台马来语部工作的学生。因此，在翻译课上新闻稿的翻译尤其受到重视。依托学校在传媒领域的特色和综合优势，在课程设置中也注重培养学生们新闻传媒的素养，学生们对新闻的采、编、译有一定的学习和了解，对走上工作岗位有很大的帮助。

随着中国和马来西亚的经贸、教育、旅游以及文化的合作日益增加，两国人民也迫切希望增进了解，经贸合同与法规、影视作品、文学作品、旅游景点等材料的翻译也会越来越多。这里，笔者特别想提及的是影视作品的翻译。提及影视作品的翻译就不得不提一提本校外国语学院的影视剧译制专业（下文简称译制专业），作为一个将英语学习与翻译、配音、制作等实践操作相结合的成功典例，它的专业定位以及学生培养模式在某种程度上对非通用语的教学和实践有很大的借鉴意义。影视剧译制专业于2002年开始招生，成为国内最早和译制界合作的专业。该专业不仅要求学生具备精湛的语言功底，还要有厚实的文化知识素养和高超的审美鉴赏素养。《特种部队》、《变形金刚2》、《2012》、《阿凡达》等观众们耳熟能详的大片均是由该专业师生共同翻译的。杨和平在《当代中国译制》前言中写道，如果译制是电影在世界各国沟通交流的桥梁，那么译制工作者就是世界电影的普罗米修斯。显然，当代的译制文化不仅仅涉及外来作品的引进，而且包括国内不同民族之间的交流，以及国产影视作品的对外输出。而学习非通用语的学子们在不久的将来很有可能就会成为一名译制工作者。如何将所学专业对象国的优秀影视作品带给中国的观众,又如何将中国优秀的影视作品送出国门,是每一个学习非通用语的学生可以思考的问题。影视作品是绘声绘色的,它比单纯的文本更生动、更有感染力,因此学生对影视作品的翻译会更有兴趣。通过对影视作品的翻译,不仅能提高学生的听力水平,还能强化他们对语境的表达。

通过我院译制专业老师和学生们的共同努力,我院与中国电影集团公司已建立了很好的合作关系。这也将进一步实现非通用语影视作品翻译的可能性。在译制专业老师们的帮助和共同协作下,非通用语的一部分老师和学生也可以参与到影视作品的翻译中去。就马来西亚而言,根据马来西亚电影发展局(FINAS)的数据显示,2008年至2010年(1-9月)马来西亚电影市场中,国外进口电影几乎是本地电影的20多倍,而票房收入也是本地电影的6-8倍,[①]可见外国进口电影在马来西亚很有市场。近十年来,马来西亚也出品了很多优秀的电影和动画片,如雅思敏(Yasmin Ahmad)的爱情三部曲《单眼皮男生》(Sepet)、《花开总有时》(Gubra)、《木星的初恋》(Mukhsin),Les' Copaque Production(LCP)公司制作的3D动画片《Geng:冒险的开始》(Geng:Pengembaraan Bermula)及系列动画短片《乌宾和伊宾》(Upin & Ipin)。现在,我院大二的马来语视听说课正在用《乌宾和伊宾》的短片进行教学,学生们都被片中幽默、生动的语言所感染,很多学生都希望能组织一次配音或表演比赛。同时,对马来西亚的文化和生活愈发有兴趣。在时间允许的情况下,通过老师的指导,学生们可以共同翻译该短片,并将成果作为马来西亚影视作品展示的一部分。

---

① http://www.finas.gov.my/index.php?mod=industry&sub=filemmalaysia.

二、从语言学习到对象国概况的研究

一些学生在学习外语的过程中有这样一种误解,他们认为学习外语,就是为了做翻译工作的。这样的误解在学习非通用语的学生中比比皆是。误解的产生主要是因为传统的外语教学中过多强调语言本身的学习,只注重语法、句子、篇章的学习,忽略了对象国经济、政治、文化等概况的学习。但是,在短短的本科4年时间里想培养出能力全面,听、说、读、写、译都很强的学生实属不易,而因为时间紧迫,针对对象国概况的教学只能点到为止。在这种情况下,很多学生将大部分精力都花在背单词、分析句型和语法、练习听力、中外互译方面。但是,语言毕竟只是一门工具,它是帮助我们打开另一个世界的钥匙。学习了马来语,使我们有能力了解对象国的方方面面。因此,对一些想要继续深造的学生而言,本科阶段的语言学习为后来的继续学习和研究做好了铺垫。有的同学本科毕业之后,选择了马来文学,从文学的层面比较研究中马两国的文学异同点;有的选择了国际关系,很自然地将中国和马来西亚外交关系列入了自己的研究范畴中。由此看来,教学过程中如果只是纯粹的语言学习,没有加入对象国经济、政治、文化的学习,学生们对对象国的情况知之甚少,很难会对下一阶段的学习和研究产生兴趣。

以马来西亚为例,马来西亚是个多民族、多语言、多文化的国家,也是世界上公共假期最多的一个国家,它的节日是很有特色的。除了国庆节之外,马来人的开斋节[1],华人的春节,印度人的屠妖节[2]也都是马来西亚重要的节日。除了学习这些节日的表达方法外,学生们还应该了解这些重要节日的起源和典故、庆祝方式、节日禁

---

[1] 开斋节(Aidilfitri)是伊斯兰教节日。伊斯兰教历的9月为斋戒月,通过一个月的斋戒,于伊斯兰教历的10月1日欢度开斋节。马来人绝大多数信仰伊斯兰教,因此开斋节也被视为马来人的新年。
[2] 屠妖节(Deepavali)是印度人的灯节,庆祝战胜黑暗,迎来光明。印度本国的人民只是把该节日当作一个重要的节日,但是在马来西亚的印度人一般视其为印度人的新年。

忌等。当学生们了解到穆斯林们为期一个月虔诚的斋戒、印度人在大宝森节身背kavadi①走向黑风洞、华人在春节送柑等习俗,他们会发现学习马来语后呈现在他们面前的是如此耐人寻味的异域风情。对象国社会中的文学(包括传统文学和现代文学的介绍、各种文学体裁、著名文学家、文学评论等)、艺术(包括音乐、建筑、手工艺品、武术等)、政治(政治体制、政党、选举等)、节日(节日来源、节日意义、欢庆节日的方式等)、饮食、服装、宗教信仰等文化元素都能激发学习语言的主动性。通过这些一手资料的积累,也将为以后的工作和学习提供便利。

三、从校内到校外

任何知识的获取不可能停留在一个地方,学习非通用语也一样。除了专业课老师的讲解,通过互联网的报刊、论坛、音频、视频,学生们都能接触并学习到马来语。虽然,网络的资源需要使用者有敏锐的筛选能力,但它无疑给自学者提供了一个很好的平台。除此之外,校际间的合作与交流更能为马来西亚语教学带来活力。每年召开的中国非通用语教学研讨会就为各个院校的非通用语教学研究者提供了一个交流和共享信息的平台,促进了各语种的共同发展。由于各种原因,很多语种的专业老师不能每年都聚在一起交流,因此地方上各高校之间的联络显得尤为重要。就北京地区而言,目前只有北京外国语大学和中国传媒大学开办了马来语专业,因此两校老师之间的交流就显得尤为重要。由于资源上的优势,北京外国语大学的马来语老师在教学和科研上给予了我校很多支持和帮助。

秉承共同学习,共同进步的原则,北外的马来语老师主动邀请各个院校相关专业的老师参加由该校举办的"2009马来研究国际研

---

① 印度教徒庆祝大宝森节时肩挑的一种巨大的钢制弓形枷锁。

讨会"。在得知马来语教育国际研讨会在北京召开时，第一时间通知了我院的相关老师。特别要提的是，首位担任中国"马来研究学者职位"的学者Awang Sariyan教授，他曾为北外的马来语专业老师开办过两个学期的培训课，笔者也有幸参与了学习。当笔者参加汉办的《汉语乐园》(马来语版)的翻译工作时，北外的苏莹莹老师和Awang Sariyan教授也给予了很多帮助，做出了很大的贡献。类似这样的校际间的资源共享与合作有利于教师的教学水平和科研能力的提高。以后，在教学方法、教材、课程设置等方面都可以互通有无，整合资源，提高整体效率。这样既可以减少重复的工作，也有助于教学质量的提高。

四、结语

综上所述，资源整合有助于教学方式方法的改进和拓宽我们的研究视野。目前，马来语教学和科研的资源整合还处在初步尝试的阶段，很多想法虽然很好，但在实际操作中仍然面临着一些现实问题，如时间和地域等。但笔者相信，在不断的尝试和磨合过程中，一定会有更好的解决办法来完善现有的资源整合。

参考文献

[1] 杨和平，麻争旗. 当代中国译制[M]. 北京：中国传媒大学出版社，2010.

[2] 吴义诚. 论翻译研究的科学范式[J]. 外国语(上海外国语大学学报)，2001(5).

尼泊尔语教学参考资源的获取及应用

中国传媒大学　邢云

[摘　要]虽然我国目前的非通用语教学对教材和教参尚无统一的要求和规范，但是教学参考资料一直是教学活动中不可缺少的因素。本文结合传媒大学尼泊尔语专业教学的发展现状，探讨非通用语参考资料在获取和应用过程中的现状，以及对相关问题的思考和建议。

[关键词]尼泊尔语教学　参考资料　获取与利用

一、非通用语"参考书"资源的获取

外语教学参考资料的获得不外乎三种途径——继承、引进、网络。继承是指沿用本专业具有代表性的、经过实践检验符合教学需要的资料。引进是指利用对外交流的契机，接受各种途径的赠与或于语言对象国直接购买所需资料。网络是近些年随着科技的进步，不出家门和国门，打开电脑，即可从上面搜集对教学有所帮助的多媒体资料。我国目前的非通用语教学参考资料的获取这三种途径皆有。以下以传媒大学尼泊尔语专业为例进行分析。

（一）外籍专家编撰

在初建时期，传媒大学尼泊尔语专业采用的教材全部为当时学校聘请的专家所编写。《尼泊尔语精读》、《尼泊尔语高级阅读》等课本中都收录了介绍尼泊尔社会、文化、人民、宗教等方面的原汁原味的文章，涵盖了需要学生掌握的语法点和需要学生了解的国情知识，其经典的用词造句笔者至今都能大段地背诵和讲述。而《尼泊尔语泛读》、《尼泊尔语报刊阅读》、《对象国社会文化与信息》等课程除了教材外还配备有课外阅读材料和练习，都是专家广泛搜集并经过推敲最终应用于教学实践，其对课本的补充和检验都在学生身上收到了良好的效果。在学科建设和教学改革大发展的今天，为了更好地激发学生语言学习的兴趣，更科学地安排课堂教学，更完善地贯彻新版教学大纲的实施，旧的教材慢慢会被新编写的教材所取代，但其中具有代表性的和仍具时代精神的文章仍会被保留下来，作为课堂教学的补充或检验教学成果的语言素材。

(二) 选购原版参考资料

受对象国国情的制约，大学期间，笔者所在专业并未能与同级其他非通用语专业一样实现"3+1"的教学模式，走不出国门，原版资料的获取就无法实现。加之当时专业所聘专家为中国国际广播电台在职工作人员，不方便以本校教师的名义带领学生开展更多的外事活动，结果从对外交流途径获得的原版资料也很有限，这些原因造成了"资料匮乏、条件有限"的情况。笔者留校任教后，学院大力支持"国家外语非通用语种本科人才培养基地"各语种的发展，尼泊尔语专业迈出了具有历史意义的第一步。师生不仅开拓了视野，实现了真正意义上的对外交流，还分别从对象国带回大量由当地大学知名语言学教授和各领域专业人士推荐的原版读物和多媒体资料，极大丰富了教学资料的储备。后来通过学生公派出国、教师参加学术会议等，带回更多所需的字典、书籍和光盘，专业教学参考资料日趋完善。在办理游学签证的过程中，与对象国驻我使馆也建立了合作关系，大使、秘书等多次为我专业学生进行讲座，并将使馆储备的尼泊尔语资料慷慨相赠。

(三) 网络资源

每一个大学生都对网络相当熟悉，都能根据需要进行资料的检索和整理。在与对象国友人交流的过程中，师生都记录了一批介绍对象国政治、经济、文化、社会生活的网址,无论是想了解尼泊尔27个政党的最新动态还是想了解刚刚结束的德赛节的传统习俗,网络即可用对象国记者编写的新闻和评论、对象国作家图文并茂的讲述甚或游客摄录下的视频,给你满意的答案。经过几次的积累,涉及外交、翻译、宗教、文化、旅游等领域的大量中文书籍和多媒体资料也成为我专业教学资源储备中不可或缺的一笔财富。经笔者统计,截至2010年底,传媒大学尼泊尔语专业已有字、词典近十本,语法参考书二十余本,音、视频光盘十余张,各门类"参考书"已多达近两百本(张)。

二、非通用语"参考书"资源的应用

"利"完"器"后则要"善其事",如何将较为丰硕的教学"参考书"资源科学地应用于教学实践的问题就摆在了眼前。根据目前的教学实际,以下三种为最常见的方式:

(一)基础语言教学的有力补充

选择非通用语专业的学生在进入大学校门后面对的是一门完全陌生甚至听都没有听过的语言,一切从零开始,仿佛又回到了小学从拼音、字词、句子开始学起的时期,如何系统地掌握并对逐渐习得的语言知识加以运用,很大程度上依赖于学习兴趣的培养,那些遣词造句经典、语言颇为丰富的文章会对此有很大的帮助。语言学习的同时,对象国对于学生们来说也是一片极具神秘色彩的天地,想要接近她首先要了解她,教材之外所采用的丰富多彩的参考资料就成为学生的好帮手。以非通用语专业基础课精读课程为例,通过对语法点由易及难、系统的学习,教材中的课文和配套练习固然可以帮助融会贯通地理解和掌握,教师运用从学科参考资料中斟酌选取的内容可以更有效地针对即时讲授的语法知识,或者使学生从其他侧面对课堂教授的内容进行更深入的了解，激发学生课堂外自主学习的兴趣。

（二）教学效果的检验和提高

近些年来，我国外语教学改革正如火如荼地进行，其中的非通用语教学也经历着软、硬件的改进和完善。单从教学法来说，教师已逐渐摒弃守旧的语法翻译法，将视听法、交际法等引入课堂，注重学生打好扎实的语言基础后综合水平的提高和实际应用能力的增强，高素质人才的培养成为教育的最终目标。课堂教学不再局限于单纯的讲授，语言和声音相结合、语言与形象相结合都对教学效果的提高有很大帮助。听、说、读、写、译各项练习都需要教师从众多的教学参考资料中广泛选取针对性强、有代表性、符合时代特点的内容，形式上也要不拘一格，学生就会对语言知识系统地进行理解和记忆，在以后的学习和工作中才能做到触类旁通，对良好的学习习惯的养成也有帮助。至于参考资料对非通用语教学效果的检验方面，举高年级的泛读课为例就非常清楚了。泛读课课堂所讲授的是泛读的知识和技巧，大量的练习都留给学生课下演练，学生技能的反复锻炼和提高都要通过教师选用的阅读"参考书"来实现。

（三）开展课外活动的充分保证

这是很有非通用语特色的一个方面，也是根据传媒大学学生活动实际得出的观点。目前传媒大学外语学院的很多非通用语专业都开展了专业推广活动，旨在运用本专业学生学习和积累的知识带领更多的外专业同学领略对象国的魅力，也锻炼个人的社会活动能力，增强班级凝聚力。这时，教师和学生手中储备的"参考书"就成为活动能否开展得丰富多彩的决定因素。来参加活动的同学可以听语言、看图片、观视频、赏实物、品美食，而组织这一切都需要广泛查阅"参考书"，并选取有用之处加以整合和运用。

随着各非通用语种学科建设的发展，各专业"参考书"资源的储备都日趋完善，无论是课堂教学、课外活动、小学期实践等，专业教师普遍感觉工作的开展更为顺利，学生的学习兴趣和综合素质有了实质的提高。

三、对现状的思考和建议

国家对非通用语种发展建设的利好政策、非通用语教学指导机构的积极鼓励和学校学院各级领导对小语种发展的大力扶持都为非通用语参考资料的积累提供了有利的条件。如何通过更为广泛的途径获取更多、更实用的参考资料并更好、更科学地应用于教学实践，还要依靠非通用语教师自身学术水平的不断提高和对专业发展目标清晰地认识和把握。在教学的哪个阶段应用哪些资料的哪些内容，该为每个年级的每个学生推荐什么体裁什么内容的课外读物，这些事情应该成为每一位非通用语专业教师日常思考的问题，也必须建立在教师对已获得的参考资料谙熟于心的基础上方可实现。

四、结语

教学是育人的根本，教学参考资料是教学的有力辅佐。每一位非通用语教师都应该立足实际，完善自我，帮助学生高效地学习，广开专业发展之路，在参考资源的获取和应用方面探寻更多的途径，积累更多的经验，专业建设才会更可靠、更快速地进行。

参考文献

[1] 束定芳. 现代外语教学——理论与方法[M]. 上海：上海外语教育出版社，2004.

[2] 钟智翔，刘越莲，赵萍. 中国外语非通用语教学研究[C]. 北京：外语教学与研究出版社，2009.

韩国语教学中的文化导入问题

大连外国语学院　张国强

[摘　要]韩国语教学应突破传统的以语言技能为主的理念，探索建立将语言技能和文化知识相互交融、相互促进的教学模式。本文借鉴大语种教学研究成果，采用语构文化、语义文化、语用文化的分类方法力图构建韩国语教学文化导入内容框架体系；从教学计划、课堂教学、课外活动等环节，对文化导入的有效模式进行了探索。

[关键词]韩国语教学　文化导入　内容框架　导入模式

语言是文化的重要载体和表现形式，语言的使用也会受一定的文化制约。现代外语教学原则之一，是要注意培养学生的跨文化交际能力。这种能力除了包括正确运用语言的能力之外，还包括对文化差异的敏感性、包容性和处理文化差异的灵活性等能力。目前国内高校韩国语专业对教学中文化导入的重视程度远远不够，造成了学生跨文化交际能力的欠缺。因此，如何加强韩国语教学中的文化导入，成为国内韩国语教育面临的一个重要课题。

一、韩国语教学中文化导入的内容

关于文化导入内容的研究。张占一（1990）等学者将外语教学中文化导入的内容划分为知识文化和交际文化。魏春木、卞觉非（1992）将基础外语阶段文化导入的内容划分为文化行为项目和文化心理项目。陈光磊（1997）等学者将外语教学中的文化内容归结为语构文化、语义文化和语用文化三种。陈光磊的分类体现了语言文化的层级关系，概括了潜在的、融会于语言中而又为学生习而不察的文化内容，对构建韩国语教学中文化导入的内容框架体系具有指导意义。采用陈光磊的分类方法，韩国语教学中文化导入的内容主要包括以下三个方面：

1. 韩国语语构文化。即韩国语的语言结构（词汇、词组、句子及篇章构造）中所包含的文化内涵。其中，重点是思维文化。语言构造同一个民族的思维文化关系特别密切，思维文化对语言的结构具有内在的支配力。比如韩国语句子的基本语法结构是"主语-宾语-谓语"的"掉尾文"（periodic order sentence）。这种句子构造中所体现出的韩国式的思维文化，서정수（1993）列举了几条：体现了从小到大、从轻到重、从不重要到重要的自然循理的思维；从不紧张到紧张，较缓和的渐进式心理冲击；洗耳恭听别人把话说完的交际礼仪等。韩国语教学中需要把思维对语言支配力的潜在特点从无意识层面导入到意识层面。

2. 韩国语语义文化。即语义系统所包含的文化背景内容和所体现的文化精神。语义文化突出的表现在：（1）因中韩文化背景不同无法对译的韩国语词语。比如有关教育的一些词汇，"고시원"（一种旅馆性质的学习院，为来学习的人提供单间及简单的生活用具。其最大的优点是安静，无干扰。许多人在重要的考试前或撰写学位论文时来此短期突击）、"발표"（大学教学中较普遍采用的一种学习方式，把学习内容分成几部分，让学生补充材料后讲解，师生共同讨论）等，体现了韩国教育制度的特点，而汉语中没有与之相对应的词语。（2）因中韩文化背景不同而产生的某些层面意义有差别的词语以及指示域（scope）不同的词语。比如人称语中与汉语的"哥哥"相对应的韩国语词语是"형님"，但是"형님"包含三种意义：弟弟对哥哥的称呼、妹妹对嫂子的称呼、妯娌之间对年长者的称呼。汉

语中"哥哥"、"姐姐"的使用没有性别的差异，韩国语中则具有明显的性别差异。这些词语的语义中包含着韩民族特殊的家族文化和性别文化内涵。(3)含有韩民族特有的历史文化、习俗文化等信息的词语。比如韩国的传统戏剧"판소리"、传统游戏"윷놀이"、传统祭祀仪式"차례"等词语，必须联系其历史、民俗等文化内涵才能真正理解。

3. 韩国语语用文化。从社会语言学的角度探讨韩国语使用的社会文化规约。由中韩文化背景的不同而产生的语言使用场合、语言信息和潜在观念的差异性等便属于语用文化的范畴，如韩国语敬语法、模糊语、委婉语以及禁忌语的使用，均具有一定的社会文化规约。韩国语敬语法的发达，起源于封建社会的等级制度和儒教思想，是韩国社会竖直型人际关系的体现，同时也是韩国礼仪文化的重要表现。又如，作为单一民族的韩民族共同体意识非常强烈，在语言中表现为，汉语中"我的/我"、英语中"my"修饰，在韩国语中大量使用"우리"(我们)，甚至连妻子和丈夫也使用"우리 마누라"(我们老婆)、"우리 남편"(我们丈夫)等表达方式。

二、韩国语教学中的文化导入模式

根据目前国内韩国语教学的现状，建立适度有效的文化导入模式主要应包括三个方面：教学计划的调整、课堂教学的融入、课外活动的引导。

1. 教学计划的调整。目前大多数高校的韩国语教学计划划分为两个阶段：一、二年级为侧重于语言基础的初级阶段，开设的课程主要为精读课、会话课、听力课等；三、四年级为侧重于培养语言运用能力的高级阶段，开设的主要课程有写作课、翻译课、文学课、新闻报刊、韩国概况等。这一教学计划安排和划分体现了对长期教学实践的探索总结和对教学规律的认识(马丽，2002)。但是这一教学计划存在两方面的不足：一是缺少对上述韩国语语言文化知识的系统介绍课程；二是对阶段和课程设置的划分界限过于分明，文化内容主要集中在高级阶段，人为地造成了语言与文化的脱节。针对这些问题的解决方案是，应在教学计划中增设一些系统介绍语言文化的课程，如社会语言学、语言与文化、韩国文化等课程；同时将韩国概况、韩国文化等课程放在初级阶段，可采取韩汉对照的授课形式，从初级阶段开始就从文化的深度去施教，培养学生的跨文化交际能力。

2. 课堂教学的融入。韩国语专业的教师要增强文化导入意识，发挥其主导作用，结合课堂教学融入相关的文化知识。在备课时精选一些与语言教材相关的文化信息材料，将它们恰到好处地运用到课堂上，做到语言知识讲到哪里，文化知识就诠释到哪里。这样既可以从文化角度施教，加深语言教学内容的深度和广度，又可以克服语言教学的枯燥性，增强语言教学的知识性、趣味性。

目前外语课堂教学中文化导入的常用方法有：直接注解法、词义挖掘法、语法提示法、文化比较法、交际实践法、翻译对比法、讨论法等。其中文化比较法是跨文化教学中的一个极为重要的手段。通过文化对比发现母语和目的语语言文化结构之间的异同，可以有效地培养学生跨文化交流的文化敏感性。中韩文化具有同源文化和异质文化的双重特征，因此韩国语教学中文化上的"认同辨异"是一个尤为重要的教学方法。

3. 课外活动的引导。课外活动的引导重点是培养学生的文化意识。应该指导学生在课外阅读一些韩文文学作品和韩文报纸杂志，并促使他们在阅读时留心积累有关文化背景、社会习俗、社会关系等方面的知识，定期组织主题文化"발표"(讨论会)。可组织学生观

看原版影像、举办各种专题文化讲座、图片展等活动。可指导学生形成各种"동아리"(兴趣小组/同好会),发挥学生的主体作用,开展各种文化活动。要充分利用韩籍外教和在华韩国留学生资源,创造机会让学生多接触韩国人士,经历跨文化交际活动。

三、结语

国内韩国语教育起步较晚,相对于外延的迅速发展,教育教学理论和方法的研究和实践仍滞后。突破传统的以语言技能为主的教学理念,加强韩国语教学中的文化导入,探索建立将语言技能和文化知识相互交融、相互促进的韩国语教学模式,尚需不断加深认识和进行理论探索,尚需广泛深入的教学实践。在理论研究和教学实践中,要积极借鉴大语种教学研究成果,多角度、多层次构建韩国语教学文化导入内容框架体系;在教学计划、课堂教学、课外活动等各个教学环节中,全方位构筑文化导入的有效模式。

参考文献

[1] 陈光磊. 关于对外汉语课中的文化教学问题[J]. 语言文字应用, 1997(1).

[2] 邓炎昌, 刘润清. 语言与文化[M]. 北京:外语教学与研究出版社, 1995.

[3] 胡文仲, 高一虹. 外语教学与文化[M]. 长沙:湖南教育出版社, 1997.

[4] 贾玉新. 跨文化交际学[M]. 上海:上海外语教育出版社, 2002.

[5] 马丽. 韩国语教学的实践和思考[J]. 北京第二外国语学院学报, 2002(3).

[6] 魏春木, 卞觉非. 基础汉语教学阶段文化导入内容初探[J]. 世界汉语教学, 1992(1).

[7] 吴克礼. 文化学教程[M]. 上海: 上海外语教育出版社, 2002.

[8] 张安德, 张翔. 论外语教学的文化意识培养与文化导入[J]. 外语与外语教学, 2002(6).

[9] 张占一. 试议交际文化和知识文化[J]. 语言教学与研究, 1990(3).

[10] 박규홍 신재기 윤정헌. 사고와 표현[M]. 정림사, 2003.

[11] 서정수. 말과 생각의 관계. 우리말 우리글[M]. 한양대출판원, 1993.

[12] 이익섭. 사회언어학[M]. (주)민음사, 2001.

[13] 최기 김미형 임소영. 언어와 사회[M]. 한국문화사, 2005.

"经贸缅语"课教学改革问题

云南民族大学 苏自勤

[摘 要]随着中国—东盟自由贸易区的建设和发展,中国与缅甸在经贸领域的交往日益频繁,社会亟需精通缅语和熟悉经济贸易专业知识的复合型人才。为了提高教学质量,加强复合型人才的培养,改革和完善已有的"经贸缅语"教学势在必行。

[关键词]"经贸缅语"课程 现状分析 教学改革措施

中缅两国是友好邻邦,两国自古以来在政治、经济、文化等领域都有着密切的交往与合作。2010年1月1日,中国—东盟自由贸易区全面建成,进一步推动了中缅两国之间经贸关系的发展。随着中缅两国双边经贸合作的不断发展,社会对精通缅语和熟悉经济贸易专业知识的复合型人才的需求增大。针对这一现状,"经贸缅语"成为缅甸语教学中的重要课程。但是目前"经贸缅语"教学存在着诸多问题,如课程内容设置、教学方法、师资力量等。本文中,笔者根据自己的教学经历,通过对已有的"经贸缅语"课程教学现状及存在的问题进行分析,进而对"经贸缅语"课程教学改革提出一些粗浅的看法。

一、我校"经贸缅语"课教学现状及存在的问题

我校"经贸缅语"为缅甸语专业高年级选修课程。本课程旨在通过对经贸文章的选读,扩充学生在经贸领域的词汇,了解相关国际法律知识。学生通过本课程的学习,应在经贸方面具有较高的听、说、读、写、译的能力,能够在不同的商务活动中正确使用缅语,为中缅两国经贸合作发挥积极的作用。本课程教材为自编教材,教

学主要内容是与目前中缅两国合作领域相关的经贸文章,并加入一些国际法律方面的知识以及缅甸的一些外国投资法的最新内容。本课程在第四学年第七学期实施,为学期课,每学期授课18周,每周4学时,共计72学时。

我校"经贸缅语"教学已经有了几年的实践,获得了不少有益的经验和成果,每年的毕业生中有很多是从事与经贸相关的工作。我校的"经贸缅语"教学尽管已经取得了一定的成绩,但仍然在一些方面存在一定的问题:一是课程内容设置不太合理。目前的课程内容较偏重于经贸文章的选读以及对国际法的了解方面,而对涵盖了外贸函电、经济合作与承包合同、招标与投标书等方面内容的经贸应用文以及经贸谈判与口译等方面涉及较少。因此,按照目前所设置的课程内容培养的学生达不到培养目标。高水平的涉外经贸人才,应同时具备缅语和经贸等多方面的知识及应用能力。而在实际培养过程中,重语言轻贸易的现象时有发生,学生学习这门课程时还停留在单词、语法、翻译的基本能力训练上,以及强化语言点的组织安排上,达不到开设这门课程的目的。二是师资队伍建设薄弱。根据"经贸缅语"这一课程的特点,要求教师不仅应该具备较高的语言基础,而且应该熟悉经贸专业知识。但是目前我们的教师一般是外语院系毕业的缅语专业教师,缅语水平较高,却在经贸知识方面存在一定的欠缺,这样在教学的过程中就容易产生重语言而轻贸易知识的现象。三是教学方法单一。"经贸缅语"的教学方法以课堂教学为主,结合一定的口语训练。这种教学方式与普通的缅语教学方式基本一样,以教师为中心,进行机械的讲解,学生只能被动接受,教学效果不太理想。

二、对我校"经贸缅语"教学改革的设想

面对中缅两国经贸合作的发展与创新趋势,以及社会对精通缅语和熟悉经贸专业知识人才需求的现实,改革和完善已有的"经贸

缅语"教学势在必行。

（一）课程内容与课时分配方面

根据上文所述，在课程内容设置方面可增加经贸应用文以及经贸谈判与口译等方面的知识，并且以目前中缅两国合作日益频繁的能源、电力、农业和开发区建设等领域的相关内容为主。由于总共只有72学时的课时很少，因此可考虑采用课堂及课外教学相结合的教学方式，即课堂上教师精讲重点，实践练习由学生在课后进行，教师检查效果并不断调整方案。此外，在"经贸缅语"教学中应增加实践教学的内容。要重视以行业为依托，和企业等经济部门进行合作，通过实际运用，提高学生的业务能力和语言交际能力。

（二）加强师资队伍建设

教师是开展教学活动的主体，教师的教学水平直接影响了教学质量。因此要提高教师教学水平，建立一支高质量的教师队伍。客观来讲，要健全机制，规范管理，充分调动教师的积极性。可通过企业与院校相结合的师资队伍建设平台，打造具有"经贸缅语"专业教学特色的教师队伍。具体而言，可以采用培养与引进相结合的方式进行，即一方面教师到企业、公司或外贸部门等调研、学习；另一方面，也可聘请具有一定水平的商贸人才为缅语专业学生授课。

（三）优化教学方法

在"经贸缅语"的课堂教学中，应充分重视实践教学和应用能力的培养，使学生尽快熟悉一些涉外贸易的洽谈事宜。还有，要注意多种教学方法的结合，比如听说法、交际法、认知法、任务型教学法、模拟场景教学法等等，并尽量采用多媒体网络课件开展教学。"经贸缅语"教学的客体，或者说教学内容的时代性、应用性和繁杂性决定了网络课件教学的优势和必要性。教师在教学过程中应充分调动学生的积极性。教师要提高自身综合素质，努力使自己适应新时期的要求。同时不断丰富自身的经贸理论，不断更新专业知识，了解专业发展的新动向。只有这样,才能运用不同的手段和技能技巧引导学生,给学生以良好的影响,从而激发学生的学习兴趣。

(四)规范教学活动

首先要制定出"经贸缅语"课程教学大纲。教学大纲作为教师授课的指导性文件,对提高教学质量,改进教学效果起到重要的保证作用。其次,结合课程教学大纲对教材进行改革,整合利用资源组织编写出一部科学实用高水平的教材。教材不仅仅是教学工具,也是教师自我培训和提高的方法和途径。在使用教材授课的过程中,一方面教师能够提高自身的语言技能,另一方面,教师可以通过教材理解各个教学环节及理论,不断提高教学水平。因此,高水平高质量的教材不仅有利于学生的培养,也有利于教师的成长。在编写教材的过程中,一定要注重教材的实用性和时代性,紧随时代发展的步伐,适时更新教材。

三、结语

目前中缅两国经贸合作势头良好,而且还具有巨大的发展潜力。因此,社会对精通缅语和熟悉经济贸易专业知识的复合型高级人才的需求也将会源源不断。"经贸缅语"这一门课程也将会越来越重要。如何提高"经贸缅语"教学的质量,培养出符合社会需求的复合型高级人才,仍将是我们不断探求的问题。

参考文献

[1]新浪网2006年02月12日15:30 国际在线,中国与缅甸之间经贸关系发展态势良好潜力巨大(http://www.sina.com.cn).

[2]楼荷英.大学外语教学与研究[M].上海:复旦大学出版社,2001.

[3]唐艳玲.构建经贸英语课程体系的研究与实践[J].长春工程学院学报,2003(4).

[4]赵军峰.商务英语课程设置及教学现状调查分析[J].中国外语,2006(5).

非通用语专业基础阶段视听说课程的几点思考

云南师范大学 罗琴 云南民族大学 海贤

[摘 要] 外语学习者都要进行听、说、读、写、译这几个方面的扎实训练,而"听"则是人们交流的重要手段之一。非通用语专业基础年级的教学内容是可以丰富多彩的,教学手段也是可以灵活多样的,只要大家同心协力,积极进取,开拓创新,就一定能在非通用语专业的发展方面取得更好的成绩。

[关键词] 非通用语 基础阶段 视听说教学

据美国保尔·兰金教授统计:"听"占人们日常语言活动的45%,"说"占30%,"读"占16%,"写"仅占9%。[①]可以看出,学习任何一门语言最基本的技能就是听和说。由此也可以得知基础阶段的非通用语种视听说课程在整个外语学习过程中尤其重要。顾名思义,视听说涵盖了看、听和说三个方面。本文所说的非通用语种专业基础阶段视听说课程的对象是进入高等院校从零起点开始学习各种"小语种"的学生。所讨论的基础阶段也就是这类学生在大学一、二年级学习视听说课程的有关情况。

一、云南省非通用语种专业基础阶段视听说课程教学现状

非通用语种视听说课程是一门把听和说紧密结合起来的综合课程,同时加入了"视"的内容,增加了课程的趣味性,使课堂变得更加生动、活泼,更能够激发学生学习的积极性和主动性。但是,

---

① 李鄂:《提高外语听力教学质量的实践探索》,载《北京外国语大学2007年教学研究论文集》,北京:外语教学与研究出版社,2008年版。

由于教学理念和教学计划的不同以及实际情况的限制,非通用语种视听说课程的开设情况在各个高校也不尽相同。

云南民族大学于1993年开设了非通用语专业,在教学安排上大致是:第一、二学年开设课程主要是有基础发音、听力、口语和简单阅读等。各非通用语专业除了三、四年级等高年级开设了视听说课程以外,低年级尚未开设非通用语视听说课程。云南省红河学院于2007年开设了非通用语专业,其中,该校的越南语专业第一至第二学期主要在对象国越南进行学习,开设课程主要有视听说、语音、会话等。云南师范大学于2008年申办了越南语专业,2009年招收第一届越南语专业本科生,从大一上学期(第一学期)开始就为越南语专业学生开设了视听说课程,周学时达4学时,一学年共136学时。该课程的教学内容与基础课程紧密结合,旨在大一阶段(1-2学期)让学生学好越南语语音,为更深层次的学习奠定良好的基础。但是这种教学安排和教学方法的科学性和可行性尚在实践论证阶段,其效果尚未可知。

二、存在的问题

(一)教材建设有待加强

目前国内市场上现有的非通用语听力教材和口语教材是很有限的。尽管有的专业在教材编印方面颇有成绩,但仍有很多非通用语专业的课程建设还在起步或者发展阶段,特别是优秀的视听说教程更是少之又少。以越南语为例,现在全国已经正式出版的教材有:《21世纪越南语视听说实训教程》、《大学越语听说教程》、《越南语口语教程》、《新编越南语口语教程》等。这些教材各有特点,针对性也很强,但是尚无针对越南语专业本、专科阶段学习的视听说课程的教材。而且就现有的听力教材来说,其可视性很小,基本都是没有图像的听力内容和资料,有的甚至还是未经加工整理的材料,或由各类报刊、杂志上摘抄下来的文章或资料简单拼凑而成,没有系统的理论和完整的结构,缺乏趣味性。

对一年级的学生来说,语音的学习至关重要,而语音的学习与习得过程是辛苦而又枯燥的。学生学习发音的方法主要是根据教师的解说和示范或收听录音来进行模仿的,而这样的学习方法,时间一长就容易使学生产生厌倦情绪,学习热情降低,从而影响语音学习的效果。

在语音学习阶段,学生主要依靠在课堂上观察、模仿和辨别教师的发音来进行学习。这样,教师在教学当中的作用也就显得异常重要,但是由于各种现实条件的限制,例如学生人数较多,而教师在需要对其进行一对一语音教学时就会感到时间不够,会影响教学进程。以云南师范大学越南语专业为例,现有2009级非通用语专业学生32人,2010级学生30人(近几年内招生规模一般都控制在30人左右)。在语音学习阶段,一个学生在课堂上用2分钟的话,那么教师不可能在一节课内照顾到所有的学生。这就意味着有一些语音是需要学生在课下花时间练习和寻味的。那么,学生在课下练习语音的方式主要是听教材附带的录音,然而录音就只是单纯的声音材料,没有可视性,对于零起点的学生来说学习效果不显著。有研究表明视觉支持能提高听力理解,通过录像故事训练听力的学生要比没有视觉辅助的学习者进步更快。[1]显而易见,在学生学习语音的过程中,如果有形象生动而又针对初学者的视听资料,那么学生就等于多了一位"无形的教师",也可以克服时空上的限制,然而目前非通用语专业的视听教程是跟不上需求的。

---

[1] 束定方、庄智象:《现代外语教学——理论、实践与方法》,上海:上海外语教育出版社,1996年版,第125页。

(二)教学设备与教学方法有待完善和提高

相比20世纪非通用语的教学设备和教学方法来说,目前各高校的语言教学设备有所更新,加上不断地对教学方法的探索和创新,取得的成果是有目共睹的。但是对于一些新开设专业的院校来说,通常在教学设备上会相对欠缺,在教学方法上也不是很成熟。

对于听力和口语的教学,传统的教学方法主要采取听说法和视听法。但是这两种教学方法都有一定的欠缺,没能将各种可用的教学手段和资源更好地综合在一起。听说法过分地注重机械性的训练,从而忽略了对基础知识的灵活运用和语言综合能力的培养,甚至有些结构主义语言学家还认为语言是习惯的体系,只要进行足够的机械训练就能达到良好效果。

其实,对于零起点的学生来说,要养成一个良好的语言习惯是要经过一段很漫长的时间的,而如果在这段时间内只是重复训练语音、语法的话,想必会有不少学生也会苦恼无比,教师也会觉得是一种折磨。视听法是视觉感受和听觉感受相结合的方法。[①]视听法最大的优点是在教学过程中广泛地运用了现代化技术。当然此种教学方法也会人为地隔断了口语和书面语。所以,针对非通用语专业低年级视听说课程在运用这两种教学方法时要有所取舍,因材施教。目前,笔者了解到的关于听力和口语课程的教学方法有设置情景、对话和游艺等。这些方法都很好,但是对于教材的可视性要求不是很高。

三、解决的方法

(一)教材建设与教学资源充分利用

在多媒体教材编写方面,需要增强声音和影像教材的可视性和

---

① 章兼中:《国外外语教学法主要流派》,上海:华东师范大学出版社,1983年版,第119页。

趣味性。目前，各个非通用语专业现有的教材在这个方面还有待提高和完善。非通用语专业不像许多通用语种专业那样有着完善的系统和充足的人力及物力资源。因此，某些声像资料内容固然很好，但是由于缺乏趣味性，学生并不喜欢去听、去练，教学效果也就不乐观。建议广大非通用语教师在编写多媒体教材时大量加入有趣味性的图像，而不是单纯的声音材料或者文字光盘。例如，在讲授语音课文时，多配置一些卡通人物、名人名家的图像或者Flsah动画，并插入适当的音频文件；在学习会话课文时，尽可能模拟或安排真实的会话场景，或者引入视频短片等可视性资料，而不只是单纯的配有一段录音的课文。这样学生学习起来就不会感到枯燥和乏味。

在教材编写方面，尽量做到图文并茂，从视觉上给学习者一种刺激。当学生从学习语音过渡到学习语法阶段时，单词量也逐步地增加，但是，单纯地背单词是很苦闷的，甚至是花了很多时间来背单词，而效果却不尽人意。目前，国内市场上还很难找到一本图文并茂的非通用语教材，因此，在编写视听说教程时对教材的使用者投其所好，增加一些带有趣味性的图片。这样，学生可以通过联想记忆法，缩短单词背记时间，提高成效。

（二）完善教学设备和提高教学方法

许多非通用语的声像资料（新闻、娱乐节目等）是不支持下载浏览的，只能在线观看。在这样的情况下就需要教学单位引进一批电视广播接收设备以便攫取最新的资料。目前，云南师范大学外国语学院采用了一批新的语音设备，对于非通用语语音教学有很大的帮助。

有了好的设备就要运用到我们的教学当中。在语音教学阶段，以往的方法主要是靠老师示范、讲解和对学生进行纠音，然后学生根据老师的要求进行一系列的模仿，这样，有很多理论和方法就得依靠老师来不断地重复,才能为学生所接受,而且,在课后老师也很难对学生的学习进行很好的监控。而如果有了相关语音教学用的设备以后,其效果就会有明显改观。例如:有些非通用语专业教师在教学过程中就要求学生在课后利用语音设备进行"听录音→跟读→自我录音→再听录音→自我纠音→保存"等操作,然后系统会自动将录音保存到电脑中(语言实验教室每人配置一台电脑),教师进行定期跟踪、检查、反馈意见。

四、结语

非通用语专业基础年级的教学内容是可以丰富多彩的,教学手段也是可以灵活多样的,只要大家同心协力,积极进取,开拓创新,就一定能在非通用语专业的发展方面取得更好的成绩。在此,也希望各个院校之间加强合作与交流,共同促进非通用语专业的发展和非通用语人才的培养,为国家和社会培养更多更好的复合型外语人才。

参考文献

[1] 钟智翔等. 中国外语非通用语教学研究 [C]. 北京:外语教学与研究出版社,2009.

[2] 北京外国语大学教务处. 北京外国语大学2007年教学研究论文集 [C]. 北京:外语教学与研究出版社,2008.

[3] 章兼中. 国外外语教学法主要流派 [M]. 上海:华东师范大学出版社,1983.

后 记

经过半年的扎实工作，本集《中国外语非通用语教学研究》终于编辑完成了。作为中国非通用语教学研究会会刊，我们一直秉持"尊重科学，推动全国外语非通用语学界的研究和交流，促进外语非通用语教学和人才培养"的办刊宗旨，关心非通用语专业的学科建设，竭力为非通用语界搭建发展平台。本书就是我们努力工作的最新见证。

中国非通用语教学研究会始创于1987年，其前身为中国亚非语教学研究会，1998年改为现名。研究会从初创时期的6所高校、21个非通用语种、44个专业点逐步发展壮大，现已覆盖全国100余所高校、45个非通用语种、247个专业点，成为推动我国外语非通用语教学与科研发展的重要的全国性学术组织。

2010年9月，在山东大学韩国学院的鼎力支持下，本会成功举办了第13次学术研讨会。来自解放军外国语学院、北京大学、北京外国语大学、山东大学、广东外语外贸大学、广西民族大学、云南民族大学、上海外国语大学、西安外国语大学、天津外国语大学、对外经济贸易大学、中国传媒大学、复旦大学、大连外国语学院、广西大学、广西师范大学漓江学院、云南师范大学、云南红河学院、云南大学、成都大学等24所大学的90余名代表相聚在海滨城市威海，就"微观视野下的中国外语非通用语教学与资源整合"这一主题展开讨论，交流教学科研心得，增进彼此了解。此次会议共收到论文71篇，内容涉及外语非通用语的课程设计与课程建设、人才培养、资源整合、教材教法创新、师资队伍建设、科研合作与专业发展等多个领域。在为期3天的会议中，各位代表各抒己见、畅所欲言、分享进步，有力地促进了非通用语界的学术发展。本书就是在这次会议论文的基础上择优而成的。

本书能得以顺利出版，首先要感谢编辑委员会各位委员的大力支持和编辑部钟智翔教授、祁广谋教授、谭志词教授、王宗副教授、蔡向阳副教授、唐慧副教授、王昕副教授的辛勤劳动；感谢山东大学韩国学院和牛林杰院长的热心资助；感谢世界图书出版公司和刘正武主任的鼎力帮助。没有大家的支持帮助，就不会有本书的诞生。

今后，本会将继续以"自主创新、沟通发展、搭建平台、引领未来"为指导，促进外语非通用语种的专业建设与科研发展；增强各会员单位之间的联系，加强交流和合作，实现资源共享。本会将继续宣传"小语种、大视野"、"小语种、大舞台"和"小语种、大作为"的理念，鼓励会员练好内功、提升层次、全面发展。为推动我国外语非通用语教育事业的全面、协调、可持续发展做出我们应有的贡献。

中国非通用语教学研究会秘书处
2011年5月28日

本会秘书处信箱：feitongyongyu@126.com

本刊编辑部信箱：dongfangyuyanbjb@126.com